变质软岩隧道变形特征与支防技术

——武都西隧道工程实践

杨晓华　聂双成　晏长根　等　编著

人民交通出版社股份有限公司
China Communications Press Co.,Ltd.

内容提要

本书是在对国内外软弱围岩隧道研究成果总结的基础上，结合武都西隧道软岩大变形段的变形特点及防治和涌水段的处治实例编写而成的。书中系统介绍了软弱围岩隧道的变形机理和施工防治技术，全书共分9章，包括：绪论、绢云母绿泥千枚岩矿物晶体微观特性研究、软弱围岩的地质特征及其评价、隧道软岩大变形机理、软弱围岩隧道变形控制的基本理念与工程应用、控制掌子面挤出位移的技术、武都西隧道应力应变特征分析、武都西隧道软岩涌水段分析及其处置措施和武都西隧道软岩段防治措施及效果评价。

本书可供隧道科研、设计、施工、技术管理人员以及在校学生参考使用。

图书在版编目（CIP）数据

变质软岩隧道变形特征与支防技术：武都西隧道工程实践／杨晓华等编著. —北京：人民交通出版社股份有限公司，2014.10

ISBN 978-7-114-11774-9

Ⅰ.①变… Ⅱ.①杨… Ⅲ.①高速公路—公路隧道—隧道施工—研究 Ⅳ.①U459.2

中国版本图书馆CIP数据核字（2014）第235305号

书　　名：变质软岩隧道变形特征与支防技术——武都西隧道工程实践
著 作 者：杨晓华　聂双成　晏长根　等
责任编辑：韩亚楠　郭红蕊
出版发行：人民交通出版社股份有限公司
地　　址：（100011）北京市朝阳区安定门外外馆斜街3号
网　　址：http://www.ccpress.com.cn
销售电话：（010）59757973
总 经 销：人民交通出版社股份有限公司发行部
经　　销：各地新华书店
印　　刷：北京市密东印刷有限公司
开　　本：720×960　1/16
印　　张：14.75
字　　数：255千
版　　次：2014年10月　第1版
印　　次：2014年10月　第1次印刷
书　　号：ISBN 978-7-114-11774-9
定　　价：100.00元

本书编委会

主　　编：杨晓华　聂双成

副 主 编：许永震　张维军

编 委 会：晏长根　刘潭平　赵众爱　杨　凯　李鸿杰

杜耀辉　赵伟平　陈伟祥　张宏亮　张海平

王立勇　杨国栋　李新社　高新民　杜晓伟

张伟利　张　剑　惠鹏嘉　许江波　卢　浩

参编单位：甘肃长达路业有限责任公司

长安大学

甘肃路桥公路建设集团公司

前言
PREFACE

随着高速公路建设的快速发展，越来越多地遇到软岩隧道问题，软岩大变形及隧道衬砌开裂等会给施工安全和运营安全带来极大的隐患，成为目前公路、铁专等隧道修筑的关键控制技术之一。成武高速公路武都西隧道为分离式特长隧道，左线全长达3763m，右线全长达3781m。其中施工第18标段左线长1883m，其中Ⅴ级围岩683m，Ⅳ级围岩1200m；右线长1892m，其中Ⅴ级围岩792m，Ⅳ级围岩1100m，最大埋深近1000m。

该隧道在建设过程中就遇到软岩大变形及隧道涌水等问题，对此我们开展了相关测试研究并进行了相应的技术处理。本书就是在工程实践的基础上总结相关测试结果与工程施工经验编写而成的，可以为我国高速公路软岩隧道修建技术提供经验参考。全书分为9章，第1～3章主要介绍软弱围岩的内涵、特性及武都西隧道软岩的微观特性；第4～6章详述了隧道软岩大变形的机理、变形控制的概念及掌子面挤出位移技术；第7章通过对隧道围岩进行应力应变监测对隧道软岩变形的过程及机理进行分析；第8章为进出口段武都西隧道涌水及其处治效果分析；第9章为武都西隧道软岩段处治效果评价。

本书由杨晓华、聂双成、晏长根等编写，许江波、卢浩博士和王凯、马定乐、李为、罗鑫、刘城、邵钰淇、董英杰和张浩等硕士生协助编写，晏长根副教授和许江波博士负责全书的统稿。本书原始资料主要由甘肃长达路业有限责任公司和甘肃路桥公路建设集团公司协助提供，在此对相关人员一同表示感谢。

希望本书的出版，能够对软弱围岩隧道的设计、施工有所裨益。由于时间仓促，并限于作者的水平，书中的不足之处，欢迎读者批评和指正。

作者

2014年9月

目录
CONTENTS

第1章　绪　　论

围岩是指受隧道开挖影响而发生应力状态改变的岩土体。根据岩土体的强度,可将围岩分为坚硬围岩和软弱围岩两大类,这里所指的围岩强度是指包含结构面的岩土体强度。

软岩,也称为松软岩层,其含义国内外学者尚无统一认识。1981 年 9 月,国际岩石力学协会委托日本力学协会召开了“国际软岩学术讨论会”,1984 年 12 月,我国煤炭工业部矿山压力情报中心站、《煤炭学报》编辑部、中国煤炭学会岩石力学专业委员会联合发起的“煤矿矿山压力名词讨论会”,集中了国内矿山岩石力学方面的专家、学者,在昆明会议上专门讨论了松软岩层的定义。关于软岩的定义,国内外有十几种之多,大体上可以分为描述性定义、指标化定义和工程定义,且各有其优缺点。目前,国内外专家学者在研究前人关于软岩概念的基础上,提出了新的软岩概念及其分类体系。

1.1　软岩概述

1.1.1　地质软岩的概念

目前,人们普遍采用的软岩定义基本上可归于地质软岩的范畴。按照地质学的岩性划分,地质软岩是指强度低、孔隙度大、胶结程度差、受构造面切割及风化影响显著或含有大量膨胀性黏土矿物的松散、软弱夹层,该类岩石多为泥岩、页岩、粉砂岩、泥质砂岩和千枚岩等单轴抗压强度小于 30MPa 的岩石,是天然形成的复杂地质介质。国际岩石力学学会将软岩定义为单轴抗压强度在 0.5 ~ 30MPa 之间的一类岩石,其分类依据基本上是依据强度指标。

煤炭工业部矿山压力情报中心站副站长、软岩分站站长、长春煤炭研究所总工程师陆家梁提出,松软岩层系指松散、软弱的岩层,它是相对于坚硬岩层而言的。松软岩层由于成岩的时间短、结构疏松、胶结程度差,故自身强度很低。煤炭工业部软岩分站副站长郑雨天、王明恕、何修仁教授等认为,软岩是软弱、破碎、松散、膨胀、流变、强风化蚀变及高应力的岩体之总称。淮南矿业学院朱效嘉教授提出，松软、破碎、膨胀及风化等岩层称为松软岩层，简称软岩。东煤公司的曾小泉高级工程师认为，松软岩层系松散破碎、软弱、强风化和膨胀性岩层的总称。1984 年 12 月，在昆明市举行的"煤矿矿山压力名词讨论会"上提出的定义是，松软岩层是指强度低、孔隙度大、胶结程度差、受构造面切割及风化影响显著或含有大量膨胀性黏土矿物的松、散、软、弱岩层，或统指低强度的岩体。

地质软岩的定义用于工程实践中时会出现矛盾，比如：隧道所处深度足够浅，地应力水平足够低，则小于 30MPa 的岩石也不会产生软岩的特征；相反的是，大于 30MPa 的岩石，当其工程埋设部位足够深，地应力水平足够高的情况下，也可能产生软岩的大变形和难以支护的现象。因此，地质软岩的定义用于工程实际中会存在问题，有专家学者提出了对软岩指标化的概念。软岩必须满足两个条件：

①抗压强度 $\sigma_c<30\text{MPa}$ 的岩层称之为软岩；

②$\dfrac{\sigma_c}{\gamma H}<2$ 的岩层称之为软岩，其中：σ_c为岩石单轴抗压强度；γ 为岩石重度；H 为岩层埋深。

1.1.2　工程软岩的概念

因为地质软岩的定义用于实际工程中会存在问题，故而有学者又提出了工程软岩的概念。工程软岩是指在工程力作用下能够产生显著塑性变形的工程岩体。目前流行的软岩定义强调了软岩的软弱、松散等低强度特点。但同时应当强调软岩所承受的工程力荷载的大小，强调从软岩的强度和工程力荷载的对应统一关系中分析、把握软岩的相对实质。

工程软岩中主要涉及的是有工程力、显著变形和工程岩体问题。工程岩体是软岩工程研究的主要对象，是隧道、边坡或基坑开挖扰动影响范围内的那部分岩体，包含岩块、结构面及其空间组合特征。工程力是指作用在工程岩体上的力的总和，它可以是重力、构造残余应力、水的作用力和工程扰动力以及膨胀应力等。显著塑性变形是指以塑性变形为主体的变形量超过了工程设计的允许变形值并影响了工程的正常使用，显著塑性变形包含显著的弹塑性变形、黏弹塑性变形、连续性变形和非连续性变形等。

工程软岩的定义揭示了软岩的相对性实质，即取决于工程力与岩体强度的相互关系。当工程力一定时，不同岩体的表现形式不一样，强度高于工程力水平的岩体大多表现出硬岩的力学特性，强度低于工程力水平的岩体则可能表现为软岩的力学特性；对于同一种岩体而言，在较低的工程力作用下，岩体表现为硬岩的变形特性，在较高工程力作用下则可能表现为软岩的变形特性。

在工程实际中，不同的专家学者从松动圈的大小这个角度提出了软岩的工程定义。中国矿业大学董方庭教授提出，松动圈厚度大于1.5m的围岩称为软岩。中国矿业大学鹿守敏教授指出，围岩松动圈大于1.5m，并且用常规支护不能适应的围岩称为软岩。松软岩层是指难以支护的围岩或者多次支护，需要重复返修的围岩。

1.1.3 软岩的两个基本力学属性

软岩有两个基本力学属性：软化临界荷载和软岩临界深度，这两个基本力学属性揭示了软岩的相对性实质。

(1)软化临界荷载

软岩的蠕变试验表明，当所施加的荷载小于某一荷载水平时，岩石处于稳定变形状态，蠕变曲线趋于某一变形值，随着时间延伸而不再变化；但当所施加的荷载大于某一荷载水平时，岩石出现明显的塑性变形加速现象，即产生不稳定变形，这一荷载临界值称为软岩的软化临界荷载，即能使岩石产生明显变形的最小荷载。岩石种类一定时，其软化临界荷载是客观存在的，当岩石所处荷载水平低于软化临界荷载时，该岩石属于硬岩范畴；而只有当荷载水平高于软化临界荷载时，该岩石表现出软岩的大变形特性，此时该岩石称为软岩。

(2)软化临界深度

与软化临界荷载对应地存在着软化临界深度。在特定的区域内，软化临界深度是一个客观存在量。当隧道的位置大于某一开采深度时，围岩产生明显的塑性大变形和难支护现象；但当隧道位置较浅，即小于某一深度时，大变形和高地压等现象明显消失，这一临界深度称为岩石软化临界深度。根据前人的研究成果，软化临界深度的地应力水平大致相当于软化临界荷载。

1.1.4 软岩的定义

上述关于软岩的几种定义，各有其优缺点。作为软岩的定义应该抽象出前述各种定义的共性规律，抽象出软岩的本质特征，力求简明扼要并反映软岩的实质性规律。

软岩是指隧道工程力的作用下能产生显著变形的工程岩体。上述定义的主题词是隧道工程力、显著变形和工程岩体。工程岩体是软岩隧道工程研究的主要对象，是隧道开挖扰动力影响范围之内的岩体，包含了岩块、结构面及其空间组合特征和赋存条件；隧道工程力是指作用在隧道工程岩体上的力的总和，它可以是重力、构造残余应力、水的作用力和工程扰动力以及膨胀应力等；显著变形是指变形量超过了隧道设计的允许变形值并影响了隧道的正常使用，显著变形包括显著的弹性变形、塑形变形、黏弹性变形、黏塑性变形、连续性变形和非连续性变形等，但以显著塑性变形和非连续性变形为主要特征。何满朝院士给出的此定义揭示了软岩的相对性实质，即关键取决于工程力与岩石强度的相互关系。当工程力一定时，不同岩石，强度高于工程力水平的表现为硬岩的力学特性，强度低于工程力水平的则可能表现为软岩的力学特性；而对同种岩石（如泥质粉砂岩），在较低工程力作用下，则表现为硬岩的变形特性，在较高工程力的作用下则可能表现为软岩的变形特性。

针对软岩这种特殊岩性，由此衍生出软岩工程这门学科。软岩工程指的是与塑性大变形岩体有关的岩体工程，如软岩边坡工程、软岩隧道工程等。在构造应力复杂地区、矿区内岩体往往是强度较低、变形较大，特别是沉积岩体中的砂质页岩、泥岩、泥质砂岩类岩体更是如此。针对这种软岩中隧道施工的问题衍生出了软岩工程这门学科。软岩工程主要指的是软岩隧道工程，其主要科学问题是研究软岩隧道的变形力学机制及软岩隧道支护的对策技术问题。

软岩隧道工程最主要的问题是研究软岩隧道的工程地质力学特性和软岩隧道围岩在多种力作用下的变形、破坏全过程及其稳定性评价。软岩工程是一门交叉学科，它涉及工程地质学、岩体力学、工程力学和桥梁与隧道工程等。软岩工程其本身特点既有这些学科的共性，又有其特殊性，软岩工程学科就是研究和解决软岩工程问题的一门新兴学科。

1.1.5 软岩的分类

按照上述软岩的定义，软岩可分为三大类，即低应力软岩、高应力软岩和节理化软岩。

低应力软岩系指在较低应力水平（小于20MPa）条件下即发生显著变形的低强度工程岩体，例如描述性软岩定义中所列举的软弱、松散的岩体，膨胀、流变、强风化的岩体以及指标定义中所述的抗压强度小于20MPa的岩体，均属于低应力软岩的范畴。在实际工程中，埋度不大的隧道围岩就出现了显著变形，一般的地质特点是泥质岩类为主体的低强度工程岩体。

高应力软岩则是指在较高应力水平（大于20MPa）条件下才发生显著变形的中、高强度的工程岩体，如描述性定义中所讲的高应力岩体等。这种软岩的强度一般高于20MPa，其地质特征是泥质成分较少，但有一定含量，砂质成分较多，如泥质粉砂岩、泥质砂岩等。它们的工程特点是，在深度不大时，表现为硬岩的变形特征，当深度加大至一定深度一下，就表现为软岩的变形特性了。

节理化软岩系指含泥质成分很少（或几乎不含）的岩体，发育了多组节理，其中岩块的强度颇高，呈硬岩力学特性，但整个工程岩体在隧道工程力作用下则发生显著的变形，呈现出软岩的特性。在我国甘肃南部地区，岩块强度很高，节理发育很好，岩体强度较低，常常发生显著的大变形，在进行隧道开挖施工中，隧道经常会发生位移侵限的问题，这些变形表现为非线性、非光滑的特性。

1.1.6 软岩强度影响因素分析

对岩体来说，其强度不同于岩石（完整岩块）的强度，也不同于结构面的强度，岩体的强度受岩石强度、结构面强度、岩体结构、岩体赋存环境等多种因素的控制，其强度较岩石块体强度低。对软弱围岩来说，导致其强度较低的原因主要有以下三点：

（1）岩石强度低

根据我国工程岩体分级标准、岩土工程勘察规范、铁路隧道设计规范等资料，一般将单轴饱和抗压强度低于30MPa的岩石称为软质岩或软岩。软质岩主要包括未成岩的岩石、已风化的岩石以及含有软弱矿物的岩石。未成岩的岩石，即尚未固结的岩石，其范围大致是新第三系以后的低固结、未固结的砂岩、泥岩，以及形成一部分冲积层的砂质土、砾质土、火山灰等未固结的以及固结度低的岩石，统称为未固结岩石。已风化的岩石是指由于风化作用而使强度降低的岩石，包括全风化的各类土。含有软弱矿物的岩石主要包括泥质岩组，含煤岩组，含盐、含石膏岩组，云母片岩，滑石片岩组等。

（2）岩体破碎

对于一些坚硬的岩石，如坚硬的岩浆岩、石灰岩、砂岩等，虽然其岩石强度较高，但若受到强烈的构造运动影响，导致节理、裂隙、断层等结构面发育，特别是结构面充填软弱充填物的场合，会造成围岩强度降低很多，其自稳性变差。

（3）围岩赋存环境差

隧道围岩由于赋存于富水、地应力等不良地质环境中，而易引起涌水、塌方等地质灾害，赋存于这种地质环境下的围岩也可称为软弱围岩。

总之，这里指的软弱围岩，包括软弱、破碎、富水等不良地质条件下的围岩，但不包括岩溶、瓦斯等特殊的围岩。从围岩级别上看，这类围岩，基本上属于Ⅴ、Ⅵ级围岩，对大断面和特大断面隧道（隧道开挖断面积大于或等于100m^2并小于或140m^2的称为大断面隧道，开挖断面积大于或等于140m^2的为特大断面隧道），也包括一部分Ⅳ级围岩在内。

1.2 国内外研究现状

软岩是世界上分布最广泛的一种岩石，其中的泥岩和页岩就占据地球表面岩石的50%左右，构造应力复杂地区遇到的软岩一般为变质岩。据不完全统计，在水利水电工程建设中，约有三分之二的工程建设涉及软岩的工程地质问题。软岩是一种特定环境下具有显著变形的复杂力学介质，给工程的建设施工带来了一系列特殊问题，因而软岩的研究引起了国内外的广泛关注。软岩工程问题从20世纪60年代就困扰着各国的科学家，成为一个世界性难题。我国自20世纪70年代以来，在进行边坡工程、大坝工程和大型深埋地下长隧道工程等基础工程中，尤其是在隧道工程建设中，软岩工程成为制约工程建设的一个重要方面，成为当今科技攻关和工程实践的难点和热点之一。软岩工程中由于其工程地质性质极差，往往制约着工程建设的规模，并对各类工程建设的施工和运营起到相当大的危害作用。在兰渝线铁路建设中，由于在施工前期对围岩的软弱变形研究不足，造成施工停滞。软岩在浸水条件下，其力学性能大幅度降低，甚至导致完整岩体解体。如意大利瓦依昂水坝，高258m，在当时是最高的拱坝。近坝库区的山体由石灰岩和黏土岩组成，当时对黏土岩未给予高度重视，水库蓄水后，黏土岩浸水膨胀而推动山体下滑。

20世纪50年代，随着中国大规模工程的建设，在坝基、隧道、矿山、边坡等工程建设中，都遇到过软弱结构面问题，开始引起各方面的重视，各部门各单位结合工作开始了对软弱结构面的研究。20世纪60年代，软弱结构面的研究进入了成因分类、室内外试验相结合选择抗剪强度的阶段。在此过程中，工程地质工作者更进一步认识到软弱结构面对岩体变形破坏和破坏特征具有优先控制作用。20世纪七八十年代进入软弱结构面的深入研究阶段，对其组成成分、微观结构、应力与应变关系、演变趋势、电算及模型试验等进行综合研究。

在研究初期，对软弱结构面以研究其物理力学参数为主要目的，例如20世纪60年代，主要对其成因、室内现场试验进行研究。20世纪70年代初期，陈宗基教授对软弱结构面问题进行了大量、系统而富有成效的研究，提出了著名的第三屈服值（流变屈服极限），此值对工程的长期稳定性具有重要意义，被国际上誉为“陈氏屈服值”。通过研究软弱结构面黏粒成分与抗剪强度参数之间的定量关系，能够对软弱结构面强度的本质及黏粒含量影响抗剪强度的机理有较深的认识。研究表明，软弱结构面的抗剪强度随着充填的厚度增大而减小，颗粒越细的充填物这一效应越明显。

软弱结构面的强度参数取值多以试验为基础，结合软弱结构面的其他特征进行综合分析。目前，试验研究仍是探索软岩特性的直接研究手段，就软岩而言，研究的重点将是扩容膨胀、崩解、软化、流变和黏性时效等问题。

软岩（软弱结构面）的变形不仅表现出弹性和塑性，而且其变形破坏除与构造应力有关外，还受到时间因素的影响，即具有流变性。流变一词最早由古希腊哲学家提出，意思是万物皆流，即所有物质都有流变性。流变学作为一门研究物质流动与变形的科学，近年来其研究也迅速发展起来，世界各国尤其是工业发达国家纷纷成立了流变学会。由 Bingham 建议于 1929 年成立了美国流变学会，被公认为流变学历史的新纪元。

流变（即蠕变）是岩石材料的固有力学性质之一，也是用来解释和分析地质构造运动和进行岩体工程长期稳定性预测的重要依据。岩土体的流变现象则到处可见，最出名的就是意大利比萨斜塔。比萨斜塔的下沉是由于砂层地基中黏土透镜体蠕变和挤压所引起的。由于岩土体的流变对人们的生产生活产生了重要影响，对流变特性的研究已日益引起人们的重视。

对岩土流变特性的研究，国外学者开展的较早，国内研究者则较少关注。岩土的流变性研究大致可以追溯到 20 世纪 30 年代，1939 年 Griggs 通过对砂岩、泥页岩、粉砂岩进行的大量试验研究得出：在较小的应力条件下，即荷载接近其极限强度时，岩体就表现出蠕变的特性。国内对岩体蠕变特性的研究起步较晚，但进步很快。1948 年，陈宗基和荷兰的 Geuze E. C. W. A 首先开始对土流变学进行了系统的研究。20 世纪 50 年代以来，国内外已经对软岩流变的本构规律进行过大量的研究。20 世纪 60 年代，陈宗基教授等学者率先开展了流变学在岩土工程领域的研究，此后许多学者先后在这一领域做出了卓越贡献。日本有学者曾从 1977 年开始进行了长达 27 年之久的流变试验，提出了令世人瞩目的花岗岩流变参数。

软岩的时间效应除了表现在风化作用强烈迅速之外，还表现在其流变特性实质。岩石流变性的研究广泛涉及工程地质分析、地震机制、大型岩体工程长期稳定性评价、核废料及其他有害物质在地层深部的长期储存，因而引起了岩石力学与岩土工程界的广泛关注，使得其理论发展得到实际应用的巨大推动。岩石尤其是软岩的流变问题是一个时间效应的问题，而实际工程中软岩的蠕变是个长时间的过程，这个过程可以长达几十年甚至于几百年。而在对软岩的蠕变研究中，室内试验仍是目前研究流变现象的主要手段。在实验室研究中，由于技术以及各个方面实际条件的限制，软岩的蠕变试验只可能进行几个小时或几天，少数试验进行几个月,极少数进行数年。而整个实验时间与软岩的蠕变过程相比只是极短的,但专家学者在进行研究的过程中不得不将短时间的蠕变试验结果外推到长时间的实际蠕变过程中去,因此,在软岩(软弱结构面)的蠕变试验中,充分考虑时效变形特性,在分级加载时,时间尺度效应对何时施加下一级荷载起着关键性的作用。

在对软岩的研究过程中,不少专家学者从岩石的流变特性方面进行研究,其核心内容就是流变模型的建立与应用。关于岩石流变模型的研究,目前已经有许多可供选择的模型被建立起来,但是对于软岩这种特殊的岩体,国内外对其流变模型的研究很少。对于不同类型的岩石,可以选用相应的流变模型来描述其特性,用胡克体、牛顿体和圣维南体等基本元件来组成复合流变元件模型,来拟合软岩的实验室或现场原位蠕变试验数据,以获得其流变本构模型的研究方法,能够把软岩复杂的流变性质直观地表现出来,并且其数学表达式可直接描述蠕变、应力松弛及稳定变形。

1.3 软岩隧道施工主要技术问题

隧道开挖后,地应力将重新分布。由于软岩强度低,对工程扰动极其敏感,在受拉或受压条件下将产生塑性区,使围岩和支护发生变形。一旦施工方法和工程措施不当,将极易发生初期支护变形侵限或者隧道坍方等工程灾害。

从隧道开挖后的围岩变形看,在软弱围岩中开挖,经常出现以下力学现象,如:

①拱顶崩塌;

②掌子面失稳;

③底鼓现象严重;

④长时间的持续变形,或变形不收敛;

⑤初期支护严重变异;

⑥在富水条件下出现异常涌水,围岩流失等。

综合上述,在软弱围岩地质条件下,其变形的终极结果是造成掌子面崩塌、拱部坍塌以及各种异常现象。表 1-1 和表 1-2 分别从不同角度,说明不同地质条件下的掌子面崩塌现象及注意事项。

因此,在这类围岩中施工必须根据隧道开挖后可能产生的变形实态,采取相应的技术对策,如:

①采取预支护(加固)方法控制掌子面前方先行位移以及掌子面挤出位移;

②采取控制地表面下沉及拱脚下沉的技术对策；

③采取控制掌子面后方量测位移的对策：

④采取控制地下水的技术对策；

⑤采取有针对性的观察、量测、前方围岩探查等技术对策。

掌子面崩塌现象以及掌子面观察时的注意事项 表1-1

围岩状况		掌子面崩塌现象（代表性的）	关注的重点	
均质	相当于大致均质的围岩，第三纪的泥岩等膨胀性围岩	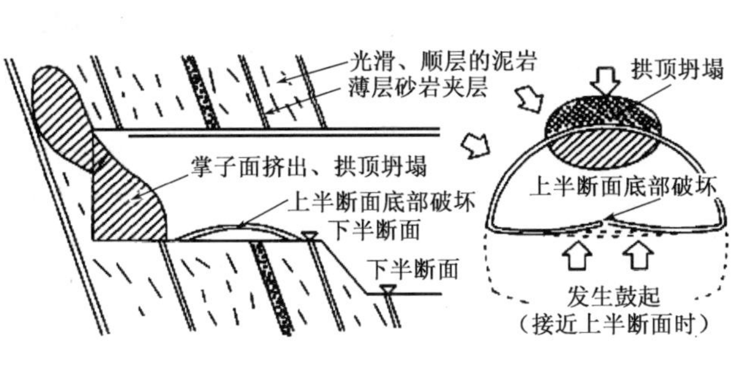	基岩的性质	◎
			裂隙程度和方向	△
			涌水	△
层理	相当于不同物性的地层形成的互层围岩，如泥岩、砂岩等	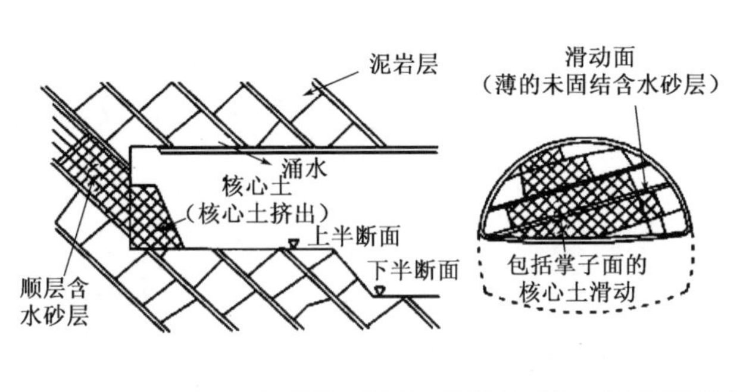	基岩的性质	○
			裂隙程度和方向	◎
			涌水	◎
节理	多为硬岩，因节理、裂隙等分割形成的不连续的围岩	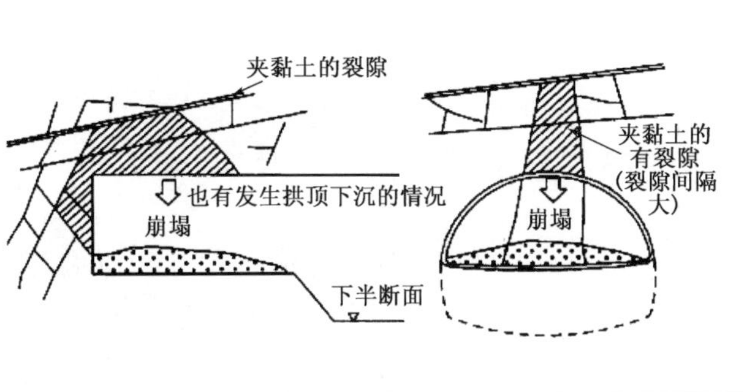	基岩的性质	△
			裂隙程度和方向	◎
			涌水	○

续上表

围岩状况		掌子面崩塌现象(代表性的)	关注的重点	
强风化、破碎带	因断层、破碎带存在与周边局部劣化性质不同的围岩,如风化花岗岩	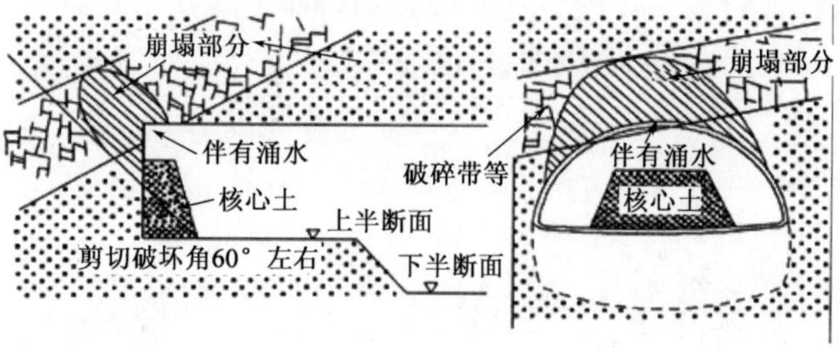	基岩的性质	◎
			裂隙程度和方向	△
			涌水	◎

注:◎表示最重要;△表示不太重要;○表示比较重要。

崩塌现象的概念 表 1-2

崩塌现象的因素	代表性的地质	概　念　图	对掌子面稳定性的影响度	
起因于不连续面发育的崩塌	块状岩体; 中硬岩、软岩; 火成岩类; 砂岩、砾岩。 层状岩体; 中硬岩、软岩; 片岩类; 页岩; 黏板岩	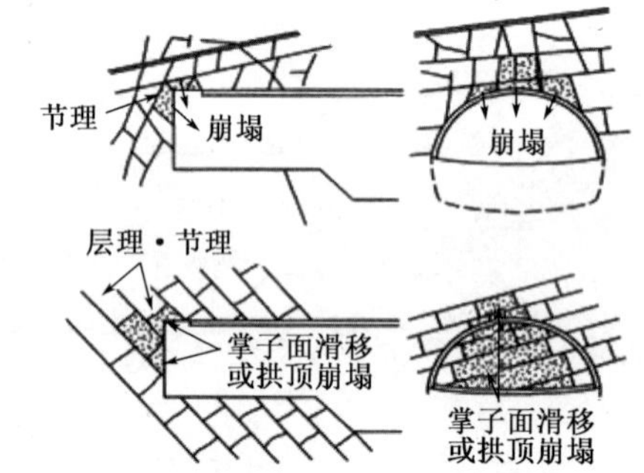	基岩的性质	小
			不连续面的状况	大
			涌水的状况	大～中
起因于涌水的崩塌	断层、破碎带; 土砂围岩; 岩堆; 洪积层	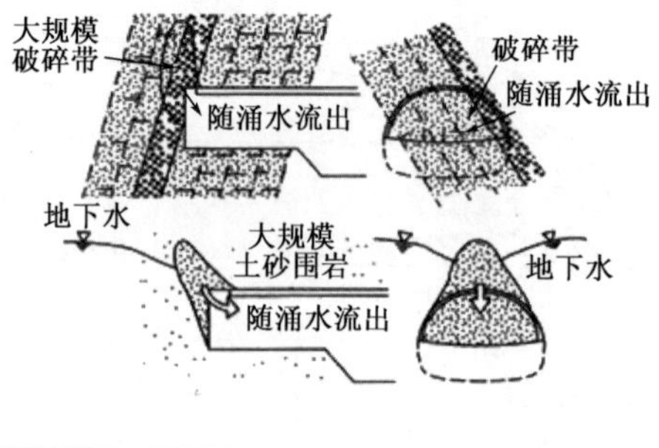	基岩的性质	大
			不连续面的状况	小
			涌水的状况	大

续上表

崩塌现象的因素	代表性的地质	概念图	对掌子面稳定性的影响度	
起因于掌子面挤出和低围岩强度的崩塌	层状岩体； 软岩； 凝灰岩类； 泥岩； 片岩类； 蛇纹岩	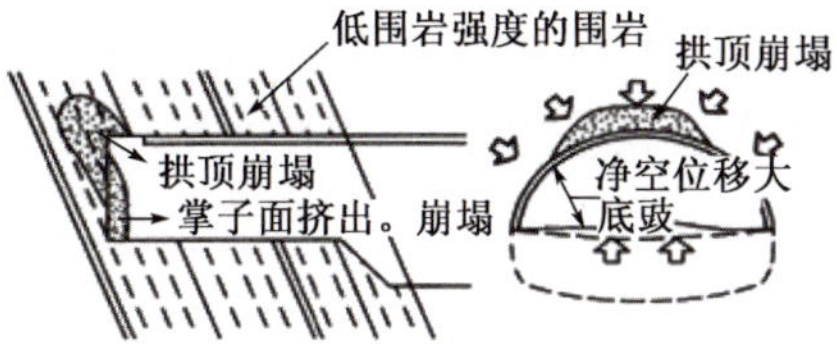	基岩的性质	大
			不连续面的状况	中～小
			涌水的状况	中
	土砂围岩； 岩堆等； 洪积层； 破碎带		基岩的性质	大
			不连续面的状况	小
			涌水的状况	大

具有上述表现的地质条件，根据日本最近修订的隧道工程技术规范（山岭隧道篇）（2006年版）的规定有高压、大量涌水的隧道；未成岩（固结）的土质围岩的隧道；高热、温泉、有害气体的隧道等。并要求在设计中，应根据各自的围岩条件，研究采用安全、经济的技术对策。

我国《铁路隧道施工技术指南》（TZ 204—2008），也规定了特殊岩土和不良地质地段隧道施工的原则，这些隧道包括以下围岩条件：富水软弱破碎围岩；岩溶；风积砂和含水砂层；膨胀岩；瓦斯；挤压性围岩等。

此外，在围岩强度应力比很小的地质条件下，也常常具有上述的复杂地质特性。

1.4　软岩隧道修建技术的发展方向

国内外软岩工程的研究过程大体上是：先开展软岩巷道的支护技术研究，然后才开始软岩的力学机制规律和力学特性的研究，其中对其影响深远的是"新奥法"。

1.4.1 新奥法概述

“新奥法”是奥地利新的隧道修筑方法的简称，原文是 New Austrian Tunnelling Method，简写为 NATM。对于新奥法和锚喷支护，有人认为二者是一种方法，只是表述不同而已，也有人认为它们既有联系又有区别。但是，不管各位专家学者如何争论，锚喷支护与新奥法之间存在着密切的联系。在对锚喷支护施工技术进行论述时，不得不涉及新奥法。

20 世纪初，借助于压缩空气喷射水泥砂浆，喷射混凝土技术诞生了。作为建筑物的保护层，其使用的工具是“水泥喷枪”，使用的工程技术是喷浆。由于水泥喷枪只能喷射粒径 5mm 以下的物料，凝结慢、回弹多，因而喷层很薄，成本昂贵。在隧道地下工程中虽然能够用作防止围岩风化的保护层，也会有一定的支护作用，但毕竟有限，没有得到推广。1934 年，奥地利甘思工学院拉勃希维兹教授在修筑一座铁路隧道时，就提出过在脆弱的石灰岩面喷敷薄层砂浆，后来因为经济原因未能实现。1942 ~ 1945 年，在劳普隧道中，建设方使用了喷射混凝土。

新奥法是 L. V. Rabcwicz 教授在 1948 年提出来的，在与缪勒、帕切、费克及戈塞等人的合作下，经过十几年的研究和实践，于 1963 年正式命名并取得专利。他们并不认为新奥法就是锚喷技术，而是修建地下工程的一系列指导原则，新奥法也不单纯是一种施工方法，因此他们没有规定开挖方式和支护材料。遵循新奥法施工，支护衬砌可以单独或者联合使用锚杆、喷射混凝土、模筑混凝土、预制混凝土及钢拱架等。在现阶段，尤其是在软弱围岩条件下的初期支护，采用锚喷支护更能符合新奥法的基本原则，并且更易于与其他支护衬砌方法相配合。在采用新奥法修筑隧道时，锚杆与喷射混凝土常被优先考虑，L. V. Rabcwicz 教授等人就是最早将锚喷技术应用于地下工程建设的，同时在锚喷技术的发展过程中，新奥法逐渐成熟，又促进了锚喷技术的提高。

奥地利土木学会地下空间委员会曾经给出过新奥法的定义，新奥法是一种希望能够在修建于岩石或砂土中的地下洞室周围岩体内形成一个环状支护结构的方法。在后续对新奥法的解释中，虽然说法不同，见解多样，但在应着重观测隧道开挖后围岩的变形，充分地利用围岩自身承载能力方面，看法是一致的。

新奥法产生之前，对隧道力学的研究中，大体是从两个方面来进行的：其一是确定作用于支撑或衬砌上的荷载，也就是通常所说的土压力理论；第二种思路是用解析方法来研究在隧道周围岩体中产生什么样的应力状态的弹性或塑形理论。前者以皮保麦为代表，他们以较为简单的松散压力概念为基础，普洛托季雅可诺夫提出了一套岩体分类及其相应的荷载确定方法,这是我国五六十年代隧道衬砌标准设计的依据之一。巴顿随后又提出了把地质条件、岩质、节理间距等作为岩性的指标,找出荷载大小与支护结构类型之间的关系。后者研究的主体不是支护衬砌而是隧道周围的岩体,即研究隧道开挖后,在周围岩体中出现的应力重分布问题。起初着重于研究应用弹性理论,由于计算上的困难,只用于单纯的应力场中开挖圆形、矩形等简单形状断面的隧洞。对于从弹性问题到塑性问题的问题,近些年来很多专家学者进行了研究。由于计算机的发展,对于不同隧道形状、围岩应力场及岩体特征等复杂的问题计算,也可以通过计算机进行解析计算分析。

前者是从工程经验的角度来解决隧道工程问题,后者是从理论分析的角度来分析隧道的受力问题。根据现场工程的需要和监测结果,从工程经验出发解决问题或用理论分析手段解决问题,是两种不同的思路,不同的方法,这两种方法本应该相互补充并统一起来,但要做到却并不容易。

新奥法区别于传统方法的显著特点,是充分利用围岩的自身承载能力。在隧道开挖后,作用在支护衬砌上的荷载,是围岩松散坍塌的结果。围岩的坍塌是变形积累的结果,从控制围岩的变形入手,让围岩发挥自身承载能力,会获得隧道工程的最大安全度和经济效益。

新奥法是把围岩作为支护衬砌共同的承载部分,人工建设的建构筑物既要适应围岩变形,又要防止围岩松散,才能实现充分发挥围岩自承能力的目的。新奥法设计施工中要遵循一定的原则,其要点是在围岩松动破坏之前,及时敷设一层柔性薄壁的支护,必要时装设锚杆,作为初期支护,以适用围岩应力重分布,使其自行调整取得平衡;在围岩变形趋于稳定之后,施作二次衬砌,以增加总的安全度;施工中需要铺设量测系统,量测围岩和支护的变形,监视其状态,据此变更初期支护参数并决定二次衬砌的施作时间。

新奥法的创始者们将上述基本原理具体化为一套标准的施工顺序,综合考虑新奥法的施工特点,它是一个思想的综合和系统化,是一系列性质一致而又相互关联的设计原则,这是新奥法的创立者们多年来研究岩石力学的结果。新奥法的特殊之处不在于所用的施工技术,也不在于使用了特殊的计算,而在于对待和处理围岩的方法,最大程度上考虑了围岩的强度。择其要点,概括起来就是:

①围岩是隧道稳定的基本部分,支护衬砌的目的是为了与围岩共同形成能自身稳定的“承载圈”。因此,应尽量维护围岩的强度性能,采用大断面或全断面掘进,采用控制爆破开挖。

②支护衬砌要薄而且具有柔性,使其产生弯矩的可能和由此而引起的破坏

达到最小。当需要增加支护衬砌强度时,应该采用锚杆、钢筋网或者钢拱架等加固,而不宜大幅度加厚喷层。

③施工中要正确地估计围岩特性及其随时间的变化。为此,需要进行必要的试验并观测位移,以确定围岩分类、自稳时间和变形速率等参数。

1.4.2 软岩隧道修建技术的发展方向

国内外软岩工程研究,大体上可以分为三个阶段,即软岩锚喷支护阶段、钢架支护阶段和软岩工程地质规律研究阶段。

(1)锚喷支护研究阶段

早在19世纪初期,美国、英国等国家就已经开始进行锚喷支护技术的试验研究,但对于软弱围岩的系统研究开始于20世纪40年代,50年代以来已经逐步在矿山、煤矿和水利等地下工程中广泛使用。尤其是在煤矿生产过程中,因煤矿是沉积矿产,与其共生的一般是沉积岩,与金属矿山相比,其岩性较为软弱,成分复杂。为了适应这些变化,锚杆的种类也发展很快,从早期的楔缝式锚杆、涨壳式锚杆和倒楔式锚杆等机械式锚杆以及水泥注浆锚杆等黏结式锚杆,后期又发展了性能良好、适应性更广泛的新型锚杆,如树脂锚固锚杆、水泥锚固锚杆、摩擦式锚杆和管缝式锚杆等。

适用于软岩支护的喷层材料的研究已经有了长足的发展,从原来的素砂浆水泥和混凝土,到研制出有一定柔度的纤维混凝土。按照材料不同,可分为塑性纤维和钢纤维混凝土,美国人在20世纪初,曾经在普通混凝土中加入钢纤维,国外的一些专家学者也在大力开展新的纤维材料的研制,如由聚乙烯、丙烯或尼龙等结晶性的聚合物制成的复合纤维材料,这种新材料的纤维混凝土,对于适应软岩隧道的大变形特点具有重要意义。

我国自从20世纪50年代开始使用锚杆技术以来,锚喷支护技术逐步发展,大体可以分为三个阶段:试验阶段、发展阶段和提高阶段。

试验阶段开始于20世纪50年代中期到70年代初期,这一时期的主要特点是依据现场实际经验,从单一的锚杆支护试验,发展到喷射水泥砂浆试验,进而发展到喷射混凝土水泥砂浆试验,并进行了光面爆破技术试验研究。

20世纪70年代,锚喷支护技术得到了长足的发展,这一时期的特点是,从零星试验,进入到对锚喷支护技术摸索实践的系统研究和总结。各个行业和部门把锚喷支护定为隧道和巷道支护技术的发展方向,促进了锚喷技术在软岩隧道支护中的应用研究。

80年代以来是锚喷支护技术的巩固、发展和提高阶段。这一阶段的特点是巩固成果，提高工程质量，在实践的基础上进一步加强实验和理论研究，开始加强了测量工作，并针对软岩隧道的特殊性，开展了软岩支护的研究试验，并有一系列较好的工程应用。这一时期最大的成果就是把锚喷支护和光面爆破有机结合起来，共同实现对围岩的有效控制。这种技术最大程度上保护了围岩的强度和整体性，以发挥围岩的自承能力。

(2)钢架支护研究阶段

20 世纪 80 年代末期，随着工程建设的需要，尤其是煤矿开采深度的不断加大，深部岩体问题不断出现，软岩问题更为突出，仅以锚喷支护为主的支护技术在软岩隧道中成效很低。目前，国内外在软岩隧道支护中采用的钢支架种类有如下几种：

①OLW/U29 型可缩钢架；

②钢筋混凝土圆形支架；

③钢拱架—钢筋混凝土封闭支架；

④喷网—圆形钢架联合支护；

⑤钢拱架和 TH44 反拱支架；

⑥梨形 TH44 封闭钢架；

⑦锚喷网架加底拱；

⑧U29 圆形钢架加底部混凝土。

(3)软岩工程地质规律研究阶段

在进行了一系列钢架试验之后，国内外一些科学家发现，钢架支护对某些泥质岩石支护较为成功，而对另外一些泥质岩石仍然控制不住软岩地压，因而国内外的专家学者转向了对软岩工程地质特性的研究中，以期对不同性质的软岩采用不同的支护办法。目前，围绕软岩工程地质特性方面的研究主要集中在以下几个方面：

①软岩结构、成分的研究：采用的仪器有电子显微镜扫描、X 光衍射分析等。

②软岩物化性质的研究：通过对软岩孔隙度、离子交换能量的测定来研究其物化性质。

③软岩水理性质的研究：通过对软岩含水率、塑限、液限和塑性指数等参数的测定，研究软岩水理性质。

④软岩力学性质的研究：通过对软岩抗压、抗剪特性参数和软岩膨胀力的测定，研究软岩流变学性质和本构关系。

第2章　绢云绿泥千枚岩矿物晶体微观特性研究

岩石材料的物理性质都是在它形成的历史过程中演变而来的,而通过试验所确定的性质仅取决于材料本身的矿物成分和微观结构。另外,对于大多数实际工程而言,与岩石中断裂或不连续面的发育形式相比,岩石材料物理性质的变化,显得不太重要。但是在一些特殊情况下,比如当岩石应力或附加荷载接近于材料的强度时,岩石的力学性质就很难测量出来。岩石的最终宏观断裂与其内部的微结构及其微缺陷紧密相关,要想彻底弄清岩石的断裂机理,就必须从微观的角度来研究岩石的断裂过程。同时,从岩石断口分析得到的这些信息反馈到工程实际,才可能更好地去指导生产实践。因此,了解岩石材料的物质组成和微结构至关重要。

2.1　矿物成分分析

2.1.1　岩样的制备

岩样取于武都西隧道,将取得的岩块用塑料纸封存,送往长安大学成矿作用及其动力学实验室,将岩样磨成厚约0.03mm的薄片,置于偏光显微镜下观察,对岩样进行矿物成分分析并命名。

2.1.2　岩样矿物成分分析

用现场所取岩样制成薄片,在显微镜下分析岩样的矿物种类及其含量,结果见表2-1。

岩样的矿物种类及其含量　　表2-1

名　称	矿物种类和含量(%)							
	绢云母	绿泥石	石墨	石英	纳长石	碳酸盐	绿帘石	黄铁矿
绢云绿泥千枚岩	12	34		30	17		3	

续上表

名称	矿物种类和含量(%)							
	绢云母	绿泥石	石墨	石英	纳长石	碳酸盐	绿帘石	黄铁矿
复变质复结构绢云母千枚岩	17		4	37		38		4

按岩性磨片鉴定的分析结果，两种千枚岩的矿物成分主要以石英、绢云母与绿泥石为主，含少量碳质与碳酸盐类矿物，岩石中各种矿物成分含量的不同决定了其性状的差别。通过显微镜观察分析，绢云母千枚岩岩石组分主要由绢云母组成，含较多褐黑色杂质，显微鳞片变晶结构，定向构造。岩石原岩为沉积的粉砂质泥岩，其中的泥质组分变质形成了绢云母和绿泥石。

2.1.3 千枚岩中的矿物及基本特性

软岩的成分与泥质有关，而泥质的主要成分是黏土矿物，黏土矿物主要分为三大类，即高岭石类、伊利石类、蒙脱石类。黏土矿物的存在很大程度上决定了软岩的工程特性。软岩的黏土矿物，在一定条件下可以互相转化，如图 2-1 所示。

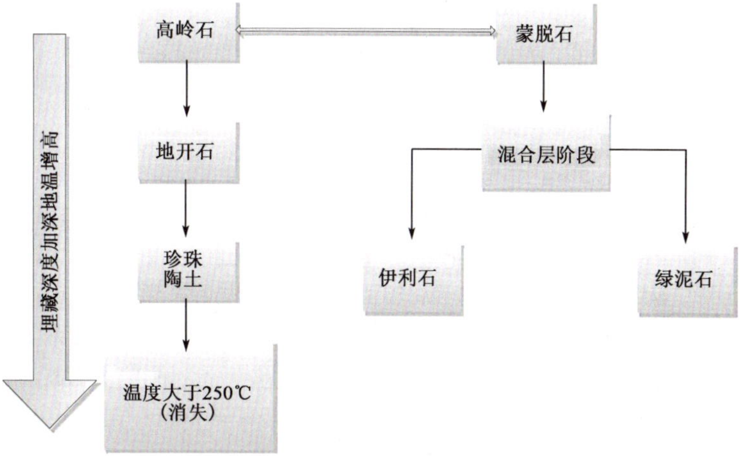

图 2-1　黏土矿物的转化

随着埋深的增加，地下温度的增高，层间水的释放及层间离子的移进、移出，在介质条件改变的情况下，可以引起黏土矿物的转化。随着埋深的增加、地温的增高，高岭石将重新结晶成地开石。这主要与地球环境有关。如碱性的孔隙水

中含 K^+ 离子，则转化成伊利石；如果有 Ca^{2+} 或 Na^+ 或 Mg^{2+} 离子存在，则转化为蒙脱石或绿泥石。如果有 Fe^{2+}、Mg^{2+} 离子存在，蒙脱石则通过蒙脱石－绿泥石层而转化为绿泥石。

由实验结论可知，武都西隧道围岩是绢云绿泥石千枚岩，岩样的矿物成分主要以石英、绢云母与绿泥石为主，而绿泥石能由蒙脱石转化而来。蒙脱石晶格具有吸水膨胀的性能，使相邻晶胞间的连接力很弱，以致可分散成极小的鳞片状颗粒，所以随埋藏深度的增加，蒙脱石向伊利石转化。试验研究也证明，温度在 100～130℃，K^+ 与 H^+ 比率接近正常海水时，蒙脱石失去层间水而向伊利石转化。但蒙脱石不能简单地通过离子交换转变成伊利石，原因是蒙脱石是一种典型的以水合阳离子及水分子作为层间物的 3∶1 型黏土矿物，随着埋深的增加、温度的升高、压力的增大，蒙脱石会有一部分层间水脱出，造成某些层间塌陷，导致晶格的重新排列和碱性阳离子的吸附，首先形成蒙脱石—伊利石混层矿物，进而转变为伊利石。一般认为蒙脱石向蒙脱石—伊利石混层矿物转化的深度范围应在 1200～3500m 之间。蒙脱石在转化过程中，如果有 Fe^{2+}、Mg^{2+} 离子存在，则首先转化为蒙脱石—绿泥石混层，进而再转化为绿泥石。岩石经历了复变形和复变质，原岩为石墨绢云母千枚岩，复构造中的早期构造以塑性变形为主，原岩中的千枚岩被塑性变形形成不对称折曲，石墨平行千枚理排列。晚期构造形成以构造角砾为主的动力破碎，角砾主要为千枚岩。岩石中的复变质，早期以绢云母相变质为主，形成绿泥石、绢云母、石英为主的变质矿物组合。晚期变质主要是以硅化、碳酸盐化为主的蚀变作用，形成的变质矿物组合为石英和碳酸盐，定向性不明显，而且晚期变质以硅化早于碳酸盐化。

2.2 岩石微结构及构造

岩石的结构组分包括岩石颗粒、填隙物——杂基及胶结物。岩石的微结构则包括岩石颗粒、杂基胶结物的结构，以及颗粒与填隙物之间的关系等诸方面的特征。岩石颗粒的结构特征，一般包括粒度、球度、形状、圆度以及颗粒的表面特征。胶结物的结构包括隐晶质结构、粒状结构、栉状结构、嵌晶结构等，胶结类型可分为基底胶结、孔隙胶结、接触胶结、镶嵌胶结等。

2.2.1 国内外研究现状

国外最初使用一般光学显微镜分析岩石组织结构和初始微裂隙的特征，尔后许多研究学者采用扫描电子显微镜研究岩石试件受力过程中试件内部的微破裂的发展。在国内，扫描电镜分析最初被运用于金属断口的研究，而岩石破碎断口的电镜扫描分析从20世纪末开始起步。李先炜等分析岩石受不同应力情况下断裂后的断口显微照片，总结了10种岩石拉断断口和8种剪裂断口，探究岩爆形成过程的具体物理内涵，揭示岩石动态破裂机理，建立岩石断口微观形态与岩爆断裂突变过程的联系。谭以安通过对岩爆岩石断口的微观形态及破裂类型的分析，提出了岩爆渐进破坏过程以及岩爆机理的新认识；冯涛等应用扫描电镜对岩爆岩石断口微观形态进行了观察，从岩石断裂微观形态探讨岩爆形成机理，并提出岩爆断裂的微观机制主要是在拉伸、剪切作用下岩石发生低应力脆性断裂的结论；蔡国军以花岗岩为研究对象进行了大量的扫描电镜试验研究，分析花岗岩岩石断口的微观破坏形貌特征，明确给出了该类岩体的微观破裂机制。

目前国内外学者将岩石破裂微观分析的重点放在建立岩石微观机理和宏观断裂之间更直观的定量联系的研究上。岩石结构的支撑类型可分为杂基支撑结构和颗粒支撑结构。岩石的断裂一般均要经历裂纹的产生、裂纹的缓慢发展、裂纹的快速扩展与瞬时断裂，而这一过程中的每个阶段都会在岩石的断口上留下许多变形痕迹。因此，可以将岩石微观破裂特征同其宏观断裂破坏的力学机制联系起来，从微观方面探讨岩石的破坏规律。岩石的微结构包括矿物颗粒及其聚积体的形状、大小、裂缝、空隙的分布，以及定向程度，它也是影响岩石力学性质的重要因素之一。为了全面了解岩石的结构形状，用光镜来观察岩石的微结构特性。

本书以武都西隧道的绢云母绿泥千枚岩与复变质复结构绢云母千枚岩为研究对象，通过千枚岩岩石矿物组成与岩石磨片的显微镜观察分析，研究岩石微观结构特征及其形成机理，在理论上对岩石微观结构和形成机理加以描述，并尝试建立千枚岩岩石微观破坏机制和宏观断裂之间的联系。

2.2.2 千枚岩的微结构

在显微镜下观察岩样，可以看出整体上有一定的重晶鳞片状绢云母定向排列（如图2-2所示），整体上片理面具有较强的绢丝光泽。绿泥石以斑团状集合体定向为主，如图2-3所示。岩石中的石英、钠长石具有变质重结晶形成的定向拉长的颗粒，和岩石的变形线理平行分布，其中石英颗粒变形比较明显，石英颗粒之间可见绢云母的分布。岩石中的绢云母和绿泥石相间呈变形线理，如图2-4所示，表明原岩中的泥质组分分布呈不同的微层理。岩石经历复变形和复变质，原岩为石墨绢云母千枚岩，复构造中的早期构造以塑性变形为主，原岩中的千枚岩因塑性变形形成了不对称折曲，石墨平行千枚理排列如图2-5所示。

图 2-2　定向排列的绢云母和石英(长边 1.4mm)

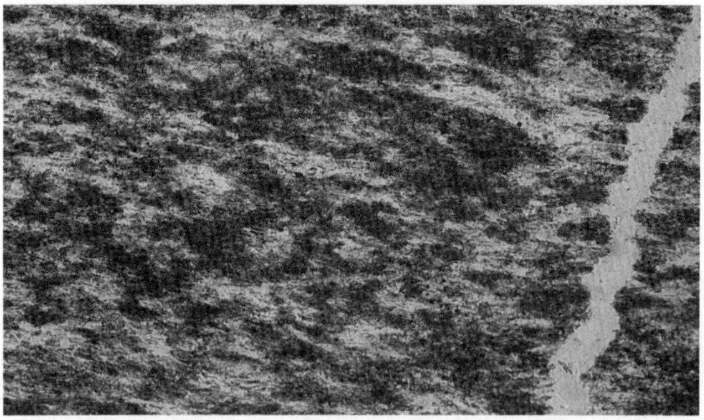

图 2-3　斑团状绿泥石(长边 1.4mm)

图 2-4　绢云母和绿泥石相间构成定向线理(长边 5.5mm)

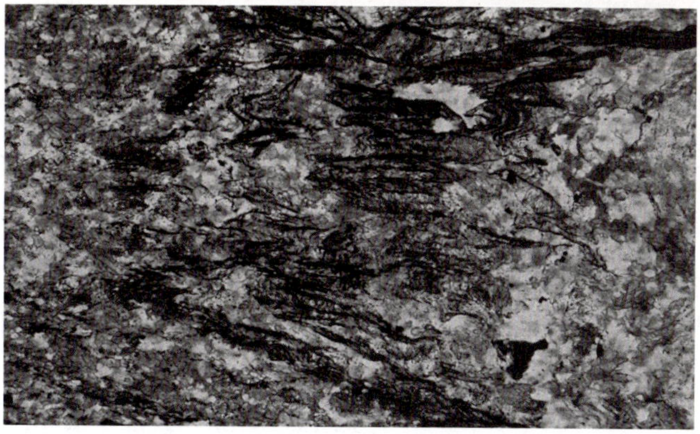

图2-5 碳质和绢云母定向排列(长边5.5mm)

2.2.3 微结构与工程性能的联系

绢云母千枚岩由于绢云母含量较高,岩石常形成平坦面花样的断口形貌与沿晶面擦花的微观破裂形式,这直接导致其岩石力学强度降低,易造成追踪片理面的剪切破坏,破坏面较为光滑平坦。绢云母与绿泥石含量高的岩石,具有鳞片变晶结构,片理面(千枚理)发育,千枚状构造或定向构造特征明显,在外力作用下易产生剪破裂。从绢云绿泥石千枚岩的微观结构可知,绢云绿泥石千枚岩结构疏松呈定向排列方式排列,所以岩石性质极不稳定,容易受外界条件影响而发生变化,在宏观上表现为强度较低,内黏聚力小、低弹性模量、高泊松比,工程上表现为抗剪和抗拉能力弱,且易受外界条件的影响。

第3章　软岩的地质特征及其评价

隧道围岩是地质体的一部分，它不同于钢筋、水泥或者其他的一般材料体，也不同于完整的岩石，隧道的围岩中存在着断层、节理、层面等各种不连续面和充填物，围岩在这些不连续面的切割下，形成了一定的岩体结构，并且赋存于不同的地质环境之中，因而围岩在力学作用下的变形和强度特征相比一般的材料更加复杂。

武都西隧道隧址区地层由第四系中上更新统黄土、粉质黏土和中—上志留统—白龙江群(S2 +3bl)组成。其中中—上志留统—白龙江群的岩性为泥灰岩、千枚岩，千枚岩变质较深，片理及小型褶曲十分发育，表层风化程度高，强度较低，极破碎，属软岩类。而软弱围岩由于其岩石强度低、岩体破碎、赋存环境差等特性，使其力学特征又与一般的围岩存在较大差异。

3.1　软岩的变形特征和力学机制

3.1.1　软岩变形特征

围岩变形是评价隧道围岩稳定性的重要指标，也是隧道设计关注的重点。隧道开挖后，围岩的变形大致可以分为三个阶段：

①弹性变形阶段；

②弹性变形和塑性变形共存阶段；

③以蠕变为主，蠕变、塑性变形共存，同时围岩发生损伤、断裂、挤出及膨胀耦合作用阶段。

软弱围岩是以塑性变形和蠕变变形为主，而坚硬围岩则以弹性变形和塑性变形为主。

软弱围岩的变形特征，主要包括以下几点：

(1)变形量大

隧道开挖以后，软弱围岩最主要的显性特征是能够产生显著的塑性变形。实际工程数据表明，软弱围岩洞壁位移可达数十厘米，甚至100多厘米，往往伴随着初期支护严重破裂,如喷混凝土开裂脱落、钢架扭曲,严重的可能引起二衬混凝土的开裂,如武都西隧道 ZK86 + 825 ~ ZK86 + 800 段初衬混凝土沿钢拱架环向位置出现开裂(图 3-1)。在掌子面掘进时,发现 ZK86 + 795 ~ ZK86 + 778.5(掌子面处)段钢架扭曲,部分钢支撑在拱顶位置出现较为严重的扭曲变形(图 3-2)。

图 3-1 钢支撑扭曲

图 3-2 初衬混凝土开裂

(2)变形速度快

坚硬围岩在隧道开挖后,变形很快会达到稳定状态,其变形速率很小。而软弱围岩隧道开挖后,变形速率相对比较大,特别是初期变形速率大,如关角隧道、两水隧道和天平山隧道初期变形速率最大,分别达 50mm/d、60mm/d,41.2mm/d。

(3)变形时间长

软弱围岩在初期的变形速度快,其延续时间也较长,具有明显的蠕变变形特征。大量研究表明,软弱围岩隧道开挖后,一般很长时间内支护或衬砌上的压力一直在变化,这可解释为软弱围岩初期的蠕变的结果。花岗岩、砂岩等坚硬岩石蠕变变形很小,而且会在很短时间内趋于稳定;而千枚岩、页岩、泥岩等软弱岩石的蠕变变形非常明显,如图 3-3 所示,可见软岩的蠕变特性对隧道围岩的变形及其稳定性具有显著的影响。武都西隧道的绢云母千枚岩和绢云母绿泥千枚岩在施做完二衬支护后半年才出现挤压裂缝,可见其变形时间至少超过 6 个月以上。

(4)围岩扰动范围大

软弱围岩隧道周边的塑性区较坚硬围岩隧道的塑性区大,特别是支护不及时或结构刚度、强度不够时,围岩扰动范围更大。一般锚杆长度达不到弹性区,也可能导致喷锚支护失效。

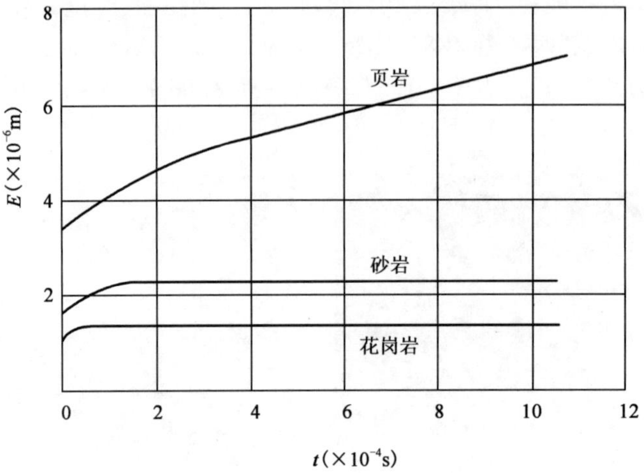

图3-3　坚硬围岩与软弱围岩蠕变特征的区别

武都西隧道在右洞K86+736处，由于受左洞掌子面爆破震动扰动，加之隧道围岩皱褶隆挤压力影响，右侧拱腰钢支撑变形，严重内鼓侵限。

(5)径向变形特征明显

径向变形一般表现为隧道底鼓、边墙内挤、拱顶下沉，而且位移基本指向隧道开挖面等价圆圆心方向。软弱围岩径向变形大的主要原因是其泊松比μ较大，也可能是围岩强度应力比值较小。

对于隧道而言，围岩强度应力比较小或泊松比μ较大时，都会引起隧道围岩发生较大的径向变形。

(6)压力增长快

围岩压力随开挖时间而迅速增大，即围岩与支护结构很快就会接触，继而产生较大的围岩压力。如果施工方法和支护措施得当，支护封闭后变形将会得到控制；反之，即使支护封闭后，变形还会继续发展，进一步会导致支护发生破坏。因此，施工阶段采用适当的开挖方法和支护手段，是软岩隧道施工的关键。

3.1.2　软弱围岩变形力学机制

武都西隧道地质条件复杂，埋深大，围岩软弱，多次发生衬砌变形开裂、塌方，严重影响施工进度，威胁施工安全。为此，应深入分析其大变形的形成机理，指导隧道开挖及后期处治。

软弱围岩的变形力学机制主要和两个因素有关，一是围岩所处的地质水文力学环境，二是软弱围岩的组成成分，一般可分为塑性挤出和膨胀挤出两种变形机制。

(1)塑性挤出变形机制

塑性挤出变形是指隧道开挖引起的重分布应力超过围岩的屈服强度而使围岩发生塑性变形。由于软弱围岩强度低,具有明显的蠕变特性,因此,即使在较小的应力水平下,软弱围岩也极易发生持续性的大变形。对于易发生塑性挤出变形的软弱围岩,隧道施工一般可采用以下两种手段:

①采用注浆等预加固技术,提高软弱围岩的强度;

②加强支护的刚度和初期强度,改善围岩的受力状态。

由于塑性挤出变形在掌子面前方就已经开始,因此,对于这类软弱围岩,不管采取何种手段,都应该尽早、尽快实施,尤其是掌子面前方围岩的预加固和预支护,对控制塑性挤出变形是至关重要的。

(2)膨胀挤出变形机制

膨胀挤出变形是指围岩中含有膨胀性矿物,如蒙脱石、伊利石、高岭石,这些矿物和水反应而发生膨胀,使围岩发生变形。发生膨胀变形的围岩在开挖之前一般都具有较高的强度,变形主要发生于隧道开挖后,受开挖扰动、风化、水化等因素的影响而使围岩发生软化。这类隧道施工中,围岩怕风、怕水、怕扰动,因此,隧道开挖时应尽量做到:

①减少施工用水,防止围岩长时间浸泡在水中;

②减少开挖分部、简化施工工序,降低施工对围岩的扰动;

③缩短围岩暴露时间,及时封闭,采用“快挖、快支、快封闭”的快速施工技术,减少围岩的风化。

武都西隧道穿越F5断层破碎带,岩体较破碎,裂隙较发育,为地下水的储藏和渗流提供良好的条件,且该地区地下水位较高,富水程度较好。在此条件下,膨胀性软弱围岩吸水后发生明显的塑性变形和膨胀变形。

3.2 软岩的强度特征

围岩的强度是指包含结构面的岩体的强度,因此围岩的强度不同于岩石的强度,也不同于结构面的强度,围岩的强度受岩石强度、结构面强度、岩体结构、岩体赋存环境等因素的控制。

从以上对围岩强度的分析可知,围岩强度主要是受岩块的强度、围岩的完整性系数以及结构面的强度及特征等因素控制。

软弱围岩的强度特征如下:

①软弱围岩的强度随岩石强度的降低而降低。当围岩的完整性及结构面特征恒定时,则围岩的强度和岩石的强度呈线性变化。

②当构成围岩的岩石强度恒定时,围岩的强度随围岩的完整性系数减小而降低,围岩越完整,围岩强度越接近岩石的强度,围岩越破碎,围岩强度越小。

③当围岩中存在控制性软弱结构面时,如存在断层、挤压破碎带,则围岩的强度受结构面产状与隧道与围岩结构面的夹角关系以及结构面强度等因素的影响。

④地下水对软弱围岩的强度有较敏感的影响,地下水会软化和泥岩化软弱围岩,地下水会改变岩体结构面中充填物的物理性状。岩体结构面中充填物随含水量的变化,发生由固态向塑态直至液态的弱化效应,使得软弱围岩的力学性能降低,凝聚力和内摩擦角值减小,围岩变形量增大,围岩稳定性降低。

武都西隧道隧址区围岩为泥灰岩、绢云母千枚岩,属于膨胀性软弱围岩,且穿过断层带,岩体破碎,部分地段泥化严重。并且隧道穿越F5断层破碎带,岩体较破碎,断裂较发育,为地下水的储藏和渗流提供良好的条件,且该地区地下水位较高,富水程度较好,膨胀性软弱围岩吸水后发生明显的塑性变形和膨胀变形,形成了较大的膨胀性围岩压力,使得初支结构所承受的荷载逐渐增加,当达到初支结构的极限强度后,初支发生大变形和严重破坏。

3.3 软岩的分类及评价

武都西隧道隧址区地层由第四系中上更新统黄土、粉质黏土和中—上志留统—白龙江群组成,白龙江群上部岩性为灰岩夹千枚岩、板岩、泥灰岩,白龙江群下部岩性为千枚岩夹灰岩、片岩组成。千枚岩由泥岩、泥灰岩变质而成,整体呈现千枚岩、板岩、灰岩、呈互层及夹层状。其中中—上志留统—白龙江群的岩性为泥灰岩、千枚岩,千枚岩变质较深,片理及小型褶曲十分发育,表层风化程度高,强度较低,极破碎,属软岩类,因此软弱围岩的分类及评价可参考软岩的分类及评价方法。

3.3.1 软岩的地质分级

根据《工程地质手册》关于岩石按照坚硬程度分类中,软质岩可分为较软岩、软岩和极软岩三级。中科院地质与地球物理研究所伍法权等根据隧道工程实践中遇到的新的围岩介质,在软岩和极软岩类的代表性岩石中补充了特殊岩土体类型,如表3-1所示。

软质岩按坚硬程度等级划分表 表3-1

定性值	单轴饱和抗压强度(MPa)	定性鉴定	代表性岩石
较软岩	$15 < R_c \leqslant 30$	锤击声不清脆,无回弹,较易击碎;浸水后,指甲可刻出印痕	强风化的极硬岩; 弱风化的硬岩; 未风化~微风化的凝灰岩、千枚岩、砂质
软岩	$5 < R_c \leqslant 15$	锤击声哑,无回弹,有凹痕,易击碎;浸水后,手可掰开	强风化的坚硬岩; 弱风化~强风化的硬岩; 弱风化的较软岩; 未风化的泥岩等; 遇水软化岩石:云母岩、炭质板岩
极软岩	$R_c \leqslant 5$	锤击声哑,无回弹,有较深凹痕,手可捏碎;浸水后,可捏成团	全风化的各种岩石; 各种半成岩的岩石: 第三系砂岩、泥岩等; 第四系各种成因堆积物:如黄土、黏土、砂土、粉土、碎石土等; 遇水软化或膨胀型岩石:膨胀土

3.3.2 软岩的工程分类

按照工程软岩的定义,根据产生塑性变形的机理不同,将软岩分为四类,即膨胀性软岩(或称低强度软岩)、高应力软岩、节理化软岩和复合型软岩。

①膨胀性软岩(swelling soft rock,简称S型)指含有黏土的高膨胀性矿物在较低应力水平(30MPa)条件下即发生显著变形的低强度工程岩体,如工程中常见的泥岩等。由于低应力软岩的显著特征是含有大量黏土矿物而具有膨胀性,故据其膨胀性大小又可分为强膨胀性软岩(自由膨胀变形>15%)、中膨胀性软岩(自由膨胀变形4%~10%)和弱膨胀性软岩(自由膨胀变形<4%)。

②高应力软岩(highstreesed soft rock,简称H型)则是指在较高应力水平(>25MPa)条件下才发生显著变形的中高强度的工程岩体。这种软岩的强度一般高于25MPa,其地质特征是泥质成分较少,砂质成分较多,如泥质粉砂岩、泥质砂岩等。它们的工程特点是,埋深不大时,表现为硬岩的变形特征,当埋深达到一定深度以下,表现为软岩的变形特性。根据高应力类型不同,高应力软岩可细分

为自重高应力软岩和构造高应力软岩。前者的特点是与深度有关，与方向无关；而后者的特点是与深度无关，而与方向有关。

③节理化软岩(jointed soft rock，简称J型)是指含泥质成分很少(或几乎不含)的岩体，发育了多组节理，其中岩块的强度颇高，呈硬岩力学特性，但整个工程岩体在隧道工程力的作用下则发生显著的变形，呈现出软岩的特性。例如，我国许多煤矿的煤层巷道，煤块强度很高，节理发育，岩体强度较低，常发生显著变形。此类软岩可根据节理化程度不同，细分为镶嵌节理化软岩、碎裂节理化软岩和散体节理化软岩。

④复合型软岩是指上述三种软岩类型的组合，即高应力—强膨胀复合型软岩，简称HS型软岩；高应力—节理化复合型软岩，简称HJ型软岩；高应力—节理化—强膨胀复合型软岩，简称HJS型软岩。

软岩工程的分类与分级方法如表3-2所示。

软岩工程分类与分级总表 表3-2

软岩分类	分类指标			软岩分级	分级指标		
	抗压强度(MPa)	泥质含量	结构面				
膨胀性软岩	<25	>25%	少		w_0(%)	σ_c(MPa)	膨胀矿物组合
				弱膨胀性软岩	<10	15~30	S、I
				中膨胀性软岩	10~30	5~15	I、K
				强膨胀性软岩	>30	<5	M、M/I
高应力软岩	>25	<25%	少		深度比A		
				高应力软岩	0.8~1.2		
				超高应力软岩	1.2~2.0		
				极高应力软岩	>2.0		
节理化软岩	低~中等	不含	多组		节理组数	节理间距(m)	完整系数k_v
				较破碎软岩	1~3		0.55~0.35
				破碎软岩	≥3		0.35~0.15
				极破碎软岩	无序≥3		<0.15
复合型软岩	低~高	含	少~多组	根据具体条件进行分类和分级			

3.3.3 软弱围岩的评价

软弱围岩包括未成岩(固结)的砂砾层围岩、砂层和砂层黏土层互层围岩、全风化围岩、黄土以及黄土为主体的土质围岩、膨胀性围岩、断层破碎带、蛇纹岩等构成的围岩、全风化的围岩、大量高压涌水的围岩等等。

(1)未成岩(未固结)围岩

未成岩(固结)围岩,其范围大致是:新第三系以后的低固结、未固结的砂岩、泥岩,以及形成一部分冲积层的砂质土、砾质土、火山灰等未固结的以及固结度低的围岩,统称为未固结围岩。

山岭隧道遇到的未固结围岩,几乎都是洪积以前的围岩。根据对建成隧道的施工实例的调查结果,矿山法适用于未固结围岩的下限指标的大致标准是:单轴抗压强度为0.1MPa、变形系数为10MPa。

未固结围岩的特性,可归纳为以下三点:

第一个特性是围岩结构松散、掌子面自稳性差。这也是未固结围岩所共有的,为此要采取适当的措施来保证掌子面的稳定性。

第二个特性是围岩强度、刚性低,变形量大,在隧道周边有结构物或埋设物时,要控制围岩的变形使之不对这些结构物产生影响。这类围岩产生的大变形可能造成围岩松弛,甚至导致掌子面崩塌、不稳定等。因此,控制围岩变形和松弛是非常重要的。

第三个特性是易涌水,掌子面不稳定,当围岩中含有大量地下水时经常发生涌水问题,特别围岩为砂层时,确保掌子面自稳性是很困难的。因涌水,会造成锚杆锚固不良、喷射混凝土剥离、支撑下沉等以及异常涌水,对施工影响极大。因此,对地下水进行处理是极为重要的。

因此,在未固结围岩中,要根据水文地质、隧道断面大小、埋深深浅、环境条件等,除了加强初期支护外,还必须采取分部开挖、预支护、超前降水、早期支护闭合等对策,确保施工安全。

(2)砂层和砂砾层围岩

砂层、砂砾层围岩由于缺少凝聚力、极易松弛,从开挖到喷射混凝土作业开始之间,或喷射混凝土作业中,极易发生拱顶坍塌,或者造成还没有硬化的喷混凝土剥离,导致施工困难。在这种围岩中,要采用防止坍塌的超前注浆、管棚支护等工法。同时,在这种围岩中,如掌子面长期放置,会发生松弛、坍塌,而使掌子面变得极不稳定。因此在施工中断时,对于掌子面要采取正面喷混凝土,及时封闭或者其他的稳定措施。

在砂层、砂砾层中有地下水时,涌水会导致围岩流失,从而出现塌陷等事故。在这些隧道中,最重要的是如何判断开挖后是否会产生流沙的情况。一般来说,砂的粒径分布对有无流沙现象有很大的影响,日本提出了如表3-3所示的判定标准。

掌子面的自稳条件 表 3-3

分　类	细粒径含有率(%)	匀质系数(U_c)
自稳困难	10 以下	5 以下
有条件自稳	10 ~ 20	5 以上
自稳性好	20 以上	—

在这样的围岩中，根据分析，可以获得如表 3-4 和图 3-4 所示的没有涌水的土砂围岩隧道的崩塌判断标准。

没有涌水的土砂围岩的崩塌判别标准 表 3-4

分　类	缺乏自稳性	自稳可能	备　注
含水率 w(%)	<15 或 >30	15 ~ 30	>30 成田新干线的数据
细粒径含有率 f(%)	<8	≥8	与 w 有相关性
10% 粒径 D_{10}(mm)	>0.1	≤0.1	与 U_c 的相关性高
匀质系数 U_c	<2	≥2	—

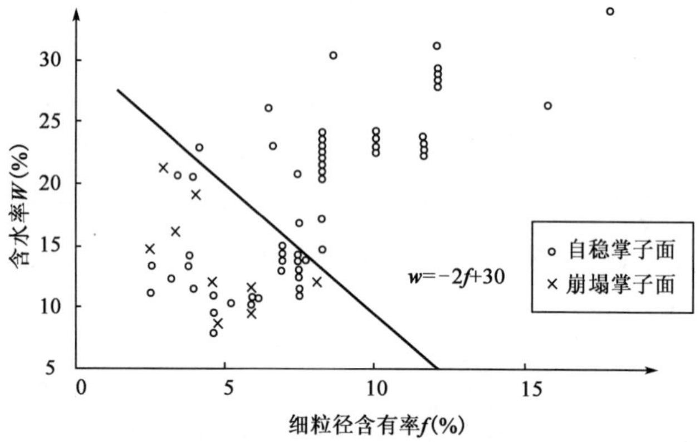

图 3-4　含水率与细粒径含有率的相关性

(3) *砂层、黏土层互层围岩*

在砂层、黏土层互层围岩中，各砂层的地下水会被黏土层所隔离，靠近掌子面压力水头也不会减小，如图 3-5 所示。如开挖不透水层，地下水会喷出，并伴有流沙涌出。所以，在互层围岩时，开挖到掌子面之前，事前要采取措施排除砂层的地下水。但是，互层围岩比单一的砂层透水效果差，地下水往往处于不透水层上面，在开挖过程中从层面处涌水，致使砂层流出，这是比较危险的。

黏土层含有一些强度低的物质，在开挖时，会因周围应力的增加，使黏土层塑化而挤出产生变形，导致掌子面不稳定。对于这种围岩，需要采取防止变形和加固围岩的措施。

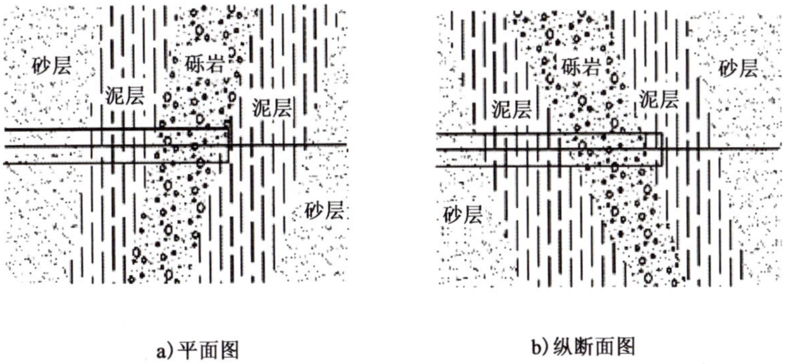

图3-5　砂层和泥岩的互层中的掌子面的崩塌

(4)全风化的风化土围岩

风化土是风化残积所形成的土，通常指花岗岩类的岩石（花岗岩、闪绿花岗岩等）和结晶性火成岩及同质的片麻岩等风化残积而成的土以及它们形成的崩积土（岩堆）。一般来说，风化土定义范围是很广的，视风化程度、物性有很大不同。花岗岩类岩石风化后，其石英碎裂为石英砂，长石风化为高岭土，黑云母等黑色矿物风化为含氧化铁黏土，外观呈红褐色。

花岗岩的风化状态，浅部的强风化部分大致成为均匀的土体状，是很软弱的；深部往往沿裂隙风化，而岩块内部没有风化。风化程度从浅部向深部逐渐变化，但风化的发展，因断层、节理等的裂隙状态、母岩的矿物构成、粒度、组织等而不尽相同。就是在同一深度，围岩的软硬、稳定状态也会有很大差异。因此，掌子面在推进过程中，要注意围岩风化程度的变换。

花岗岩风化土具有软化性和崩解性。花岗岩风化土具有遇水软化的性质，软化作用使得土体的物理力学性质降低，风化土围岩掌子面易发生泥塑状流出。花岗岩风化土另一重要的力学特性是遇水崩解性，即遇水后土体发生结构性分散。崩解是不可逆的过程，所以掌子面开挖过程中遇到花岗岩风化土极易出现掌子面挤出变形。

大量的工程实践经验表明，花岗岩风化土围岩变形的主要原因是地下水，采用适当的方法控制围岩中的地下水是施工成败的关键。如对浅埋隧道，地表井点降水可以有效降低地下水的高度，对埋深较大的隧道有条件可在隧道旁边设置泄水洞,或采用洞内掌子面进行超前钻孔真空降水等工程措施。

(5)黄土及以黄土为主体的土质围岩

黄土是距今约200万年的第四纪时期形成的特殊堆积物,是由灰色或棕黄色的尘土和粉尘沙粒组成,质地均一,含有大量的粉粒,以手搓之易成粉末;富含碳酸钙成分及其结核,具有肉眼可见的大空隙,它是第四系干旱、半干旱气候条件下,陆相沉积的一种特殊土。与一般土的不同之处有三点:

①构造上的直立性。这个特性决定了黄土力学特性具有各向异性的特点,它是黄土在堆积加厚过程中受重力的影响,土粒间的上下间距变得越来越紧密,而土粒间左右间距却保持不变,它与施工后掌子面的稳定有直接关系,如果施工后的围岩应力大于黄土直立方向的强度,就会造成开挖工作面的失稳。黄土的直立性对围岩的初始地应力场具有一定的影响。

②湿陷性。这个特性决定了黄土含水率超过一定值或者遇水后会产生很大的"沉陷"变形和承载能力的丧失。

③多孔性。黄土主要是由极小的粉状颗粒所组成,而在干燥、半干燥的气候下他们相互之间结合不是很紧密,一般只要用肉眼就可以看到颗粒间具有各种大小不同和形状各异的空隙和孔洞。

在没有雨水的影响下,黄土隧道开挖后一般处于稳定的状态,在绝大多数条件下都可以采用"先挖后支"的技术,只是在湿陷性严重的围岩中或者埋深很小的情况下,才需要采取超前支护等措施。

从黄土的分布及成因看,黄土基本上处于地壳的浅部,埋深在几十米或几百米之间,因此构造应力对其影响不大,基本上只有上覆土体重量形成的自重应力场,即垂直主应力是最大应力,侧压力一般小于垂直主应力。但因黄土具有直立性特点,其抵抗侧压力的能力比较小,因此也要重视侧压的影响。

黄土隧道的变形往往是由于黄土各向异性的特点造成的,因而了解隧道施工过程中黄土的强度和变形的性质至关重要。黄土的直立性对垂直下沉影响很大,在台阶法施工中,拱脚下沉常常比拱顶下沉大,这也是造成黄土拱部整体下沉的原因之一。含水率对黄土的强度具有重要的影响,含水率是黄土围岩分级的一个重要指标。

(6)膨胀性围岩

膨胀围岩是指含有较多的浸水矿物,具有遇水膨胀、软化、崩解和失水收缩、开裂的特性,含水率变化时将发生较大体积变化的岩石。所谓膨胀性围岩一般指能产生膨胀性地压的围岩。而膨胀性地压不管什么原因,是指在因膨胀而使净空断面缩小的地质条件下,作用在衬砌和支护结构上的地压,其一般特征是:

随时间的变化,围岩长期的位移或土压增大,能产生使支护结构破损的土压。狭义的来看,风化围岩和含有黏土矿物的围岩的体积膨胀以及因围岩塑性变形而引起的都属于此类。而且,膨胀性土压是从现象上来看的一种概念,一般在变形比较大的情况下产生,与其他土压有时是很难区别的。

围岩体积膨胀的原因有:

①化学变化结果的膨胀;

②单纯吸水的物理膨胀;

③上覆荷载的塑性变形或破坏;

④地壳运动时潜在的能量(残余应力)或地层堆积时的先行荷载的释放等。

在原因①、②两种情况中,单独发生膨胀性地压的程度还不很清楚,就是含有膨润性矿物蒙脱石的软岩,也不一定都发生膨胀现象。膨胀性的主因是围岩强度应力比小而产生塑性地压,结局就是膨胀性地压。在原因③情况中,指低强度围岩(强度应力比在2~3以下的岩石,特别是黏土岩)因开挖使隧道周边围岩松弛产生塑性变形,在一定厚度的断面吸水膨胀(膨润)而软弱化,产生膨胀性地压。在原因④情况中,在造山带和褶皱带中含有一些膨胀性的地质带,这些地质带容易产生膨胀性的地压,但是,膨胀性地质的岩石强度很小,岩石内潜在的应力也不可能很大,因此,因潜在应力释放而引起强大地压的情况也不多。

根据日本的施工实践经验,膨胀性地压几乎都发生在埋深200~300m以下的地层中,而埋深大于500m的隧道只有一两个例子。在这种情况下,发生膨胀性地压的,都是围岩强度小的岩石,如软弱的黏土岩、蛇纹岩、破碎带、强风化岩等,其次是内摩擦角小的岩石。强度小但内摩擦角大的砂质土和砾石土是很难发生膨胀性地压的。

围岩强度小、细颗粒成分多(内摩擦角小)的软岩易发生膨胀性地压。这些岩石有:第三系的泥岩、页岩、凝灰岩、火山砾凝灰岩等。对于膨胀岩的判别,目前还没有统一的标准,表3-5和表3-6列出了现有的国内外判别标准。

膨胀岩的判别技术指标(国内)　　表3-5

铁道部第一勘测设计院	1. 黏粒含量,小于2μm占25%,小于5μm占30%; 2. 蒙脱石占全含量的6%或伊利石占全含量的15%以上(包括蒙脱石、伊利石含量之和占15%); 3. 膨胀量(无荷,有侧限试样高2cm)大于2%,当蒙脱石与伊利石呈混层结构时,以膨胀量为主要控制指标
铁道部第二勘测计院	刘礼成:自由膨胀率 $F_1 \geqslant 40\%$,干燥饱和吸水率≥25%; 泰小林:1. 膨胀性;2. 碎裂程度;3. 岩体强度,三个指综合评判

续上表

铁道部第三勘测计院	1. 小于2μm的黏粒含量大于35%； 2. 围岩强度应力比 G 参照日本资料； 3. 自由膨胀率 F_i 大于30%； 4. 液限 $w \geqslant 40\%$； 5. 膨胀压力 P_P 大于100kPa； 6. 单轴抗压强度 $q_u \leqslant 5000$kPa； 7. 蒙脱石含量大于5%或者伊利石含量大于15%； 8. 体膨胀量(无荷竖向有侧限)大于2%
中国科学院地质研究所	曲永新等：干燥饱和吸水率≥25%
全国首届膨胀岩学术会议(1986.07，大连)	材料(岩石粉末)的膨胀性判别：液限、粉末状的干燥饱和吸水率、比表面积、蒙脱石含量、阳离子交换量和交换阴离子组分，岩块的膨胀性判别不规则岩块的干燥饱和吸水率、崩解耐久性指标、软化系数

膨胀岩的判别技术指标(国外)　　表3-6

美国	霍尔兹建议指标：胶粒含量、塑性指数、缩限
英国	泰勒建议指标：蒙脱石含量≥10%～15%；
日本	1. 小于2mm的颗粒含量≥20%； 2. 塑性指数 $I_p \geqslant 70$； 3. 阳离子交换量≥20mL/100g； 4. 体膨胀量>2%； 5. 浸水崩解度 $A \sim D$ 表示烘干岩样浸入水中的破坏程度，A——无任何变化，B、C——中间强度，D——完全崩坏； 6. 围岩强度比 $G_n = q_m/\gamma H$，式中：q_m——单轴抗压强度，γ——重度，H——埋深
澳大利亚	膨胀量≥4%，线收缩率≥5%

在膨胀岩围岩中进行隧道开挖时，由于膨胀岩的特殊工程性质，使隧道普遍具有开裂、内鼓、坍塌和膨胀等变形现象，围岩变形常具有速度快、破坏性大、延续性大、延续时间长和整治困难等特点。施工中通常采用可缩式型钢拱架、长锚杆、早强喷射混凝土、及时封闭掌子面、柔性锚喷支护、及时形成封闭结构、多重支护等工程措施。

(7)蛇纹岩

蛇纹岩是沿大的地质构造线侵入分布的，因变质作用一般都呈绿色、柔软、呈叶片状～黏土状、破碎。一般其破碎带多为混合的围岩，事前调查很难能精确地得到其分布状况。蛇纹岩根据其形态，分为块状蛇纹岩、叶片状蛇纹岩、黏土状蛇纹岩。

过去，蛇纹岩多是因吸水膨胀作用产生膨润现象，同时，经过研究，认为蛇纹岩的膨胀性地压主要是由塑性变形所引起的。根据X射线分析，蛇纹岩几乎不含蒙脱石等膨胀性的黏土矿物，不会吸水膨胀。此外，蛇纹岩是因蛇纹岩特有的黏土矿物的吸水反应而造成体积膨胀。

地压的大小，按叶片状蛇纹岩、块状蛇纹岩的顺序而增加，并与黏土化程度成比例。现场看到的蛇纹岩特征之一就是初始开挖时，即使是看起来相当坚固的壁面，强度也会急剧地劣化，并易于崩塌。蛇纹岩在地下深部是裂隙很发育的，隧道周边发生的剪应力和开挖时的振动、极小的水量，都会使凝聚力丧失。例如，日本神居隧道，开挖当初的围岩弹性波速度是3.4km/s，6天后变为2.0km/s，急速降低。

目前，几乎没有表示蛇纹岩膨胀性的指标，但表示蛇纹岩状况的指标多采用钻孔的岩心块状率（F）。有人认为，块状率在30%以下，单轴抗压强度在1.2MPa以下，围岩弹性波速度在3.0km/s以下的围岩膨胀率是很强的，施工上要给予充分地关注。

根据日本岚山隧道的施工经验，认为蛇纹岩有以下10个特征：

①富于膨胀性；

②后期膨胀荷载大，可继续数月之久；

③遇水软化；

④虽容许位移，但地压几乎没有减小；

⑤压力集中在结晶片岩的边界处；

⑥采用超前支护对保护掌子面非常有效；

⑦防止拱脚下沉措施对控制净空位移非常有效；

⑧斜锚固对控制净空位移、拱顶下沉有效；

⑨早期闭合对位移控制是最有效的；

⑩不含膨胀性矿物。

(8)全、强风化岩

强风化岩是在长期的地质年代中，在露出地表的环境条件下形成的围岩，因风化，粒子间的黏土成分增加，粒子本身也有的黏土化，从而使强度显著降低，一般多出现在洞口和埋深小的地段。强风化岩也多属于膨胀性围岩。黑色片岩和绿色片岩、黏土板岩、千枚岩等细颗粒成分多的结晶片岩等，沿破碎带会形成几十米厚的风化黏土带，也多属于此类。

(9)大量、高压涌水的围岩

对山岭隧道施工和运营后的维修养护有重大影响的因素之一就是隧道涌水。地下水的分布一般决定于地形与地质条件。涌水的状态和枯水的形态与地下水的赋存状况有极深的关系。地下水如图3-6和表3-7所示，其分布形态大体上可以分为裂隙水和地层水。地层水又可分为自由水和承压水；裂隙水也同样可以分为自由水和承压水。

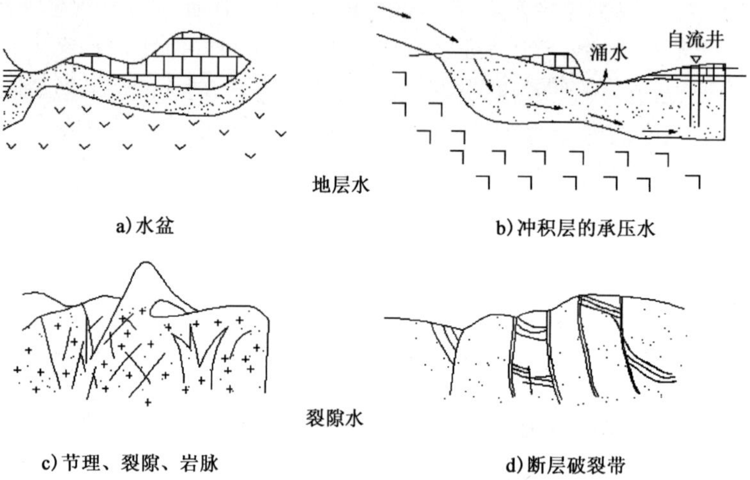

图3-6　地下水道的分布形态

地下水的形态划分　　表3-7

地层水	1. 自由水； 2. 承压水
裂隙水	1. 空洞； 2. 节理； 3. 裂隙； 4. 断层(含水层、隔水层)； 5. 节理发育的岩脉

如表3-8所示，隧道施工时发生的涌水，不仅对作业环境有影响，也会使掌子面不稳定，使喷混凝土和锚杆的施工不良。特别是在有大量、高压涌水的情况下，常常是造成重大事故的原因，在施工中需要变更施工工法、采取大量的整治对策，致使工期拖后、工程费增加等。

掌子面开挖中或支护施工完成之前，保持一定时间的掌子面自稳是山岭隧道施工的前提,这主要是与构成掌子面地质的力学强度特性有关。在掌子面周边有涌水的情况,掌子面因水渗透压而会出现崩塌流出等,使其强度降低。特别是在未成岩(固结)的围岩中,因初始强度低,伴随涌水会造成掌子面流失现象。

隧道开挖中的涌水问题 表3-8

原因或环境	直接作用	预计的现象和影响
渗透水	软岩的软化促进破碎带、裂隙剥离,黏土的膨胀,无凝聚力围岩的流动化	围岩压力增大 侧壁崩塌的诱因 吸水膨胀、围岩流变 围岩崩塌、丧失稳定
接近涌水带	隔水层的破坏	掌子面围岩崩塌
排水设备过小	排水不良	洞内环境不良,支护基础承载力降低
集中涌水	流速大、水深大	掩埋掌子面设备 作业危险 停止施工
竖井、斜井	水泵排水	洞内积水
地下水的继续流出	地下水位降低	水源枯竭 水位降低

在未固结围岩中,如降低水位过度,会出现干燥流沙现象。根据地质条件,考虑其渗透性,在可能的凝聚力的条件下,调整和管理围岩含水率是很重要的。

掌子面有涌水时,涌水易向支护底部集中而妨碍作业,同时使底部围岩劣化,致使局部压密而造成支护下沉,产生支护变异和断面异常等。

侧壁有涌水时,喷混凝土会附着不良,或不能施工。对一定程度的涌水,可增加速凝剂的添加量,采用钢筋网等,提高其附着性。因施工后的冲刷会形成空洞等附着不良的现象,施工时,很重要一点是将涌水部分集中引排。

周边涌水是造成施工效率大幅度降低的重要原因。水一般向隧道坡度低的一侧流动,在反坡施工时,需要强制排水。在易于泥化的地质条件下,排水坡度宜适当加大,并需配置足够的水泵。对突发的大量涌水,要增加辅助的设备。从竖井或斜井开挖时,要有独立的排水用电源,并准备好预备电源。

涌水使隧道基底劣化,在机械开挖的场合会造成施工效率的降低,重型机械的行走不安全等,这是造成洞内事故的原因之一,必须对洞内排水给予足够的重视。

裂隙水会降低围岩的内摩擦角,危及掌子面的自稳性,渗透水流也会造成围岩细粒成分流失的流动现象。掌子面的崩塌会造成人身事故,也会危及掌子面的稳定,因此确保掌子面的稳定性是至关重要的。

涌水的冲刷会在喷混凝土的背后造成空洞,而在以后的水流作用下,空洞会逐渐扩大,此扩大是造成隧道变异和二次衬砌质量降低的重要原因。二次衬砌施工前,要充分调查漏水地点的背后是否有空洞,必要时,应用砂浆充填和设置导水系统、防水板等。

施工后的问题是,因隧道周边渗水的分布,会在仰拱或填充的分界处会形成积水,积水的浸蚀有时会形成空洞。有此种可能的情况时,要铺设中央集水管或研究洞内水沟的高程。

因隧道施工而采用降低水位方法时,会形成周边地层的压密下沉,是造成很大的地表下沉的重要原因。在施工前就要考虑地层的特性,做好施工计划,特别是有地面结构物时,要研究变更堵水对策等问题。

同样地,因地下水位的降低而会造成水源枯竭、水文环境的很大变化,对水的利用会造成很大的影响,因此,在施工前应进行调查和处理。

3.3.4 影响围岩稳定的因素

影响地下洞室围岩稳定性的因素很多,总体来说主要有以下几种:地质及地质结构、地应力、岩体力学性质、工程结构条件、施工条件、地下水、设计因素等。

为了既经济又安全地修建和使用地下洞室,必须正确掌握影响洞室围岩稳定的因素,从而有效地指导设计和施工。

(1)地质及地质构造条件

地质构造和岩体结构是影响围岩稳定性的控制因素,是在研究一个地下工程时应该首先了解的条件。通过了解围岩的种类可以知道岩体力学指标的量级,及其各向异性的程度,并能判断可能会产生的一些不稳定因素。其中岩体结构面及裂隙分布状况经常是围岩稳定与否的控制性因素。

(2)地应力

地下工程的失稳主要是由于开挖工作引起的应力重分布超过围岩强度或由于围岩过度变形而造成的。地应力是影响地下洞室稳定的重要因素之一。

地应力的影响大小主要取决于主应力的大小、方向、最大与最小主应力的差值,或各主应力值的构成特点及其与地下工程的相对方位、与岩层主要节理组的夹角。软岩在高应力条件下将产生塑性变形,在强度较低、地应力较大时工程软岩将发生塑性流动。

(3)岩体力学性质

岩体的强度及变形特性与开挖后重新分布的围岩应力的相互作用决定了工程岩体的稳定性,当节理裂隙较发育时,软弱结构面的强度及变形性对围岩稳定性起到了决定性的作用,否则,岩体本身的力学性质就起主导作用。

岩体的其他力学性质,如各向异性、脆性、塑性、扩容性、膨胀性、流变性等也都对围岩稳定性有重要影响。

(4)工程结构条件

主要是指隧道所处的位置、形状(尤其是顶部形状)、大小(跨度和高度)及埋深等条件。

(5)施工条件

主要是指施工方法(即对围岩的挠动程度)、施工速度(即围岩的暴露时间)、支护的施作时间(即发挥作用的时机)、支护的力学性能及其与围岩的接触状态等。

(6)地下水

地下水也是影响围岩稳定的重要因素,而且这种影响是很不利的。主要表现在:

①当洞室进行开挖时就形成了新的自由面,对有一定透水能力的围岩来说,在洞周产生了渗压梯度,增加了周围围岩向洞内运动的推动力;

②由于静水压力的作用,饱和水部分岩体的裂隙或有孔隙的岩石母体中有效压应力都减小,因此无论对裂隙或岩石母体,其应力状态都趋于恶化;

③围岩中的含水率和饱和度也会由于地下水的活动而有一定程度的增加,从而大大降低了某些岩石的变形模量和强度,最后加快了围岩中的侵蚀及泥化作用。

(7)设计因素

设计因素主要体现在建设周期短,地勘资料未客观反映隧道地质情况,从而导致设计方案缺乏针对性,一些设计人员对"新奥法"支护理论理解片面,以及个别经验不足的设计人员生搬硬套其他隧道的设计方案。

第4章　隧道软岩大变形机理

4.1　软岩大变形特征描述

软岩隧道的大变形特征不仅受围岩的力学性质影响，而且受隧道所处的地应力环境和工程因素控制。软岩隧道的变形破坏特征受多种因素控制，一般来说，软岩隧道的破坏具有以下特征：

(1)变形破坏方式多

除一般隧道中常见的变形破坏方式拱顶下沉、坍塌外，还有片帮和底鼓、底围隆破，隧道表现出强烈的整体收敛和破坏。变形破坏表现的形式既有结构面控制型，又有应力控制型，尤以应力控制型为主。

(2)变形量大

拱顶下沉大，两帮挤入严重，底鼓非常强烈，在常规无仰拱支护的情况下，强烈的底鼓往往将整个隧道封闭。

(3)变形速度高

软岩隧道初期收敛速度可以达到3cm/d，即使施作了常规锚喷支护以后，软岩隧道的收敛速度依然很高，可达2cm/d，而且其变形收敛速度降低缓慢，因此，在不长的时间内其变形收敛就很大，多则一年，少则几个月就将隧道封闭。

(4)持续时间长

由于软岩具有强烈的流变性和低强度，因此，软岩隧道开挖以后，围岩的应力重分布持续时间很长，软岩隧道变形破坏持续很长时间，往往长达1~2年。

(5)因位置而异

在隧道周边不同部位，变形破坏程度不同，这反映了软岩隧道所处的地应力强度因方向而异和软岩具有强烈的各向异性。变形破坏在方向上的差异往往导致支护结构受力不均，支护结构中产生巨大的弯矩，这对支护结构的稳定是非常不利的。

(6)围岩破坏范围大

由于软岩隧道中围岩的强度与地应力的比值很小，因此，软岩隧道围岩的破坏范围大，特别是当支护不及时或不当时，围岩破坏区的范围可达5倍的洞室半径，甚至更大。一般的锚杆由于长度不够，往往不能伸入围岩弹性区进行锚固，这是许多软岩隧道锚喷支护失败的根本原因。

(7)来压快

围压随时间而增大,由于软岩隧道变形收敛速度高,在很短时间内,围岩即与支护结构接触,产生挤压,因此,软岩隧道的来压快。围岩与支护结构相互作用后,围岩的变形破坏并不立即停止,而是继续下去,这是因为软岩具有流变性,在围岩流变过程中,围岩的强度降低所致。

4.2 软岩的工程力学特性

软岩之所以能产生显著大变形的原因是由于软岩中的泥质成分(黏土矿物)和结构面控制了软岩的工程力学特性,软岩具有可塑性、膨胀性、崩解性、分散性、流变性、触变性和离子交换性。

(1)可塑性

可塑性是指软岩在工程力的作用下产生变形,去掉工程力之后这种变形不能恢复的性质。低应力软岩、高应力软岩和节理化软岩的可塑性机理不同,低应力软岩的可塑性是由软岩中泥质成分的亲水性所引起的,而节理化软岩是由所含的结构面扩展、扩容引起的,高应力软岩是泥质成分的亲水性和结构面扩容共同引起的。节理化软岩的可塑性变形是由于软岩中的缺陷和结构面扩容引起的,与黏土矿物成分吸水软化的机制没有关系。

(2)膨胀性

软岩在力的作用下或在水的作用下体积增大的现象,称为软岩的膨胀性。根据产生膨胀的机理,膨胀性可以分为内部膨胀性、外部膨胀性和应力扩容膨胀性三种。内部膨胀性是指水分子进入晶胞层间而发生的膨胀;外部膨胀性是极化的水分子进入颗粒与颗粒之间而产生的膨胀性;扩容膨胀性是软岩受力后其中的微裂隙扩展、贯通而产生的体积膨胀现象,故也称为应力扩容膨胀性。

如果说内部膨胀性是指层间膨胀、外部膨胀是指颗粒间膨胀的话,扩容膨胀则是集合体间隙或更大的微裂隙的受力扩容,前两者的间隙是原生的,后者主要是次生的;前两者的膨胀机理是一种与水作用的物理化学机制,而后者则属于力学机制,即应力扩容机制。

实际工程中,软岩的膨胀是综合机制。但对于低应力软岩来说,以内部膨胀和外部膨胀机制为主;对节理化软岩来说,则以扩容机制为主;对高应力软岩来说,可能诸种机制同时存在且均起重要作用。

(3)崩解性

低应力软岩和高应力软岩、节理化软岩的崩解机理是不同的。低应力软岩的崩解性是软岩中的黏性矿物集合体在水作用时膨胀应力不均匀分布造成崩裂现象;高应力软岩和节理化软岩的崩解性则主要表现为在隧道工程力的作用下,由于裂隙发育的不均匀造成局部张应力集中而引起的向空间崩裂、片帮的现象。当然,高应力软岩也存在着遇水崩解的现象,但不是控制因素。

(4)流变性

流变性又称黏性,是指物体受力变形过程与时间有关的变形性质。软岩的流变性包括弹性后效、流动、结构面的闭合和滑移变形,流动又可分为黏性流动和塑性流动。弹性后效是一种延迟发生的弹性变形和弹性恢复,外力卸除后最终不留下永久变形;流动是一种随时间延续而发生的塑性变形(永久变形),其中黏性流动是指在微小外力作用下发生的塑性变形(永久变形),塑性流动是指外力达到极限值后才开始发生的塑性变形;闭合和滑移是岩体中结构面的压缩变形和结构面间的错动,也属塑性变形。

软岩的流变性主要体现在软岩的蠕变性、松弛性和流动极限的衰减性质。蠕变性是指在恒定荷载作用下发生的流变性质,用蠕变方程和蠕变曲线来表示。在较高的应力水平下,蠕变曲线一般可分为三个阶段:

①衰减阶段,应变速率由大逐渐减小,蠕变曲线上凸;

②等速蠕变,应变速率近似为常数或为0,蠕变曲线近似为直线;

③加速蠕变,应变速率逐渐增加,蠕变曲线下凹。

并不是任何材料在任何应力水平上都存在蠕变三阶段。同一材料,在不同应力水平上的蠕变阶段表现不同。

松弛性是指在恒定变形条件下,应力随时间延续而逐渐减小的性质,用松弛方程和松弛曲线表示。松弛特性划分为3种类型:

①立即松弛;

②完全松弛;

③不完全松弛。

(5)软岩的易扰动性

软岩的易扰动性是指由于软岩软弱、裂隙发育、吸水膨胀等特性,导致软岩抗外界环境扰动的能力极差,对卸荷松动、施工震动、临近隧道施工扰动极为敏感,而且具有吸湿膨胀软化、暴露风化的特点。

4.3 软岩变形成因分析

通过大量工程实例和数值分析总结得出，影响隧道变形的基本因素可分为内部因素和外部因素，内部因素主要包括初始地应力场、围岩的力学特性和构造特性；外部因素也称人为因素，主要包括隧道的形状、跨度、埋深及施工方法等，其中，内部因素为主要因素，外部因素对围岩变形也有不可忽视的影响。

4.3.1 初始地应力场

初始地应力场也称天然应力、残余应力，指地壳内岩体处于天然条件下所具有的应力，或过去构造运动所残留于岩体中的应力。隧道初始地应力场是一个受多种因素相互作用影响的复杂系统，要精确地、定量地分析地应力场十分困难。结合国内外研究现状，对初始地应力场的认识可以归纳如下：

①隧道初始地应力场由重力应力场和构造应力场构成。隧道埋深自重所产生的应力场称为重力应力场；隧道围岩构造体系和构造形式在形成过程中的应力状态称为构造应力场。

以目前的认识和研究结果看，初始地应力场可以按弹性的、重力的、静态的应力场考虑。在隧道埋深较浅，或者埋深很大的条件下，可以不考虑构造应力场的影响。

②决定初始地应力场的关键是侧压力系数的合理性。因为地应力场的垂直应力分量基本上都按上覆埋深的重量考虑，而水平侧压力的大小则主要取决于侧压力系数。

初始地应力场的侧压力系数存在以下三种情况：侧压力系数小于1、等于1及大于1，这三种情况的变形模式是完全不同的，其变形模式如图4-1所示。

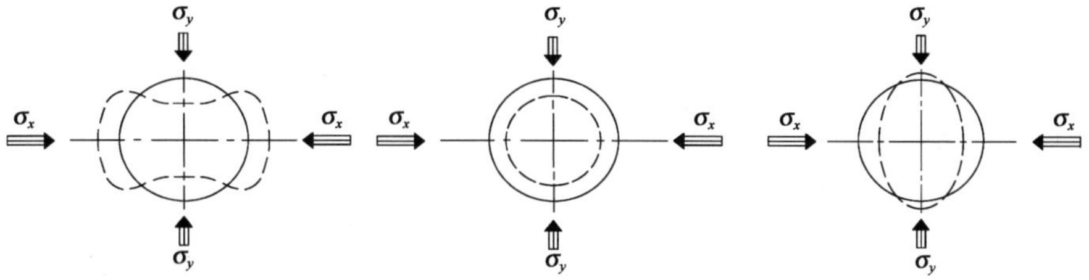

a)$\lambda<1$　　b)$\lambda=1$　　c)$\lambda>1$

图4-1　不同侧压力系数 λ 条件下隧道变形模式概念图

注：图中虚线表示初始地应力下隧道的变形示意线，实线表示无初始应力作用下隧道的示意线。

因此，在隧道设计、施工过程中，必须掌握初始地应力场的侧压力系数 λ 的变化，以便针对不同的变形模式采取不同的设计方案和控制措施。

一般说，侧压力系数 λ 值，理论上是由下式决定的，即：

$$\lambda = \frac{\mu}{(1-\mu)} \tag{4-1}$$

式中：μ——围岩的泊松比，其值在 0 ~ 0.5 之间变化，大多数围岩的泊松比在 0.15 ~ 0.35 之间。

按此式决定的侧压力系数，最大值为 1，即初始地应力场相当于静应力状态，但 λ 大于 1 的情况在实际隧道工程中是很多的，因此按上式取值，较实测数据偏低，是引起隧道裂缝病害、设计不合理的重要因素，也影响到围岩稳定和施工安全。因此，侧压力系数原则上不能根据上式确定，而需要根据实地量测的反分析或者统计数据等确定。

例如日本《山岭隧道设计施工标准》(2008 年版) 建议按以下条件推定侧压力系数。

$H \leqslant 50$m 的场合

$$\lambda = 0.015H + 0.25 \tag{4-2}$$

$H > 50$m 的场合

$$\lambda = 1.0$$

式中：H——埋深(m)。

量测数据统计的侧压力系数与埋深的关系如图 4-2、图 4-3 和图 4-4 所示，由图可知，侧压力系数变化范围为 0.4 ~ 2.0，大多数在 1.0 左右。

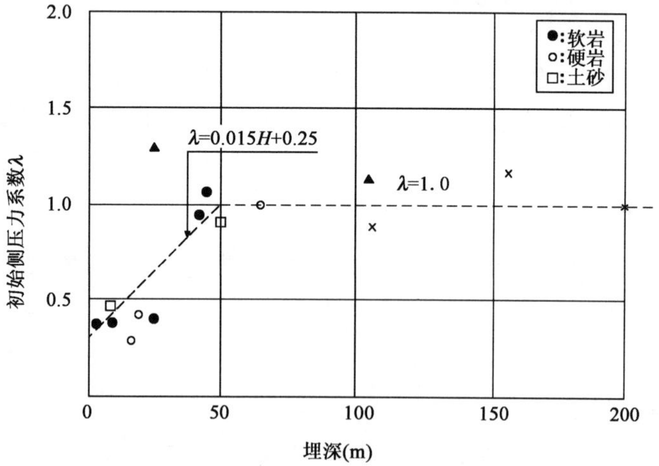

图 4-2　初始侧压系数 λ 与埋深 H 的关系

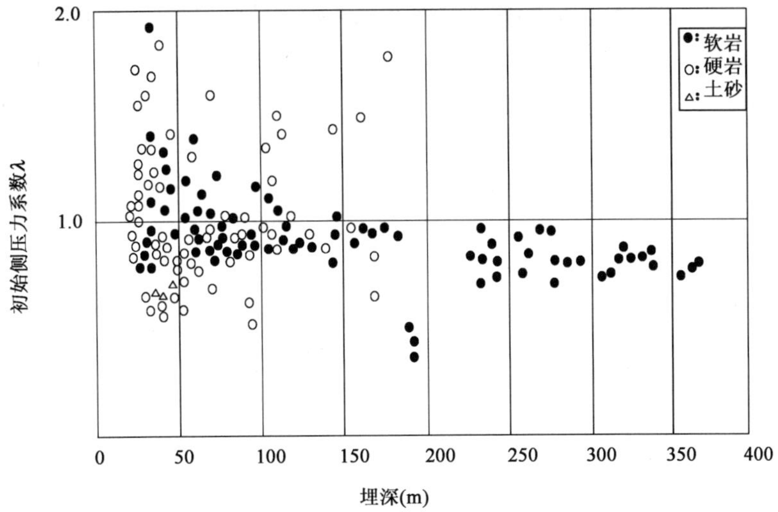

图 4-3　初始侧压力系数 λ 与埋深 H 的关系

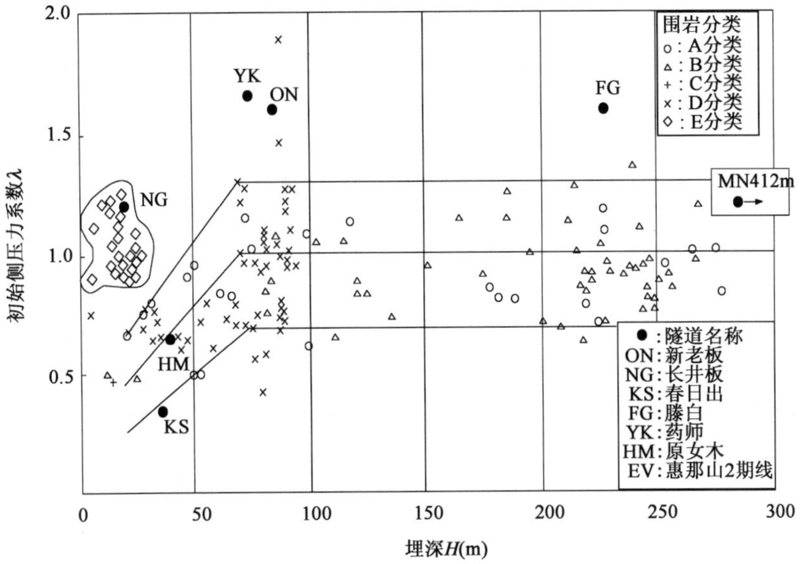

图 4-4　初始侧压力系数 λ 与埋深 H 的关系

因此,初始地应力场的研究中,对侧压力系数的研究是非常重要的。根据武都西隧道勘察资料可知,武都西隧道最大埋深大约为 1000m,因此根据公式可得侧压力系数 $\lambda=1$,因此武都西隧道符合图 4-1 中第 2 种变形模式。

下面主要讲述不同地质构造对初始应力场的影响。

由于地球的地壳运动,形成了各种形态的地质构造,如层状、块状、断层、褶皱等,围岩的初始地应力场也随地质构造不同而不同。例如在背斜构造中,由于岩层成拱形分布,使上覆岩层重量向两侧传递,而处在背斜轴下面的岩层则受到较小的应力,其垂直应力的变化可能如图 4-5 所示;而在被断裂分割的地质构造条件下,下窄上宽的楔形围岩移动时,受到两侧岩块的夹制,因而使应力减小,反之,下宽上窄的岩块,则受到附加荷载的作用,其垂直应力分布可能如图 4-6 所示。处于正断层和逆断层的条件下,水平应力会有很大差异,如图 4-7 所示。在不均质的层状围岩中,对垂直应力的分布也有很大影响,如图 4-8 所示。总之,大量的实测资料表明,地质构造形态改变了重力应力场的初始状态,这在实际工作中有时是不容忽视的。

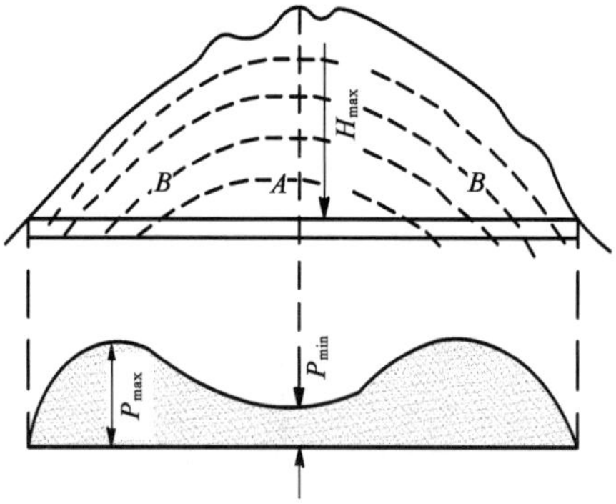

图 4-5　背斜对初始应力的影响

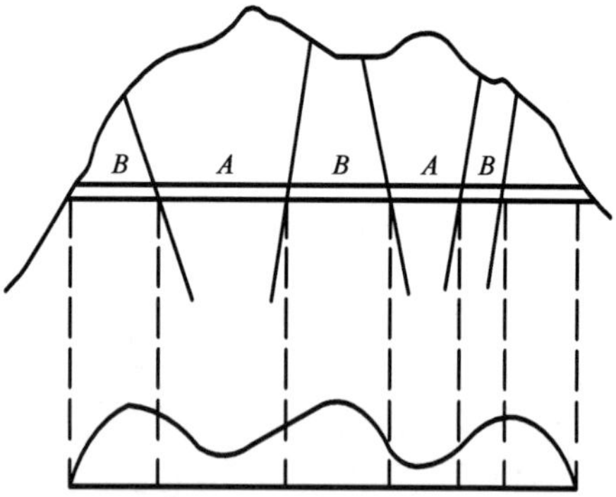

图 4-6　断裂分割的块状构造对初始应力的影响

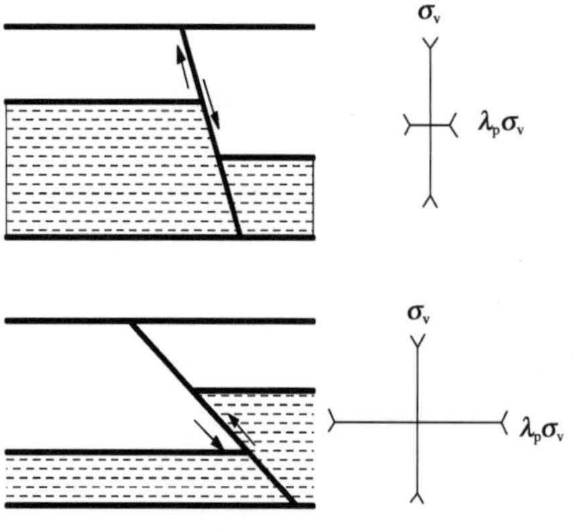

图 4-7　断层对初始应力的影响

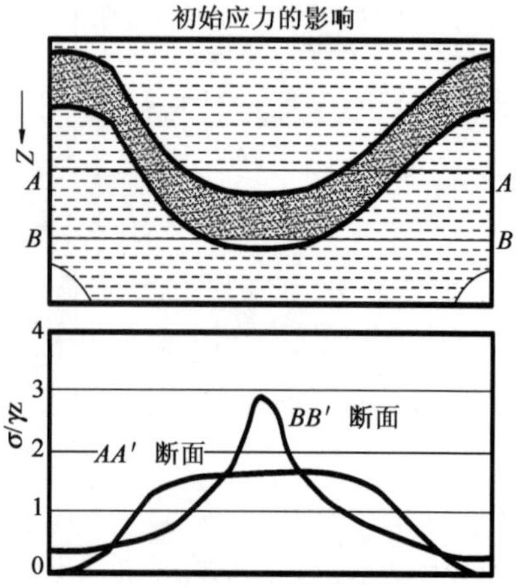

图 4-8　不均质层状围岩对初始应力的影响

另一方面，构造运动的结果也会使地形发生变化，如图4-9所示。这种地形的变化，当然对初始地应力场有很大影响，该图表示考虑地形影响后，初始地应力场主应力大小及其方向变化。在埋深较小的情况下，这种影响是不容忽视的。

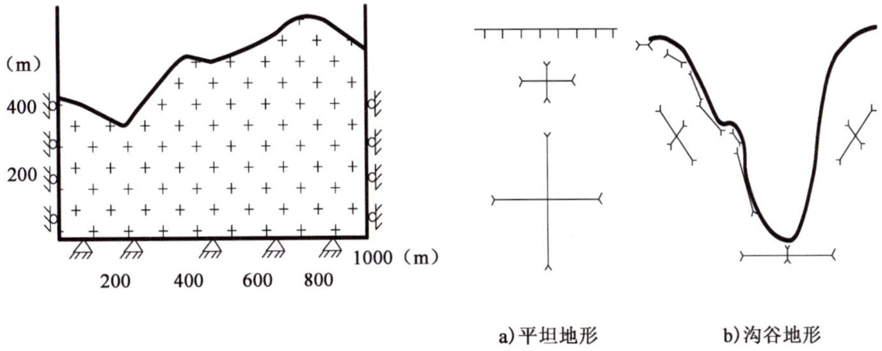

图4-9 地形对自重应力场的影响

由于构造应力场的不确定性，很难用函数形式表示，它在整个初始地应力场中的作用只能通过某些量测数据加以分析，已发表的一些成果表明：

①地质构造形态不仅改变了重力应力场，而且除以各种构造形态获得释放外，还以各种形式积蓄在围岩内，这种残余构造应力将对地下工程产生重大影响。

②构造应力场在不深的地方已普遍存在，而且最大构造应力的方向，多近似为水平方向，其值常常大于重力应力场中的水平应力分量，甚至也大于垂直应力分量，这与重力应力场有很大不同。武都西隧道实地量测的初始地应力场（图4-10）就是一个例证。

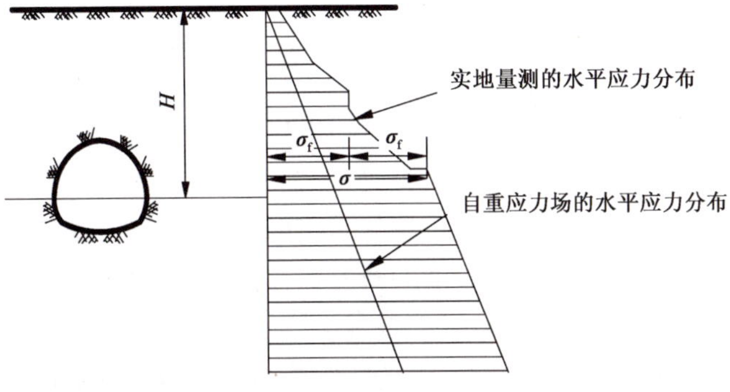

图4-10 武都西隧道的初始地应力场

实测资料表明，埋深较小时，水平应力和垂直应力的比值很大，随着埋深的增加，趋于减小，如图 4-11 所示。

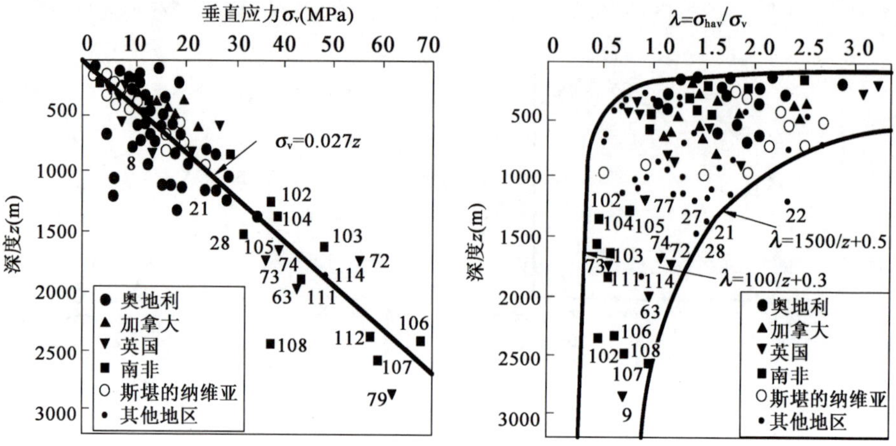

a)垂直应力与深度的关系　　b)水平应力与深度的关系

图 4-11　初始应力的实测统计

从我国现阶段积累起来的浅层（埋深小于 500m）实测资料看，侧压力系数 $\lambda>0.8$ 约占 27.5%，$0.8<\lambda<1.25$ 约占 42.3%，$\lambda>1.25$ 约占 30.2%。由此可知，在一定埋深的条件下，初始地应力场的水平应力大于 1 占大多数情况。图 4-11是根据大量实测数据统计的初始应力与深度的关系。根据图 4-11 的统计数据，可总结为：深度超过 1000m 以后，垂直应力基本上可以用 $p=2.6\times H$ 表示；小于 1000m 深度时，水平应力一般比垂直应力大，在 500m 左右，平均大 1.5 倍，更浅的情况，其比值更大；大于 1000m 深度时，水平应力与垂直应力趋于大致相等。

③构造应力场很不均匀，它的参数无论在空间上、时间上都变化很大，特别是它的主应力轴的方向和绝对值变化很大。

④用分析方法求解初始地应力场，由于构造的、力学形态的、量测技术上的原因，常常会导致极大的偏差。因此，在理论分析中，常把初始地应力场按静水应力场来处理。在某些重要的工程中，多采取实地量测的方法来判断主应力的大小及其方向的变化规律。结合目前的研究现状，初始地应力场可如下处理：浅埋隧道侧压力系数可按 1.0 取值，也不考虑构造应力的影响，浅埋隧道基本上可按 50m 分界；埋深在 50 ~ 800m 之间，应根据量测结果的反分析决定侧压力系数，一般在 0.7 ~ 1.5 之间变化；埋深超过 800m 后，基本上不考虑构造应力的影

响，均按静水应力场处理，即侧压力系数 = 1.0。以武都西隧道为例作说明：

武都西隧道隧址区位于剥蚀中地貌区，山体地形总体较陡，隧道进口自然坡度约 40°出口自然坡度约 50°，隧道最大埋深约为 1000m，围岩主要为绢云母绿泥千枚岩。经有限元分析可知，受构造运动作用和自重作用的结果，岩体受变位横向平动挤压变形，纵向平动挤压变形，自重作用下竖直向下变位。计算可得武都西隧道岩土体初始应力最大处为 25.8MPa，并且由两侧向沟谷逐渐减小，这与实测经验是相符的，初始应力分布规律符合沟谷地形初始应力分布规律。

总之，初始地应力场是决定隧道稳定性和破坏形态的基本因素，因此，在隧道的施工中，必须积累量测数据，进行统计分析，切实掌握初始地应力场的规律及其变化对于隧道施工和使用安全是极为重要的。

4.3.2 围岩的力学特性及构造特性

围岩的力学特性包括强度特性、变形特性。从强度角度出发，围岩分为硬岩、中硬岩、软岩、极软岩、土砂等几类。但是，岩石强度与围岩强度有着本质上的差异，对于隧道来说，围岩强度才是关注的重点，因为决定隧道稳定性的是由包括岩块、不连续面、充填物构成的围岩的强度而不是岩块的强度。

隧道工程实践充分表明：围岩的构造特性远比力学特性的影响更为重要。因此，对围岩必须从力学特性和构造特性两方面进行分类，两者缺一不可。

目前从围岩的地质模式上，围岩可按其结构分为块状结构、层状结构、碎裂结构及散体结构四大类，而块状结构又通常分为整体块状和块状结构两类。由于这五类围岩的构造特点不同，其变形和破坏模式也有所不同，如表 4-1 所示。

围岩地质模式划分　　表 4-1

围岩地质模式	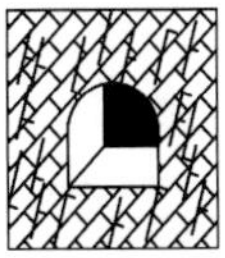	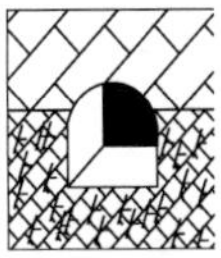	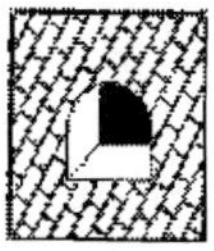	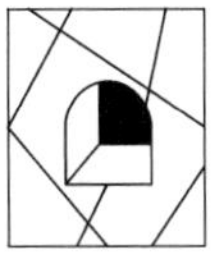	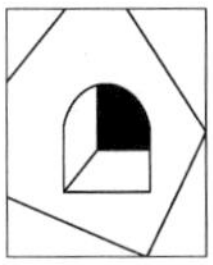
	散体结构	碎裂结构	层状结构	块状结构	整体块状
围岩介质模式	连续介质	拟连续介质	不连续介质	拟连续介质	连续介质
变形形态	松散（松弛）变形	弹塑性变形	块体松弛	块体错动变形	弹性变形

不同结构的围岩，其变形机制和变形特征相差较大，以下分别说明。

(1) 整体状和块状岩体围岩

岩体具有很高的力学强度和抗变形能力，主要结构面是节理，很少有断层，含有少量的裂隙水。在力学属性上可视为均质、各向同性、连续的线弹性介质，应力应变呈近似直线关系。

围岩具有很好的自稳能力，其变形破坏形式主要有岩爆、脆性开裂及块体滑移等。这类围岩的整体变形破坏可用弹性理论分析，局部块体滑移可用块体极限平衡理论来分析。岩爆是高地应力地区，由于洞壁围岩中应力高度集中，使围岩产生突发性变形破坏的现象。脆性开裂一般出现在拉应力集中部位。块体滑移是块状岩体常见的破坏形成。它是以结构面切割而成的不稳定块体滑出的形式出现。其破坏规模与形态受结构面的分布、组合形式及其与开挖面的相对关系控制。

(2)层状岩体围岩

层状岩体围岩常呈软硬岩层相间的互层形式。结构面以层理面为主，并有层间错动及泥化夹层等软弱结构面发育。变形破坏主要受岩层产状及岩层组合等控制，破坏形式主要有：沿层面张裂、折断塌落、弯曲内鼓等。变形破坏常可用弹性梁、弹性板或材料力学中的压杆平衡理论来分析。

在水平层状围岩中，隧道岩层可视为两端固定的板梁，在顶板压力下，将产生下沉弯曲、开裂。在倾斜层状围岩中，沿倾斜方向一侧岩层弯曲塌落。另一侧边墙岩块滑移，形成不对称的塌落拱。在直立层状围岩中，当天然应力比值系数 $\lambda < 1/3$ 时，隧道发生沿层面纵向拉裂，被拉断塌落。侧墙因压力平行于层面，发生纵向弯折内鼓，危及隧道安全。

(3)碎裂状岩体围岩

碎裂岩体是指断层、褶曲、岩脉穿插挤压和风化破碎加次生夹泥的岩体。变形破坏形式常表现为塌方和滑动，可用松散介质极限平衡理论来分析。在夹泥少、以岩块刚性接触为主的碎裂围岩中，不易大规模塌方。碎裂岩体围岩中含泥量很高时，由于岩块间不是刚性接触，易产生大规模塌方或塑性挤入。

(4)散体状岩体围岩

散体状岩体是指强烈构造破碎、强烈风化的岩体。这种岩体常表现为弹塑性、塑性或流变性。围岩结构均匀时，以拱顶冒落为主。当围岩结构不均匀或松动岩体仅构成局部围岩时，常表现为局部塌方、塑性挤入及滑动等变形破坏形式。其变形可用松散介质极限平衡理论配合流变理论来分析。

武都西隧道围岩为千枚岩，属于碎裂状岩体围岩，围岩变形的主要形式是岩块塌落。围岩变形受围岩应力环境的控制明显，当隧道开挖前处在高围压状态时尚具有较高的强度和稳定性，当围压降低、围岩应力差增大时，结构面张开或滑移，围岩整体强度和模量降低，表现出显著的结构蠕变特点。碎裂结构围岩主要由于节理、裂隙等结构面较密集而导致岩体形成较破碎的结构特征，结构面之间的胶结弱，开挖扰动产生临空面，掌子面附近岩体在临空面部位产生应力集中。其中，拉应力集中导致围岩沿弱结构面分离并在重力作用下坍塌，压应力集中导致围岩剪切松动或挤出变形，岩体结构面基本丧失强度和刚度，碎裂结构围岩的变形表现出流塑特征。

4.3.3 围岩强度应力比

隧道设计中如何评价隧道所处围岩条件、它对结构设计的影响大小，是现实而十分重要的问题。为了解决这个问题，目前一般采用的方法是用“围岩强度应力比”这个概念来评价围岩条件。围岩强度应力比 G_n 的定义是：围岩强度（R_b）与围岩内部的最大地应力值（δ_{max}）的比值，即：

$$G_n = \frac{R_b}{\delta_{max}} \tag{4-3}$$

式中：R_b——围岩的单轴抗压强度值；

δ_{max}——围岩内最大的初始地应力值。

构造应力会改变自重应力的初始状态，围岩中的最大初始地应力 δ_{max} 可能不是垂直方向的，而是水平方向的，因此应根据实际量测的数据而定。在没有量测数据的条件下，可采用经验公式的计算值或垂直应力为最大地应力值。

围岩强度通常采用围岩抗压强度的实测值，对岩质围岩来说，例如Ⅰ、Ⅱ级可采用岩石的抗压强度，而其他级别的岩质围岩，则应考虑对岩石强度进行折减确定，对土质围岩则应根据实测的 c、φ 值通过计算决定。

目前，确定围岩强度的最有效的方法是通过对围岩和构成围岩的岩石试件的弹性波速度的测试，用其速度平方的比值来确定，即：

$$R_b = R_c\left(\frac{V_p}{\nu_p}\right)^2 \tag{4-4}$$

式中：R_c——岩石试件的抗压强度；

V_p——围岩的弹性波速度；

ν_p——岩石试件的弹性波速度。

在有条件进行岩石三轴压缩试验并求出岩石残余强度的条件下，也可以把岩石的残余强度作为围岩的强度。围岩强度应力比应该沿隧道纵向逐段确定。目前在隧道工程施工中，都把围岩强度应力比作为判断围岩稳定性的重要指标，有的还作为围岩分级的重要指标。

表4-2是一些标准中采用的围岩强度应力比的分级指标，可以参考。围岩

强度应力比与围岩开挖后的破坏现象、稳定性有关，特别是与隧道开挖后的变形动态有关。

日本仲野采用围岩强度应力比作为是否产生塑性地压的指标（表4-3）。

围岩强度应力比 G_n 分级标准 表4-2

分级建议者	Ⅰ	Ⅱ	Ⅲ
法国隧协	>4	2~4	<2
中国工程岩体分级标准	>7	4~7	<4
日本新奥法指南	>4	2~4	<2
日本仲野法分级	>4	2~4	<2

不同围岩强度应力比开挖中出现的现象 表4-3

围岩强度应力比	>4	2~4	<2
土压特性	不产生塑性地压	有时产生塑性地压	多产生塑性地压

这说明，当围岩强度应力比大于4，隧道开挖后，其周边围岩不会出现塑性区，隧道是自稳的。围岩强度应力比也可以作为围岩分级的重要参考指标。例如在Barton的围岩分级中就把围岩强度应力比作为重要指标考虑在内，如表4-4所示。

Barton的围岩强度应力比分级 表4-4

应力状态系数		R_b/σ_{max}	R_t/σ_{max}	SRF
围岩强度充分，但有地应力的情况	低地应力、地表附近	>200	>13	2.5
	中等地应力	200~10	13~0.66	1.0
	高地应力	10~5	0.66~0.33	0.5~2
	微弱的岩爆	5~2.5	0.33~0.16	5~10
	强烈的岩爆	<5	<0.16	10~20
地应力值高、挤出和塑性流动的情况	缓慢挤出	—	—	5~10
	急剧挤出	—	—	10~20

根据以上所述，应该认识到“围岩强度应力比”是判定围岩条件的重要指标，特别是对软弱围岩具有重要意义，它基本上决定了隧道开挖后的变形动态。因此，加强对决定围岩强度应力比的两个条件，即初始地应力场的最大应力和围岩强度的研究是非常重要的。

武都西隧道围岩大变形段围岩单轴抗压强度为18MPa，围岩最大初始地应力为12MPa，计算得围岩强度应力比为1.5，围岩等级为Ⅴ级，容易产生塑形地压，可能引起岩爆等地质灾害发生，施工中应加以监测和保护。

4.3.4 隧道形状的影响

目前的理论解析公式多数只适用于圆形隧道，对于不是圆形的隧道，可用有限元法进行求解，但在初步设计中，也可采用近似的方法，即将不同形状隧道变换成当量的圆形隧道用理论公式来进行分析。或直接也可以隧道跨度代替公式中的隧道直径，但并不适用于所有形状的隧道。根据理论计算分析，各种形状隧道的顶点（A 点）和侧壁中点（B 点）的切向应力可用下式表述：

顶点

$$\delta_{tA} = \delta_y(A\lambda - 1) \tag{4-5}$$

侧壁中点

$$\delta_{tB} = \delta_y(B - \lambda) \tag{4-6}$$

式中，λ 为侧压力系数，当 $\lambda = 1$ 时，A、B 两点的隧道周边应力集中系数，如表 4-5 所示。

由表 4-5 可知，编号 4、5、6 的隧道，基本上都可以近似地按圆形隧道来处理，不会造成很大误差。对铁路隧道来说，双线隧道断面直接采用圆形断面的求解公式是可行的。

不同隧道形状的周边应力集中系数　　表 4-5

编号		1	2	3	4	5	6	7	8	9
形状		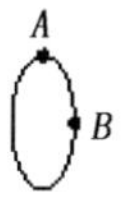	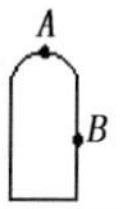	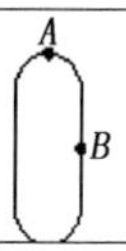	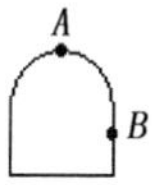	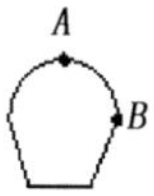	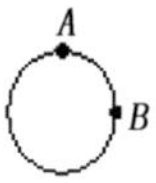	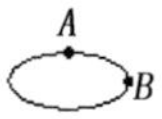	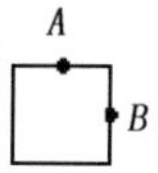	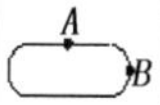
位置	A	5.0	4.0	3.9	3.2	3.1	3.0	2.0	1.9	1.8
	B	2.0	1.5	1.8	2.3	2.7	3.0	52.0	1.9	3.9

武都西隧道为第 4 种隧道类型，可近似地按圆形隧道来处理。其顶点切向应力为 57.2MPa，侧壁中点切向应力为 33.8MPa。

4.3.5 隧道断面尺寸的影响

在同一围岩中，隧道断面尺寸一般不会改变隧道开挖后的变形规律，仅是量值上有所不同而已。但从另一角度看，随着断面尺寸的加大，围岩的地质模式可能因此发生改变，如从整体状变为块状或碎裂状等，实质上是围岩级别发生了改变（图 4-12）。因此，隧道的稳定性也会随隧道尺寸的加大而改变，例如从稳定的状态，变为暂时稳定的或不稳定的状态。

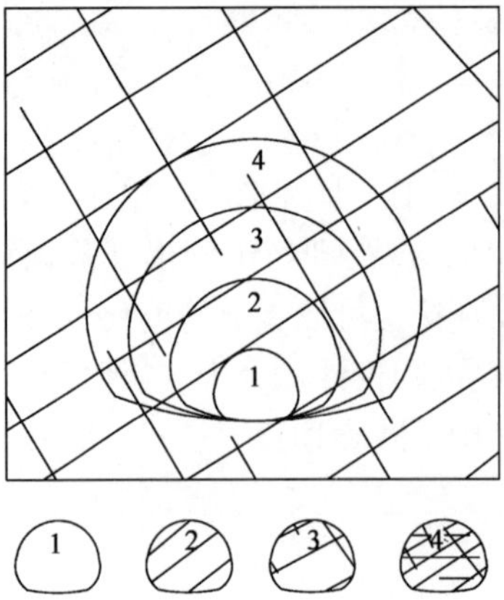

图 4-12 隧道断面尺寸效应影响概念图
1-整体块状结构;2-层状结构;3-块状结构;4-碎裂结构

通过工程实例总结得出,目前有两个方法来处理跨度的影响,一个是改变围岩级别,另一个是改变支护模式。从国内外的设计施工实际看,多数国家都采用改变支护模式的方法减小跨度对隧道变形的影响。因此,在同一围岩级别条件下,因隧道跨度不同,可能出现几种支护模式。也就是说,支护模式与围岩级别不是一一对应的。在围岩级别确定的条件下,一种支护模式其适应的跨度也有一定的范围。

目前,铁路客运专线的隧道断面设计,因列车运营速度而异,在同样围岩条件下,其开挖跨度大体上,从7m变化到16m左右。显而易见,对开挖跨度合理分级,决定其对应的支护结构参数,是在控制技术研究中必须解决的问题。日本新的公路隧道技术标准(构造篇),就按开挖跨度分为3级:5～8m、8～12.5m和12.5～14.0m三级。我国铁路隧道跨度和断面分级标准建议如表4-6和表4-7。

铁路隧道跨度分级标准建议 表4-6

断面类别	小跨度	中跨度	大跨度	特大跨度
开挖跨度(m)	5.0～8.5	8.5～12.0	12.0～14.0	14.0～16.0
适用隧道	时速小于等于160km的单线隧道	时速200km、250km单线隧道,时速140km的双线隧道	时速300～350km单线隧道,时速160km、200km双线隧道,时速250km的Ⅱ、Ⅲ级围岩双线隧道、时速	时速250km的Ⅵ、Ⅴ级围岩双线隧道,时速300～350km的双线隧道

铁路隧道断面分级标准建议 表4-7

断面类别	小断面	中断面	大断面	特大断面
断面面积(m^2)	<70	70～100	100～140	>140
适用隧道	时速小于等于160km的单线隧道	时速140km Ⅱ、Ⅲ级围岩双线隧道、时速200km和250km单线隧道	时速300～350km单线隧道,时速160km的Ⅳ～Ⅴ级围岩双线隧道,时速160km、200km的双线隧道,时速250km的Ⅱ、Ⅲ级围岩双线隧道、时速300～350km的Ⅱ级围岩双线隧道	时速250km的Ⅳ、Ⅴ级围岩双线隧道,时速300～350km的Ⅲ～Ⅴ级围岩双线隧道

由上分级标准可知，武都西隧道属于中跨度隧道，断面面积为 76.9m^2，属于中断面，对武都西隧道进行合理的跨度分级，由此可得支护结构参数，为隧道设计施工做准备。

4.3.6 隧道埋深的影响

隧道埋深对开挖后隧道变形的影响是很显著的。埋深的意义表现在两个方面，一方面是深浅埋隧道的划分，另一方面是深埋隧道不同埋深条件下的变形动态。如前所述，浅埋与深埋相比，前者主要是难以形成承载拱，视地质条件会出现拱顶下沉急剧增大、地表下沉和开裂以及掌子面不稳定等现象。而后者则是在同样围岩条件下，随埋深的增加，变形急剧增长，甚至变得不稳定。埋深的增加，隧道开挖后的变形动态也会出现很大的差异。在相同围岩条件下，变形动态可能从弹性变形逐渐转变为弹塑性变形，甚至发生时间有关的蠕变变形。

从图 4-13、图 4-14 可以看出，隧道拱顶沉降、水平位移收敛的累计变形值与隧道埋深的关系。

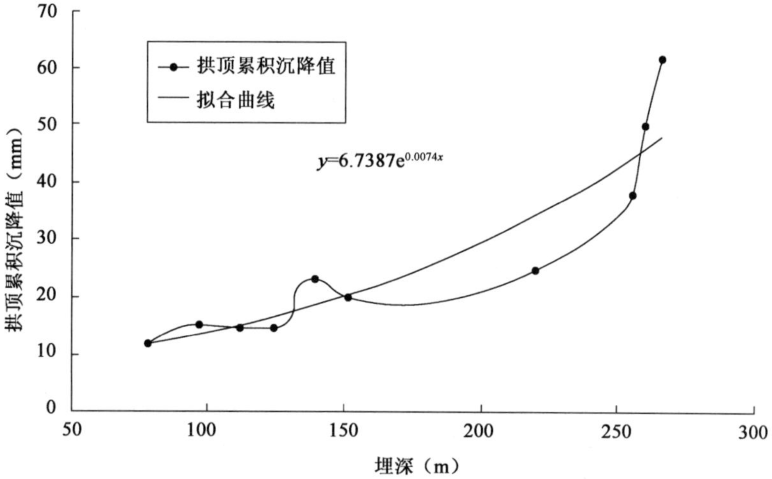

图 4-13 拱顶沉降与隧道埋深的关系

武都西隧道最大埋深为 1000m，隧道的变形随隧道埋深的增大，总体趋于增大趋势。但隧道围岩变形的增加并不一定同隧道的埋深呈线性关系，即当埋深不超过一定值时，围岩变形随隧道埋深的增加呈线性增长，而当埋深超过一定值时，围岩的变形值明显增大。

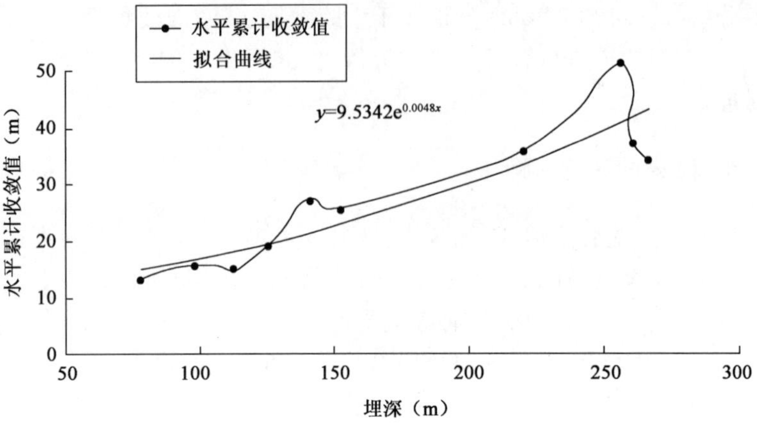

图 4-14　水平位移收敛的累计变形值与隧道理深的关系

4.3.7　施工方法的影响

结合理论研究与施工经验，施工方法对隧道开挖后的变形动态有显著影响，其影响主要表现在以下几个方面：

(1) 横断面的分部开挖

一般情况下，开挖分部越多，在同样地质条件下，其位移值也越大。因此，从控制位移的角度出发，采用不分部或少分部的开挖方法是主流的开挖方法，这也是选定开挖方法的一个重要原则。从这个角度出发，当然选择全断面法或者台阶法是最好的，从快速施工的角度出发也是这样。

(2) 开挖纵断面形状

图 4-15 所示为台阶法的开挖纵断面形状，其稳定性决定于上半断面、下半断面、仰拱开挖各自的长度，也就是决定整个断面的闭合时期。

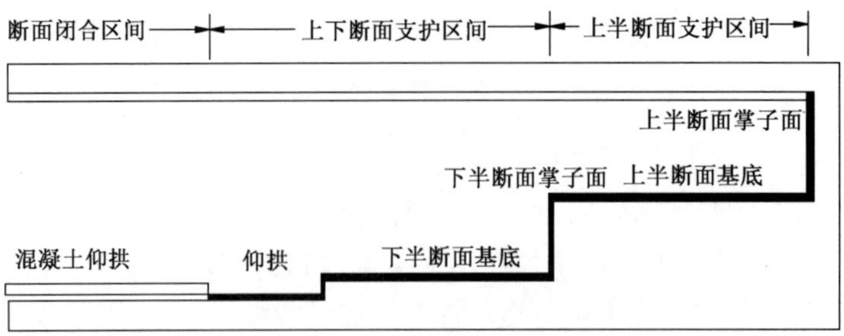

图 4-15　开挖纵断面形状

从横断面看，一个断面闭合围岩就会趋于稳定，但从纵断面形状看，隧道闭合意味在各个阶段（上半断面的支护、下半断面的支护、仰拱部位的支护）都要完成才能形成闭合的状态。为此，在隧道掘进过程中，一般来说，不能只看开挖横断面是否稳定，也要从隧道整体的稳定看隧道开挖后的纵断面是否稳定。也就是说，不仅要考虑隧道开挖的横断面形状，也要考虑隧道开挖的纵断面形状进行设计和施工。

(3)支护的施作时机

支护的施作时机非常重要，一些大变形的发生与支护时机的延误有很大关系：

图4-16所示为支护设置时间和隧道净空位移的关系，假定掌子面开挖时，约发生30%左右的位移，处于无支护状态，而在掌子面后方约2倍洞径左右，位移基本收敛。图4-16说明支护设置时期越早，对控制变形越有利；支护的初期刚性越大，对控制初期变形速度越有利。因此，根据开挖后支护设置的时期，隧道应力和位移是变化的。

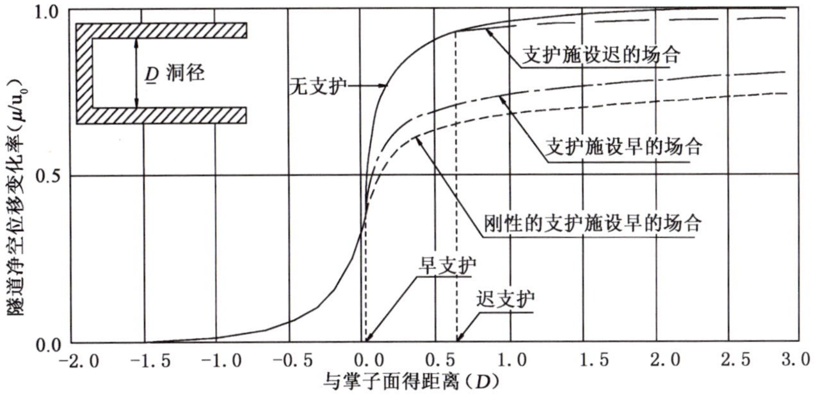

图4-16 支护设置时期和隧道位移

实际上，施工方法的影响主要表现在变形的控制上，这将在以后进行解释与说明。综上所述，隧道纵向的应力、位移、支护等理论上的关系，基本上可用图4-17表示。

图4-17表述包括掌子面在内的纵向位移和应力变化的状况，图的上半部表示纵向位移的变化，下半部表示纵向应力的变化。在掌子面前方的*a-a*断面处于围岩初始应力状态，没有受到开挖的影响，也没有发生变形。而接近掌子面的*b-b*断面则受到掌子面的影响，应力开始再分配，并开始出现掌子面前方的先行位移，在掌子面*f-f*处，因为掌子面应力的释放，掌子面切向应力增大。在弹性动

态的场合，掌子面处应力是最大的。围岩屈服的场合，应力的峰值移向掌子面前方的围岩。应力释放的结果是变形急剧增大，但变形不是全部发生的。

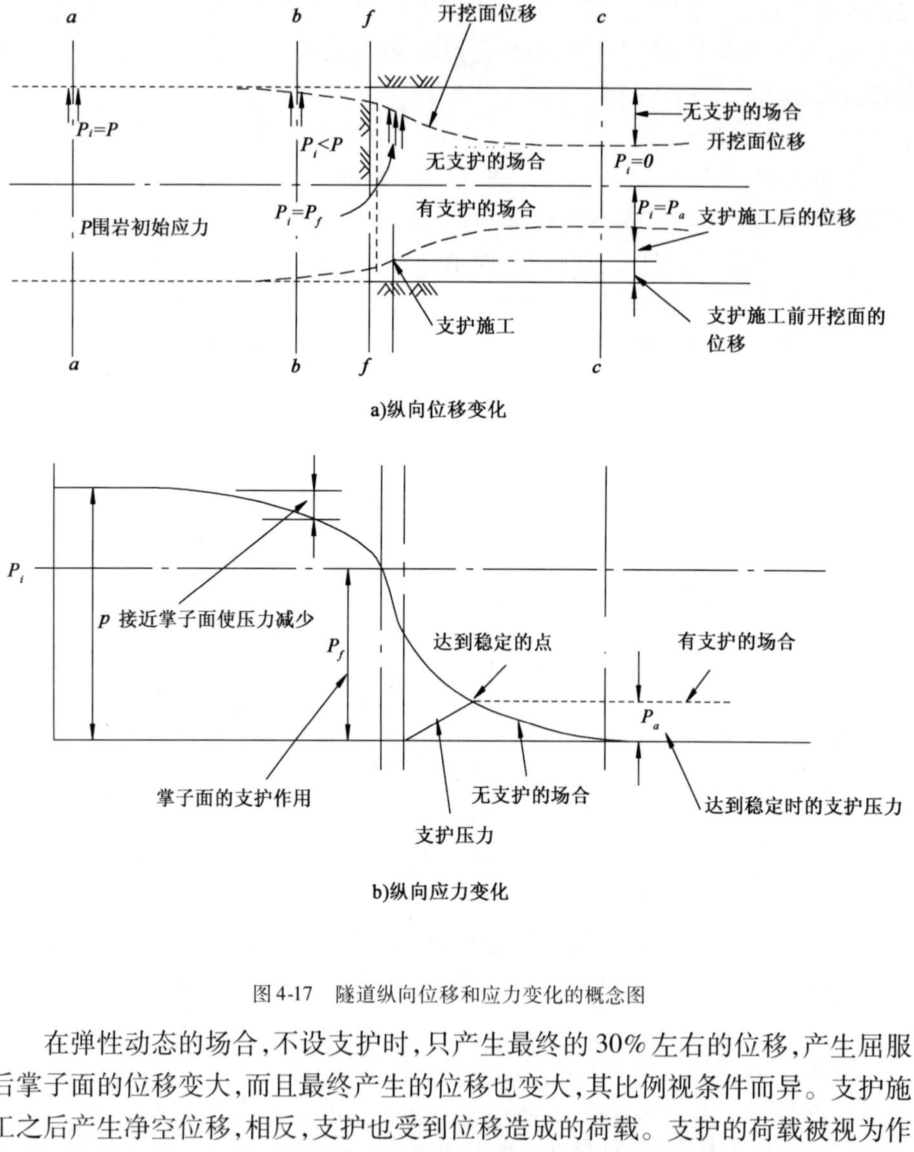

图 4-17　隧道纵向位移和应力变化的概念图

在弹性动态的场合，不设支护时，只产生最终的 30% 左右的位移，产生屈服后掌子面的位移变大，而且最终产生的位移也变大，其比例视条件而异。支护施工之后产生净空位移，相反，支护也受到位移造成的荷载。支护的荷载被视为作用在围岩上的内压，使围岩处于三维的应力状态，大大提高了隧道的稳定性。随着掌子面的进展，开挖面的位移也在慢慢地发展，而在围岩特性曲线和支护特性曲线的交点处达到稳定，此后位移不再发展，隧道达到最终的稳定状态。*c-c* 断面就表示此种状态。这说明从开挖到稳定的过程是随掌子面进展而变化的，应力状态也出现复杂的变化。

武都西隧道开挖方式为台阶法施工，在隧道开挖过程中，从横断面开挖对围岩变形的影响和开挖后纵断面是否稳定两方面因素考虑，保证了隧道施工过程的安全。武都西隧道开挖后，应力急剧释放，但变形只是部分发生，隧道开挖6个月后，施作支护，但已经超过最佳支护时机，因此围岩因流变产生较大变形，当支护施加以后，因围岩变形较大，支护出现了断裂等破坏。经分析发现，围岩因流变产生大变形，导致支护结构发生破坏，支护施做时机延误是主要的原因。

4.3.8 管理水平的影响

软弱围岩隧道施工的成败，取决于管理和技术两大因素，其中精细管理是关键。实际上，在软弱围岩隧道施工中出现的许多问题，都与管理不到位有直接的关系，只有管理到位，技术才能发挥应有的作用。

从技术角度看，这里所谓的管理到位主要是指：

①不容许发生围岩松弛到有害程度的变形，对变形的控制要心中有数；出现预计不到的大变形后，应毫不迟疑地采取相应的控制对策；

②确保施工中各个环节技术对策到位，保证工序质量，制订有关各项技术对策的实施细则；

③要尽可能地减少单项作业的时间，尽可能地缩短每一循环的作业时间，规范控制初期支护的闭合时间和闭合距离的准则；

④建立施工过程各项作业的及时、可靠的检测系统和方法；

⑤量测、超前预报等数据管理的数字化、电子化、记录表格标准化，实现真正的动态管理；

⑥对预计有可能出现大变形的围岩，要果断地采取预加固技术对策，事前控制可能发生的大变形；

⑦对出现的问题应做到反馈及时、分析及时、处理及时、不能拖延。

4.4 软岩大变形机理

4.4.1 软岩矿物的膨胀作用

武都西隧道隧址区围岩为泥灰岩、绢云母千枚岩，围岩中含有较高的蒙脱石、伊利石、绿泥石等片状吸水较强的矿物。此类黏土矿物的存在一方面使得变质软岩具有明显的膨胀性和崩解性,另一方面降低了岩体的结构面和片理面强度,使得围岩更容易破坏。岩体遇水膨胀后,体积增大,产生较大的膨胀压力,与隧道开挖卸荷后形成的围岩压力一起作用在支护结构上,从而导致大变形的产生。正因为如此,武都西隧道的多个地段在施工过程中出现了底鼓、仰拱开裂等现象。

4.4.2 软岩的塑形流动

软岩受力后产生的屈服流动是产生隧道变形过大的一个重要原因。隧道开挖后,围岩将出现应力重分布,某些部位有可能进入弹塑性状态,从而在洞室四周形成一定厚度的破坏松动范围,如图 4-18 所示。

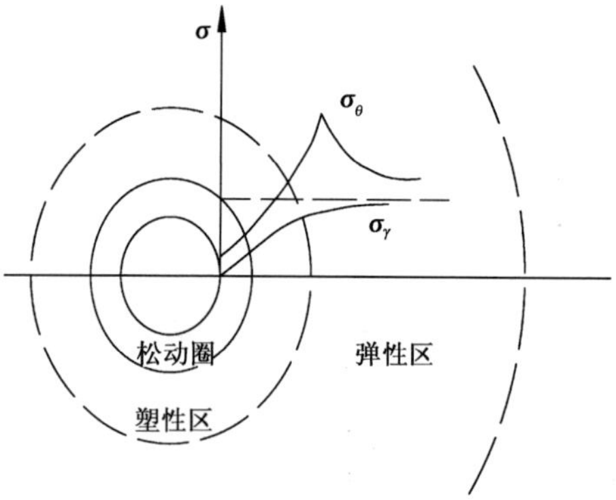

图 4-18 围岩松动圈

隧道围岩松动圈的大小与围岩的稳定性以及支护的难易程度密切相关,测定其范围大小可以为分析隧道变形破坏的原因、进行支护结构的设计提供重要的依据。武都西隧道软岩段围岩自稳能力较差,加之隧道开挖的卸荷作用,使得松动圈范围内的围岩呈现出典型的塑形流变特性,表现为向隧道净空收敛的位移随着时间而不断增长,隧道变形长期无法稳定,并最终导致了初支侵限变形、混凝土开裂等大变形问题。

4.4.3 软岩的挤出作用

围岩的挤出作用是指隧道开挖引起的重分布应力超过岩体强度而使得原岩进入塑形屈服状态,与膨胀岩体向隧道净空方向膨胀主要在于岩石体积增大不同,挤出性岩体向隧道净空挤入时无明显体积变化,是逐渐缓慢地发生的变形。

软岩向隧道净空的挤出变形包括剪切滑移和弯曲变形两种形式(图 4-19)。对于塑性和低刚度软岩(简称半弹性弱层软岩),由于产生压缩的同时会发生侧向膨胀,产生侧胀力。正是由于压缩与侧胀力的双重作用,才发生了挤出;又因为在未开挖前的地质历史时期,低刚度弱层受上覆岩体和构造应力形成的三维围压状态下的压密压实,积蓄了弹性应变能,开挖面的卸荷,弹性应变能同时得以释放,也会挤出弱层。而且弱层夹于上下硬岩层中,两者弹模与泊松比不同,应变量不同,硬层很小,软层大,界面上下就要发生位移量不同的相对运动,从而发生剪切作用,在上下界面间就会发生剪切破坏。弱层界面破坏后的强度将变成残余强度,由于强度降低,原本不会发生滑坡的坡体,就可能发生滑坡等地质灾害;硐室则发生挤入、支护破坏等现象,这就是挤出效应导致地质灾害可能发生的机理。

另一方面,对于薄层状的变质软岩,在隧道开挖卸荷条件下,岩体容易发生弯曲变形以致破坏。这种形式可以类比板梁在弯矩或纵弯作用下发生挠曲变形。岩体的弯曲变形既可引起隧道侧壁的变形,也可在洞顶和底板处引起压顶和底鼓。

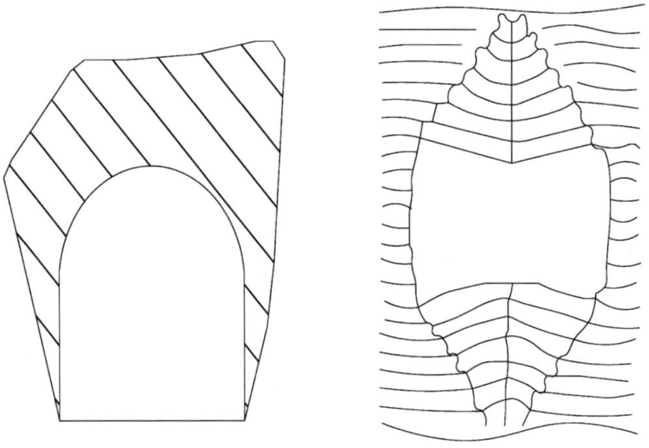

a)剪切滑移　　b)弯曲变形

图4-19　软岩的挤出变形

4.4.4　地应力的影响

地应力是隧道及地下工程岩体发生岩爆、大变形的主要因素。我国《岩土工程勘察规范》中利用岩石或岩体的强度应力比,即岩石单轴抗压强度(R_b)与最大主应力的比值,岩石强度应力比 $R_b/s_{\max}$ 大小来划分地应力,$R_b/s_{\max}>7$ 为一般地应力,$R_b/s_{\max}=4\sim7$ 属于高地应力,而 $R_b/s_{\max}<4$ 即为极高地应力。高初始应力地区软岩隧道在开挖过程中出现的特征如表4-8所示。

高初始应力地区软岩隧道变形特征 表4-8

应力情况	变形特征
极高应力	岩芯有饼化现象,开挖过程中洞壁岩体有剥离,位移较为显著,甚至发生大位移,持续时间长,不易成洞
高应力	岩芯时有饼化现象,开挖过程中洞壁岩体位移显著,持续时间较长,成洞性差

由弹塑性力学理论,隧道开挖后洞身周围的二次应力状态可近似表示为:

$$\left.\begin{aligned}\sigma'_\theta &= \frac{\sigma_A+\sigma_B}{2}\left(1+\frac{a^2}{\gamma^2}\right)-\frac{\sigma_A-\sigma_B}{2}\left(1+\frac{3a^4}{\gamma^4}\right)\cos2\theta\\ \sigma'_\gamma &= \frac{\sigma_A+\sigma_B}{2}\left(1-\frac{a^2}{\gamma^2}\right)+\frac{\sigma_A-\sigma_B}{2}\left(1+\frac{3a^4}{\gamma^4}-\frac{4a^2}{\gamma^2}\right)\cos2\theta\\ \tau'_{\gamma\theta} &= \frac{\sigma_A-\sigma_B}{2}\left(1-\frac{3a^4}{\gamma^4}+\frac{4a^2}{\gamma^2}\right)\sin2\theta\end{aligned}\right\} \tag{4-7}$$

式中: a——隧道开挖半径;

γ——径向距离;

θ——极径与轴 x 的夹角;

σ'_γ、σ'_θ 和 $\tau'_{\gamma\theta}$——分别为径向应力、切向应力和剪切应力;

σ_A、σ_B——分别为地应力和上部荷载传来的应力。

由以上公式可知,当地应力 σ_A 增大时,隧道周边岩体的径向应力将显著增长,高应力软岩隧道围岩初始应力较高,在隧道开挖后,随即发生内应力释放和回弹,进而导致结构面张开或滑移,岩体剪胀扩容,使隧道产生边墙内移、片帮等现象。

4.4.5 爆破震动的影响

钻爆法是山岭隧道掘进中一种主要的施工方法,而爆破扰动必然会对隧道围岩产生振动损伤影响,当爆破产生的振动速度大于围岩和初期支护的临界振动速度时,围岩和初期支护将会破坏,导致围岩大变形、初期支护开裂、剥落等灾害的发生。

另一方面,当围岩处于塑性状态下,在爆破产生的荷载的作用后,裂缝会出现在受力最大、岩石强度较低或者岩体结构较薄弱的部位,从而使岩体中的节理裂隙和片理面张开或形成新的裂缝,而这些裂隙不仅使岩体更加破碎,而且为地下水的入渗提供了通道。围岩在裂缝切割和渗透压力、矿物膨胀等多重因素作用下,工程性质劣化而变得更易失稳。

第5章 软弱围岩隧道变形控制的基本理念与工程应用

自20世纪80年代初新奥法全面传入我国以来，铁路、公路隧道的施工技术得以迅速发展，并不断提高，修建长大隧道的能力也逐渐增强，处理软弱围岩隧道大变形的手段也在不断完善。目前，隧道施工技术较先进的国家，如奥地利、瑞典、德国、日本等，针对软弱围岩隧道大变形所采取的施工技术措施已较完善，超前支护措施（主要是深孔注浆、超前锚杆、长大管棚等）、强支护措施（钢架支护、钢纤维、碳纤维喷射混凝土）和特殊支护措施（包括可压缩支护、可替换支护）等在80年代初期就已开始采用。

国内外隧道工程中，所遇到的挤压大变形不良地质问题较多，如奥地利的陶恩隧道、阿尔贝格隧道、日本的惠那山隧道，国内的家竹箐隧道和大寨岭隧道等，其共同特点是围岩软弱、地应力较高、压强比高、变形大、变形时间长。目前，国内外尚未形成挤压大变形机理及复杂应力变形控制技术的理论体系。

5.1 软弱围岩隧道变形控制的基本理念

在软弱围岩中，可以用围岩变量来衡量围岩的稳定性，所以，控制了软弱围岩的变形，也就控制了围岩的稳定性。根据围岩变形的时空分布规律，采取相应的对策分别控制掌子面前方、掌子面以及掌子面后方变形，使围岩变形控制在其变形基准值以内，是围岩变形控制的主要目标，也是其基本原理。

隧道围岩变形控制的目的，就是在开挖过程和支护施工中把变形控制在容许范围之内，并确保隧道结构体系的长期稳定性。开挖是释放应力的过程，不同的开挖方法，应力释放的过程及程度也是不同的；支护则是应力控制的方法，同样地，不同的支护方法，应力控制的过程和程度也是不同的。

根据前面对软弱围岩变形机制的研究，可以把软弱围岩变形控制对策归纳为三种理念，即刚性结构控制理念、柔性结构控制理念以及刚柔结合的控制理念。

5.1.1 刚性支护控制理念

刚性结构控制理念是为了控制围岩的变形，加强支护结构的刚度和强度，即采用“刚性支护”尽可能早地控制围岩变形，这种方法将初期支护设计得非常强，同时要求二次衬砌尽早施做，以抵抗变形。刚性结构控制理念通常采取加强支护和衬砌结构的刚度以及提高围岩的自支护能力两种措施来控制围岩变形。具体措施如下：

①加强支护和衬砌刚度措施是在浅埋地层、地层自重或围岩压力小、地层松软条件下，为控制地面沉降变形或隧道变形，而采用系统长锚杆、重型钢架和大厚度喷射混凝土支护等，加大模筑混凝土结构刚度，并实现尽早闭合的方法。

②提高围岩的自支能力是在浅埋地层、地层自重或围岩压力小、地层松软条件下，为减少地面沉降变形或隧道变形，着力改善并加固地层，采用深孔大范围超前注浆，刚性较大的水平旋喷，大管棚超前支护或掌子面超前长大锚杆加固等手段，以提高围岩强度和刚度。

上述第一种方法，适用于地表有结构物，对沉降控制有一定的要求，不具备在地面采取工程措施的条件下，只有在洞内采取加强的工程措施。第二种方法，适用于洞口段或浅埋隧道段，附近有结构物，对隧道沉降或变形有较高的要求，地表作业场地开阔，工期比较紧张的情况，可大面积同时进行地层的加固改良，这种方法工艺简单，质量可靠，施工速度快，但投资较高。

5.1.2 柔性支护控制理念

柔性结构控制理念是为了减轻作用在支护上的荷载，简化支护结构，采取释放变形的方法，即先通过加大预留变形量，使围岩应力充分释放，然后再施做支护结构。柔性结构控制理念常采用多重支护、可缩式支护和分阶段综合控制等措施来控制围岩变形。具体措施如下：

①多重支护是预留足够允许变形量和二次支护空间，在超前支护或初期支护下，开挖后先设置第一层支护，约束围岩的初期变形；而后在距掌子面后方一定距离设置第二层支护，使隧道稳定，从而控制围岩大变形。该方法的概念是允许一次支护发生屈服，设置二次支护后，地压和支护反力应得到平衡。此法二次支护需要预留的支护空间较大，需要二次支护作业平台等。

②可缩式支护是预设足够预留变形量和二次支护空间，在超前支护或初期支护下，隧道开挖后及时架设可缩式钢架等支护体系，允许产生较大变形，

释放围岩压力，但要保持支护变形与围岩压力的平衡，防止围岩过度松弛，导致隧道围岩压力增大。可缩式支护结构工艺复杂，技术要求高，施工工期较长。

③分阶段控制变形是分阶段控制变形的方法，是根据位移的发生，用增打锚杆、增喷混凝土、缩小钢架间距或者采用早强喷混凝土、高承载力锚杆和钢架等，分阶段地通过支护刚性控制位移的方法，这是通常采用的工法。例如，开挖后先设置中短系统锚杆、钢架、喷混凝土支护，约束围岩的初期变形；而后在距掌子面后方3.0倍隧道开挖跨度的位置，设置系统长锚杆补强加固围岩，必要时采用网喷混凝土或钢架喷混凝土支护补强。该方法前期支护因刚性不足，仅能约束围岩的初期变形，难于控制变形，利用长锚杆补强方式分阶段地提高支护刚性来控制位移，使隧道趋于稳定。另外，该方法需要预留的支护补强空间较小，在工作面后方施作补强锚杆有利于长锚杆施工，有利于锚杆数量与质量检查，也有利于施工平行作业。

5.1.3 刚柔结合控制理念

刚柔结合的控制理念是允许围岩发生变形，但其变形不能超过围岩变形允许值，即把围岩变形控制在允许范围之内。刚柔结合的控制理念主要采用初期支护控制围岩变形，对于自稳时间很短，初期支护来不及施作就可能坍塌的围岩，则采取超前支护措施预先控制围岩荷载的释放，使围岩荷载控制在初期支护能够承受的范围之内。可见，刚柔结合的控制理念是要让初期支护承担围岩释放的全部荷载，让超前支护控制围岩荷载的释放程度。

刚柔结合的控制理念符合软弱围岩的变形规律，是比较科学的软弱围岩控制理念。所以在当前的工程实践中，采用刚性结构和柔性结构控制理念的工程实例是比较多的。很多隧道初期支护严重侵限，被迫拆换，就是采用柔性结构控制理念的典型范例，这种情况下，预留变形量预留的越多，隧道断面开挖的就越大，围岩松动圈范围就越大，软弱围岩变形就更加难以控制。而现场有不少专家和工程技术人员要求二次衬砌尽量紧跟，甚至提出为控制围岩变形“衬砌才是硬道理”的观点，致使施工后，很多隧道设计较厚的钢筋衬砌发生开裂，影响运营的安全，这是采用刚性结构控制理念的典型错误。

5.1.4 软弱围岩隧道支护技术路线图

软弱围岩隧道支护技术线路如图5-1所示。

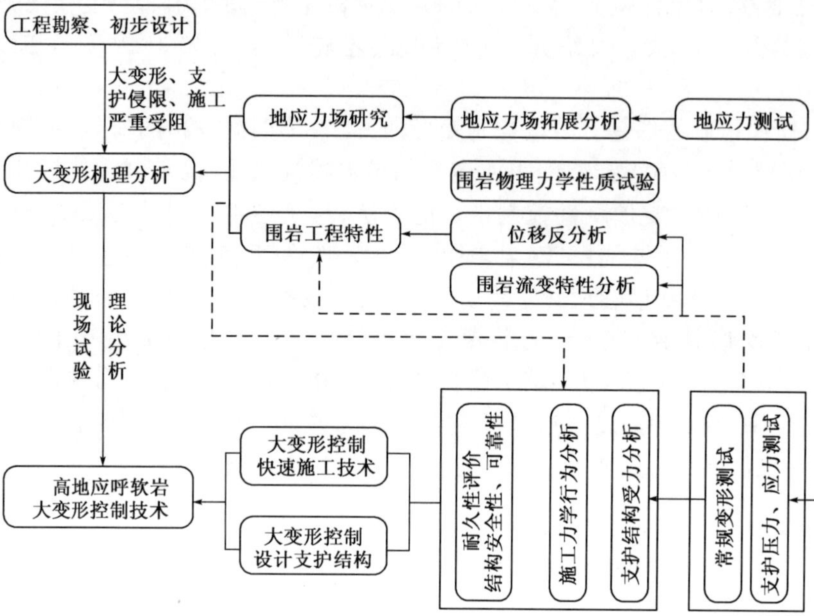

图 5-1 软弱围岩隧道支护技术路线图

5.2 软弱围岩隧道变形控制的基本原则

软弱围岩隧道施工的基本原则是“预支护、快挖、快支、快闭合”。其中:预支护,在开挖前,针对开挖后预计的变形实态,事前采取的控制变形,主要对策是掌子面前方先行位移和挤出位移的控制;快挖,采取全断面法或台阶法进行快速掘进,主要对策是进尺及分部距离的控制;快支,采取初期支护控制变形,主要对策是初期位移速度及最终位移值的控制;快闭合,使变形早期收敛,主要对策是收敛距离的控制或位移收敛时间的控制。

在复杂地形、地质条件下,重点是“预支护”和“快闭合”,尽可能地在短时间内使开挖后的断面(横断面及纵断面)闭合,是非常重要的,如上台阶的临时闭合、各种导洞的临时闭合以及整个断面的闭合等。施工中虽然大家都认识到及时闭合的重要性,但常常由于技术上的、管理上的原因却做不到这一点。因此改善我们的技术现状和提高管理水平,就显得异常重要。在断面闭合上,需要强调的是时间概念,因为开挖后的围岩动态的发展与时间密切相关。

众所周知,隧道开挖后,随着时间的推移,变形也在发展。一般来说,刚开挖过后，变形发展很快，掌子面前方先行位移、掌子面挤出位移以及掌子面后方位移都在发展，即初期变形速度很快，而且变形值也比较大。因此，如果能够控制住这些变形的初期发展，也就控制了变形的后期发展，就可以控制隧道围岩的松弛。因此，在控制掌子面前方先行位移和挤出位移的基础上，应及早控制开挖后的位移发展，也就是说，及早使断面闭合是非常重要的。从目前的施工状态看，大部分隧道远远没有做到这一点，特别是没有控制住掌子面前方的先行位移和挤出位移。

另一个时间概念就是从开挖到初期支护全断面闭合的时间。在复杂地形、地质条件下，从开挖到全断面初期支护的闭合时间，要求越短越好，闭合距离也是越短越好，因为初期支护全断面闭合的过程，就意味着隧道变形逐渐趋于稳定（收敛）的过程，而闭合距离，基本上要求在距掌子面2~3倍隧道开挖跨度之内，甚至更短一些。例如在法兰克福的地铁中，这一时间减少到9个小时，使地表下沉得以减小；在慕尼黑地铁中，采用了闭合时间几乎为零的施工方法，使地表下沉进一步减少；在日本的新干线和公路隧道中，之所以都采用微台阶的全断面开挖方法，其目的就是缩短全断面的闭合时间。

仰拱闭合的可能位置，在前者约为5m左右，后者则在30m左右，图5-2所示为超短台阶法和长台阶法的比较图。控制下沉的手段可以采用钢架或修筑临时仰拱，此种措施必然要增加许多费用，而且效果欠佳。这里强调的断面闭合是指初期支护的断面闭合，而不是二次衬砌的紧跟。不管是采用喷混凝土，还是格栅钢架、型钢钢架，或喷混凝土仰拱，都一定要使其闭合，这样做虽然对后续作业有一定影响，也要这样做。作为支护结构，闭合与不闭合，对控制周边围岩的位移和松弛，具有不可忽视的影响，其承载力可能有数量级之差。

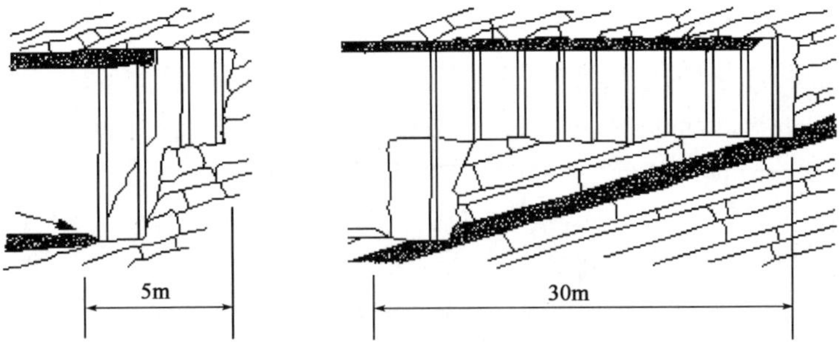

图5-2　短台阶施工法和长台阶施工法比较图

应该说，在复杂地形、地质条件下，所谓的快速施工，实质上就体现在“大幅度的缩短断面闭合时间”上。总结近十年矿山法的实践和经验，可以看出，在复杂地形、地质条件下，山岭隧道施工最基本的经验，就是“断面的初期支护早期闭合”，这已为众多实例所证实。

全断面早期闭合工法的优点可归纳如下：施工简便；能够采用大型机械施工，开挖速度快；断面形状良好，周边围岩应力状态也好；支护效率高；能够把隧道开挖影响控制在最小限度。

因此，在围岩状态差、需要极力控制隧道变形影响的隧道，采用使最终断面早期闭合的全断面法和带辅助台阶的全断面法是最佳选择，下面列举几个施工实例及数值解析、量测结果来说明断面闭合，特别是早期闭合的施工效果。

5.3 工程实例介绍

5.3.1 武都西隧道

成县至武都高速公路，位于甘肃省陇南市，路线起点位于成县纸坊镇府城村，与国家高速公路网规划的十堰至天水高速公路枢纽立交相接，终点位于陇南市武都区两水镇黄家坝村，与在建的武罐高速公路以枢纽立交相接，路线全长92.04km。成武高速公路武都西隧道为分离式特长隧道，左线全长达3763m，右线全长达3781m。其中施工第18标段左线长1883m，其中V级围岩683m，IV级围岩1200m；右线长1892m，其中V级围岩792m，IV级围岩1100m。

武都西隧道开工时采用的原设计为SⅣc衬砌结构形式：主要参数为ϕ22超前锚杆（长度为4.5m，环向间距40cm），系统锚杆为ϕ22砂浆锚杆（长度为3m，纵、环向间距均为1m），拱脚为ϕ22锁脚锚杆（长3m，每部位每环4根）；ϕ6钢筋网片（20cm×20cm），16cm×16cm格栅钢拱架（纵向间距100cm），喷射C25混凝土厚22cm，预留变形量8cm，C25衬砌混凝土40cm。在此衬砌结构下，成武18标武都西隧道于2012年4月25日首次发现左洞ZK86+837~834初衬顶部开裂，此时左线已进入F5断层96m，设计从SVb支护进入SIVc支护1.5m。直到4月28日，开裂段迅速扩大至ZK86+825~778.5右侧（面向掌子面），其中较为严重的变形为5榀钢支撑被剪断，喷射混凝土剥落，钢拱架严重扭曲、内鼓侵限，支护结构受到严重破坏（图5-3）。

图5-3 初衬混凝土开裂及部分钢支撑在拱顶位置出现较为严重的扭曲变形

根据不同隧道段的地质条件及其工程实际情况，采用以下5种大变形处治措施：

方案一：

对左线ZK86+825~778.5及右线YK86+865~813初支变形开裂段进行换拱处理，并按以下方案进行了处治实施：将SIVc支护参数变更为SVb支护参数进行支护。施工单位为了提高支护强度，在按照SVb支护的同时，自行增加了锁角锚杆数量（在拱脚处每侧增加2根）、用I22b工字钢代替变更设计的I20a工字钢、二衬混凝土用C30代替变更设计的C25、二衬钢筋用$\phi25$代替变更设计的$\phi22$等加强支护措施。拉大左右线掌子面间的纵向距离，以减小爆破时对另一洞内的围岩扰动、增大隧道预留变形量（施工时预留变形量为60cm）。掌子面尽量不采用爆破开挖，采用铣挖机进行，在铣挖机挖不动的情况下，才采取弱爆破，短进尺，每次循环进尺不大于1.5m（2榀拱架的间距）；同时超前支护认真施作，特别注意锁角钢管与钢拱架的焊接质量和注浆质量；采取预留核心土施工方法来减小初支变形。

方案二：

对ZK86+778.5~ZK86+621、YK86+813~YK86+679段按以下方案进行了实施：在SVb支护参数的基础上将I20a钢拱架间距由75cm调整为50cm。在第一层钢支撑的基础上，采用每间隔3m支护3m第二层钢支撑，进行间隔双层支护，第二层钢支撑采用I18a工字钢，间距75cm，增加锁角锚杆数量（在拱脚处每侧增加2根）、二衬混凝土用C30代替变更设计的C25、二衬钢筋用$\phi25$代替变更设计的$\phi22$等加强支护措施。

方案三：

对武都西隧道左线 ZK86 + 621 ~ ZK86 + 591 段施做了 30m 试验段，超前支护采用 $\phi42 \times 4$mm 小导管，长度 4.5m，并进行注浆，注浆压力大于 3MPa；初期支护系统锚杆采用 $R32$ 自进式注浆锚杆，长 6m，注浆压力大于 3MPa；拱脚采用 $\phi42 \times 4$mm 锁脚钢管，长 4m，每处 4 根。锁脚钢管与钢拱架竖向夹角控制在 30°以内。初支钢支撑采用 H175 型钢，纵向间距 70cm，全断面进行支护，喷射混凝土厚度 30cm，预留变形量 50cm。及时跟进下台阶施工，尽早封闭成环。对拱脚虚渣及时清理，用混凝土试块作为垫块，确保拱架支撑牢固。

方案四：

对左线 ZK86 + 591 ~ ZK86 + 571 段初期支护采用双层支护试验段，超前支护采用 $\phi42 \times 4$mm 小导管，长度 4.5m，并进行注浆，注浆压力控制在 3MPa；初期支护系统锚杆采用 R27 自进式注浆锚杆，长 4.5m，梅花形布置，拱脚采用 $\phi42 \times 4$mm 锁脚钢管，长 4.5m，每处 4 根。初支采用双层拱架支护，第一层钢支撑采用 H175 型钢，纵向间距 75cm，全断面进行支护，喷射混凝土厚度 28cm；第二层钢支撑采用 I20a 工字钢支护，纵向间距 75cm，半断面支护，喷射混凝土厚度 26cm，预留变形量 40cm。及时跟进下台阶施工，尽早封闭成环。二次衬砌采用 SVb 衬砌形式。对拱脚虚渣及时清理，用混凝土试块作为垫块，确保拱架支撑牢固。洞身开挖时全部采用机械开挖，不得使用爆破开挖法。

方案五：

右线 YK86 + 579 ~ 539 段初期支护采用双层支护试验段，超前支护采用 $\phi42 \times 4$mm 超前小导管，间距 45cm，斜插角 10° ~ 15°，长度 $L = 4.5$m；初期支护系统锚杆采用 $R27$ 自进式注浆锚杆，$L = 3.5$m；纵向间距（75cm）环向间距（100cm）。采用双层钢支撑，第一层钢支撑采用 H175 型钢，纵向间距 75cm，全断面进行支护，喷射混凝土厚度为 24cm，预留变形量按 30cm 考虑，在上台阶底部加设临时仰拱，采用 I20a 型钢与上岛钢架连为一体，抑制围岩的沉降及收敛变形，使初期支护快速的封闭；第二层钢支撑采用 I18 型钢，纵向间距 75cm，喷射混凝土厚度为 24cm；拱脚采用 $\phi42 \times 4$mm 锁脚钢管，$L = 4.5$m，每侧 8 根，每环 16 根。锁脚锚杆与钢拱架竖向夹角控制在 60°左右。

本工程针对不同大变形段而采取了不同的处治措施，并利用监控量测结果以验证其处治效果，施工效果良好。针对已实施的五种变形处治方案的尝试，经对实施效果的综合比对分析，认为采用第四种方案（双层拱架支护）施工，初支结构相对变形较小，变形速率减弱，钢拱架不会发生较大扭曲变形，第二层初支喷射混凝土尽管也有局部开裂、掉皮现象，但在应力释放到一定的程度，及时跟进二衬的施工,让二衬也承担一定的受力后,也较好地解决了隧道大变形段初支变形过大的问题。

5.3.2 乌鞘岭隧道

乌鞘岭隧道设计为两座单线隧道,单洞长20050m,线间距为40m;最大埋深约1050m。乌鞘岭隧道岭脊F4～F7之间长约7km,分布有4条大的区域性断层,为由4条区域性大断层组成的宽大"挤压构造带",工程地质及地应力情况非常复杂,施工中发生不同程度的大变形,尤其是F7和志留系地段。

从2004年4月,施工进入于F7活动性断层带、岭脊志留系地层等地段,均发生了不同程度的大变形,有的初期支护侵入二次衬砌限界,有的喷混凝土破损开裂挤入、钢架扭曲变形、甚至发生坍塌等,安全风险倍增,施工严重受阻。F7断层最大拱顶下沉和水平收敛分别达1209mm和1053mm,一般300～700mm。岭脊志留系千枚岩地层区段隧道收敛变形达500～700mm。

乌鞘岭隧道对于软弱围岩隧道的支护提出了创新性的研究,具体体现为以下几点:

①确定了复杂(高)地应力区段隧道断面形式和支护、结构参数

F7工程活动性断层地段推荐采用圆形断面形式、中长锚杆、大刚度的多层支护,分期施作,合理预留每层变形量,先让后抗,钢筋混凝土二次衬砌;岭脊志留系千枚岩地层采用椭圆形断面形式、初期支护采用大刚度型钢支护、加大预留变形量,二次衬砌采用钢筋混凝土结构,并适当提前施做,如图5-4所示。

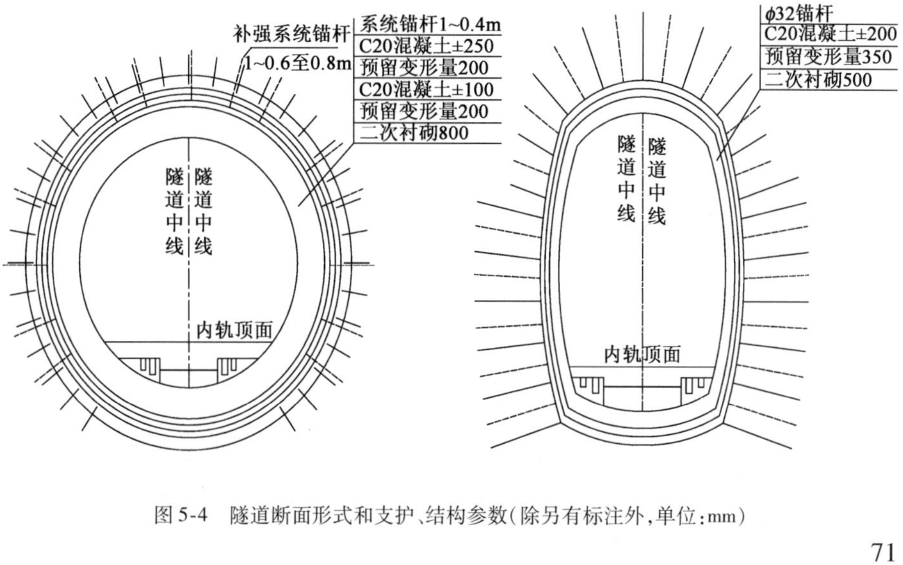

图5-4 隧道断面形式和支护、结构参数(除另有标注外,单位:mm)

②建立了大变形隧道的位移控制基准，提出了以综合系数为标准的大变形分级标准及对应的防治措施。

具体分级标准如表5-1所示：

软弱围岩大变形程度的分级标准 表5-1

大变形的等级	Ⅰ	Ⅱ	Ⅲ
相对变形(%)	3～5	5～8	>8
强度应力比	0.5～0.25	0.25～0.15	<0.15
原始地应力(MPa)	5～10	10～15	>15
弹性模量(MPa)	2000～1500	1500～1000	<1000
综合系数 α	60～30	30～15	<15
围岩及支护特征	开挖后洞壁围岩位移较大，持续时间较长；一般支护开裂或破损较严重	开挖后围岩位移大，持续时间长；一般支护开裂或破损严重	开挖后围岩位移很大，持续时间很长；一般支护开裂或破损很严重

③建立了大变形隧道的位移控制基准，提出了以综合系数为标准的大变形分级标准及对应的防治措施。

具体措施如表5-2所示：

根据软弱围岩分级标准确定的大变形隧道设计与施工中采用的具体措施 表5-2

措施内容			大变形的等级		
			Ⅰ	Ⅱ	Ⅲ
设计	改善洞室形状		—	可采用	采用
	初期支护	锚杆、钢架、网、喷联合支护	采用	采用	采用
		喷射混凝土中掺钢纤维	—	必要时采用	必要时采用
		补强长锚杆	—	可采用	可采用
		H型钢	—	—	可采用
	预留变形量(mm)		150～250	250～350	350～400
	多重、分次支护		—	可采用	可采用
	二次衬砌	钢筋混凝土	采用	采用	采用
施工	加强监控量测		采用	采用	采用
	短台阶、弱爆破、早封闭		采用	采用	采用
	循环进尺(m)		2～2.5	1～2	0.5～1

④形成了复杂(高)应力条件下控制隧道大变形的快速施工方法

a. 利用导坑进行应力释放在埋深最大 DK175 + 503 ~ DK176 + 898 地段,利用左线隧道位置的平行导坑释放应力。平行导坑的收敛变形为 100 ~ 150mm,扩挖的收敛变形为 250 ~ 300mm。为采用台阶法一次建成收敛变形的 70% ~ 75%,如图 5-5 所示。

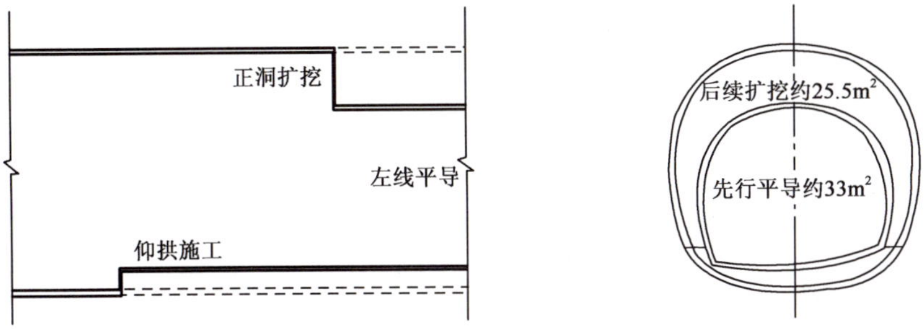

图 5-5　利用导坑释放应力示意图

b. 多重支护控制应力释放

F7 断层施工前期,隧道变形一般为 500 ~ 700mm,最大日变形量为 40mm/d 左右,并发生侵限现象。采用多重支护法施工,边让边抗,隧道变形为 150 ~ 350mm,最大日变形为 20mm/d 左右,初期支护变形得到有效控制。

c. 适时施作二衬控制应力释放

乌鞘岭隧道岭脊千枚岩地段、F7 工程活动断层地段衬砌前的初期支护收敛变形速率平均为 3 ~ 6mm,此时二次衬砌承担围岩压力 25% ~ 45%,二次衬砌的收敛变形为 2 ~ 21mm,隧道结构均加强为钢筋混凝土衬砌。目前衬砌结构稳定,运营正常。

d. 控制大变形的施工方法

针对乌鞘岭隧道高地应力软弱围岩变形的实际情况,提出了"短开挖、快封闭、强支护、快速成环、二衬适时紧跟"施工原则。首先选择合理的断面形状,留足预留变形量,超前支护,中等长度系统锚杆和少量补强锚杆加固围岩,多重支护或一次大刚度支护,适当提高衬砌刚度和提前施作衬砌。采用小导坑释放应力、快开挖、快支护和快封闭的挤压大变形综合控制技术。

5.3.3　家竹箐隧道

家竹箐隧道是我国南昆铁路上的著名险洞(单线铁路隧道),隧道全长 4990m,隧道先后穿过玄武岩、煤系地层、砂岩夹泥岩底层,以高瓦斯、高地应力、大涌水而著称。施工难度最大、病害最多的地段为煤系地层，其间节理发育，存在断层，整个隧道范围为单斜构造，围岩主要为煤、泥岩、砂纸泥岩和钙质细砂岩。根据洞壁位移，用反分析法计算获得的围岩综合物理参数见表5-3。

家竹箐隧道煤系地层参数　　表5-3

E (MPa)	c (kPa)	ϕ (°)	r (kN/m^3)	μ	G (MPa)	R_a (MPa)	R_b (MPa)
500	500	30	22	0.38	181	1.7	0.6

由于煤系地段软弱(R_b =1.7MPa)，且地应力较高(16.09MPa)，在390m长的地段内产生了大变形，洞壁位移60～80cm(最大160cm)，拱顶下沉接近100cm。围岩变形量详见表5-4。

家竹箐隧道的围岩变形　　表5-4

拱顶下沉(cm)	周边位移(cm)	隧底隆起(cm)
60～80(最大160)	100(最大240)	80最大(100)

之所以变形这么大，与设计阶段对大变形缺乏判断有关，当时国内对高地应力挤压性围岩尚缺乏认识，以为只是一般的软弱地层，故只采用了一般标准的初期支护(这一点和陶恩隧道相似)。后根据国外工程实例和家竹箐隧道的经验，依据高世军所提出的"加固围岩、改善洞型、先柔后刚、先放后抗、变形留够、底部加强"的24字原则，对原有设计进行了调整，具体施工措施如下：

首次采用3m长的锚杆加固围岩，通过增大边墙和仰拱的曲率来改善隧道受力状态，并采用了以长锚杆为主，辅以留有纵缝的喷射混凝土以及可缩式钢架的柔性初期支护，并留有25～45cm的预留变形量，待围岩变形到一定时间后，施工双层模注混凝土衬砌，其中外层为55cm钢纤维配筋混凝土(主要受力结构)，内层为25cm钢纤维混凝土(安全储备)，两层之间为HDPE瓦斯隔离层，对围岩进行刚性支护。在设计仰拱时，除了加大仰拱曲率外，其他支护参数同仰拱一样，以给底部足够的强度支护。

家竹箐隧道采用台阶式开挖，衬砌施工要求完全按照新奥法原则，以先墙后拱方式修筑二次衬砌。在上半断面开挖时，为使上半断面初期支护形成衬砌结构，加设了ϕ108钢管横撑以取代临时仰拱。

5.3.4 台湾木栅隧道

木栅隧道位于台湾北部第二高速公路上，隧道穿越台北市南郊的木栅山区，全长1875m，为三车道公路隧道(断面150m^2)。该隧道在通过潭湾大断层时，发生了大变形，拱顶下沉 150cm 以上，边墙内挤 70cm。

潭湾断层带宽 75m，与隧道斜交，大变形地段长 205m。由于初期仅采用常规的锚喷支护，故产生了严重的大变形。该隧道变形整治有一个特色，即应用了长大预应力锚索。锚索长 15 ~ 17m，预拉力 50t，但隧底采用长为 9m 的一般锚杆。通过锚索孔及锚杆孔向地层注浆加固围岩，而强大的锚索及锚杆使隧道趋于稳定，如图 5-6 所示。

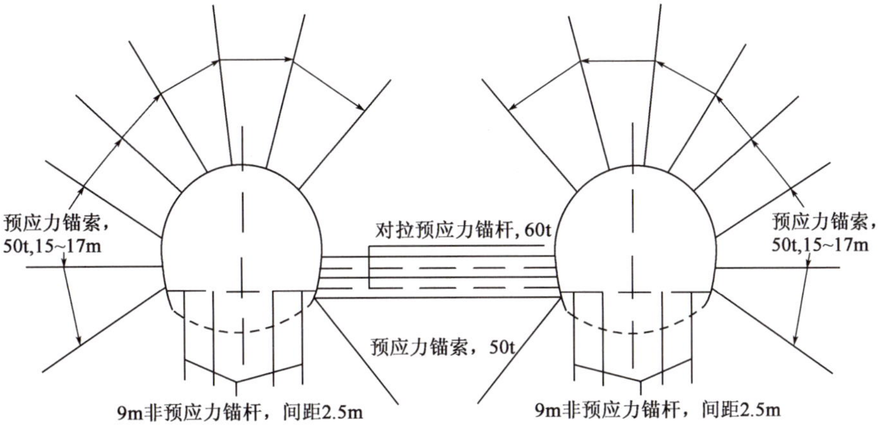

图 5-6　台湾木栅隧道支护示意图

第6章 控制掌子面挤出位移的技术

掌子面挤出位移控制技术主要有:掌子面形状的变化、核心土的变化、掌子面喷混凝土、掌子面锚杆、掌子面前方围岩注浆加固。以下对上述控制技术分别进行说明。

6.1 掌子面形状

英国曾经在铁路和公路隧道中,为了确保掌子面稳定和工作人员安全,采用倾斜掌子面和球形掌子面开挖,取得了较好的稳定效果。倾斜掌子面的施工步骤如图6-1所示。

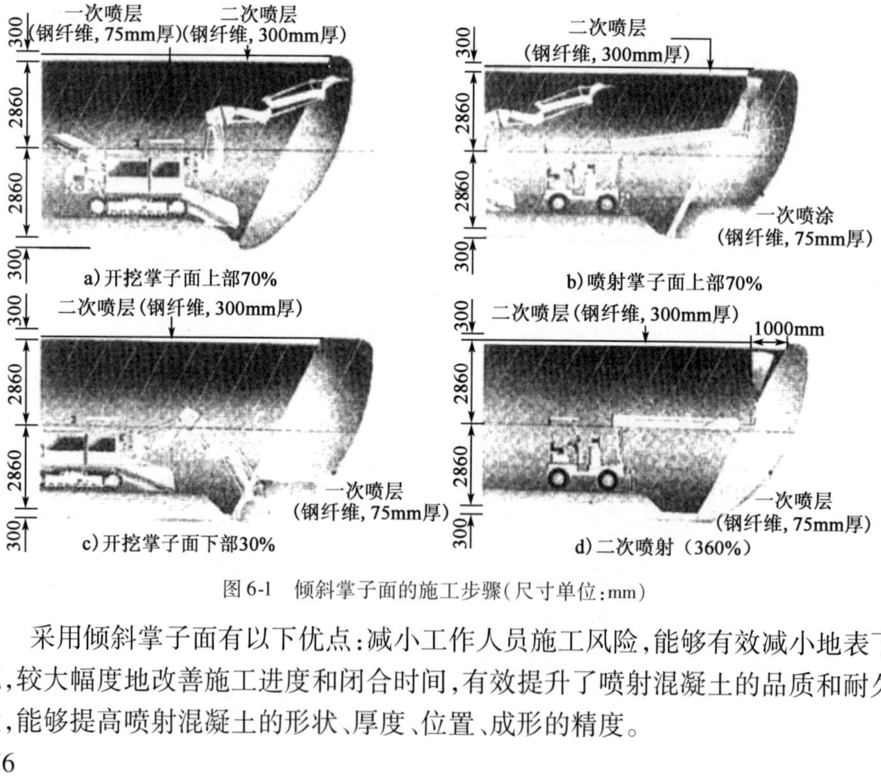

图6-1 倾斜掌子面的施工步骤(尺寸单位:mm)

采用倾斜掌子面有以下优点:减小工作人员施工风险,能够有效减小地表下沉,较大幅度地改善施工进度和闭合时间,有效提升了喷射混凝土的品质和耐久性,能够提高喷射混凝土的形状、厚度、位置、成形的精度。

日本曾经在松本隧道中采用如图 6-2 所示的倾斜掌子面,因掌子面是倾斜的,一定程度上防止了掌子面的崩塌,此时的锚杆打设距离推迟 3 榀钢架。

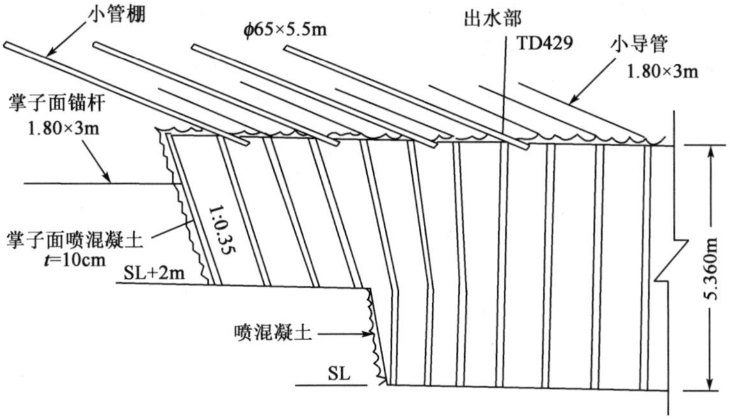

图 6-2　倾斜掌子面实例

日本曾对掌子面变化进行数值解析,其结果如图 6-3 所示。

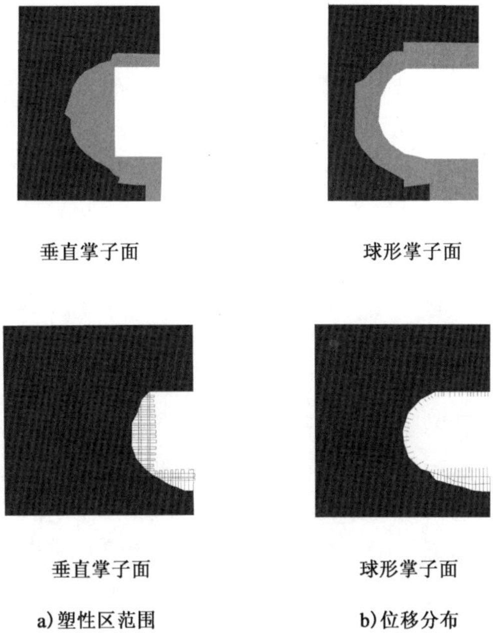

图 6-3　不同形状掌子面的影响

球形掌子面是将掌子面开挖成球形,能够有效地利用掌子面前方隧道围岩的承载拱效应来提高掌子面的稳定性。国内的山王庙隧道二期工程，采用球形掌子面，与一期工程相比较，岩块掉落情况减少。图 6-4 是根据数值解析结果，验证不稳定区域（安全系数 $F_S < 1.4$ 的区域定义为不稳定区域）减小的情况，弹性波探查也确认速度降低区域减小了。

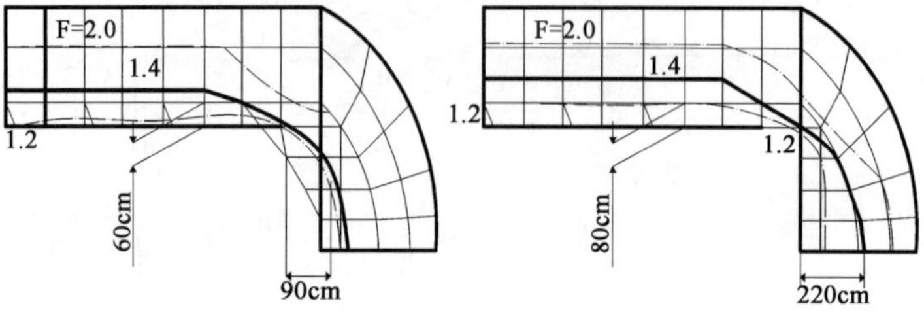

a）安全系数分布（球形掌子面）　b）安全系数分布（平面掌子面）

图 6-4　球形掌子面研究实例

6.2　留核心土

留核心土法是指当围岩较差，掌子面不能自稳时，开挖时将掌子面中央部分留下，留下的核心土以填土的形态促使掌子面稳定的工法。留核心土常与掌子面喷混凝土和掌子面锚杆组合起来保证掌子面的稳定。拱部开挖又被称为弧形开挖，可用反铲、液压铲、自由断面掘进机等方法开挖，特别是对于自稳性较差的围岩，弧形开挖不可分割开挖。开挖过后立刻喷混凝土，待闭合后再进行相邻部分的开挖。

施工时要掌握附近地质状况，判定核心土、掌子面喷混凝土、掌子面锚杆的组合是否能够使掌子面稳定。对于不留核心土且自稳性差的场合，要研究采用长掌子面锚杆或注浆等工法。当围岩的裂隙是顺层时，需注意核心土有崩塌的可能，此时，要与掌子面锚杆合用；在核心土地段，因核心土与支护间隔很小，要注意围岩剥离、剥落和掌子面崩塌等问题。

在核心土地段，靠近掌子面打设锚杆很困难，多推迟 2 ~ 3 榀钢架打设锚杆。

台阶法施工中，为维持掌子面稳定，常采用弧形开挖法，即留核心土法。应明确，留核心土法是抑制掌子面挤出位移、防止掌子面崩塌最有效的方法之一。日本对掌子面在留不留核心土及台阶长度变化等因素影响下进行的一项研究表明，在不留核心土的场合，掌子面挤出位移超过 70mm 的部分可达到掌子面前方 1.3m；而在留核心土的场合，掌子面挤出量超过 70mm 的部分只达到掌子面前方 0.6m 处。核心土起到了控制掌子面挤出位移的效果（图 6-5 和图 6-6）。

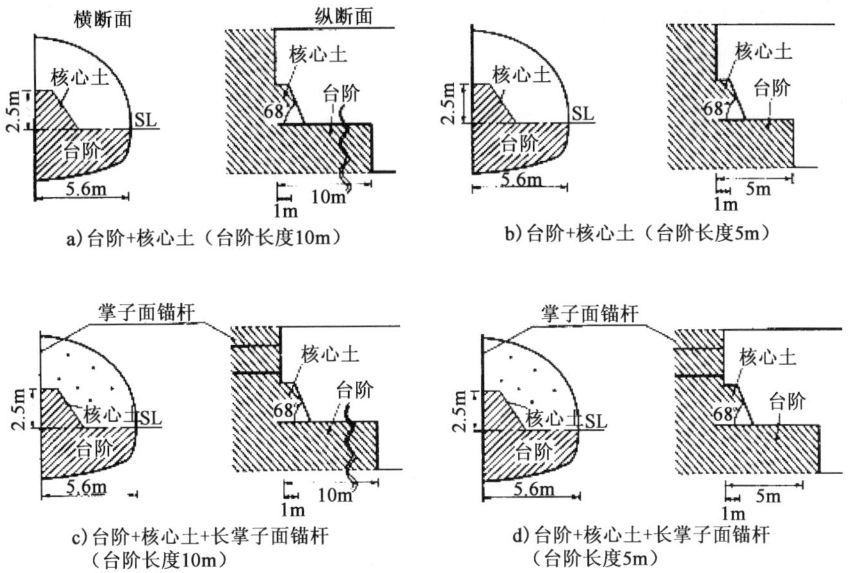

图 6-5　核心土及台阶长度的影响

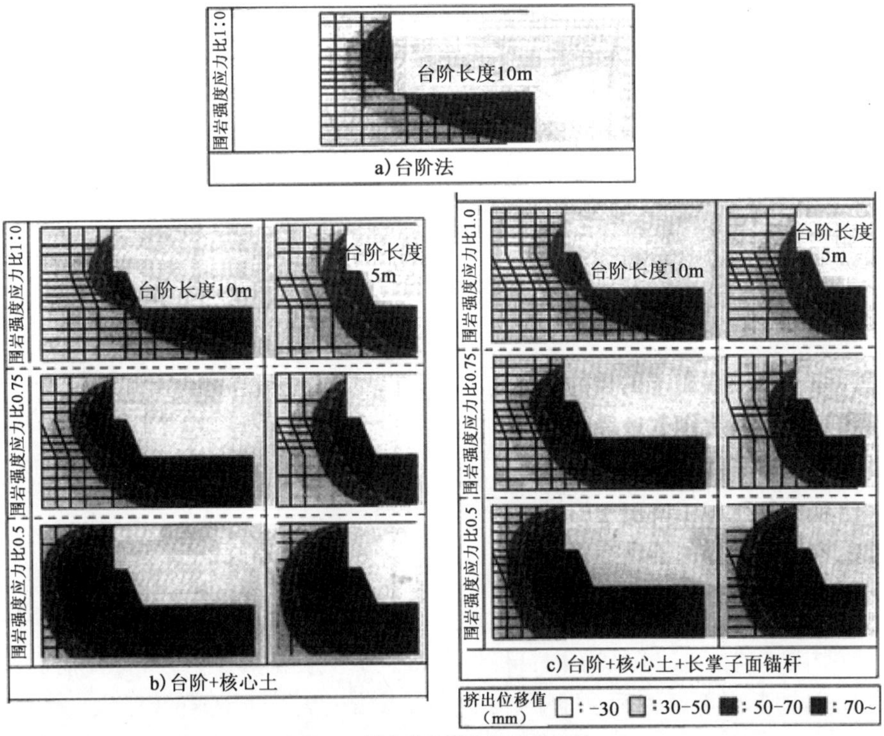

图 6-6　挤出位移等值线解析结果

研究还同时讨论了核心土形状对掌子面挤出位移的影响(图6-7)。结果表明,方法5(图6-7f)对抑制掌子面挤出的效果最好,即弧形开挖的宽度取1~3m,核心土上部宽度取2~3m,下部宽度取3~5m。

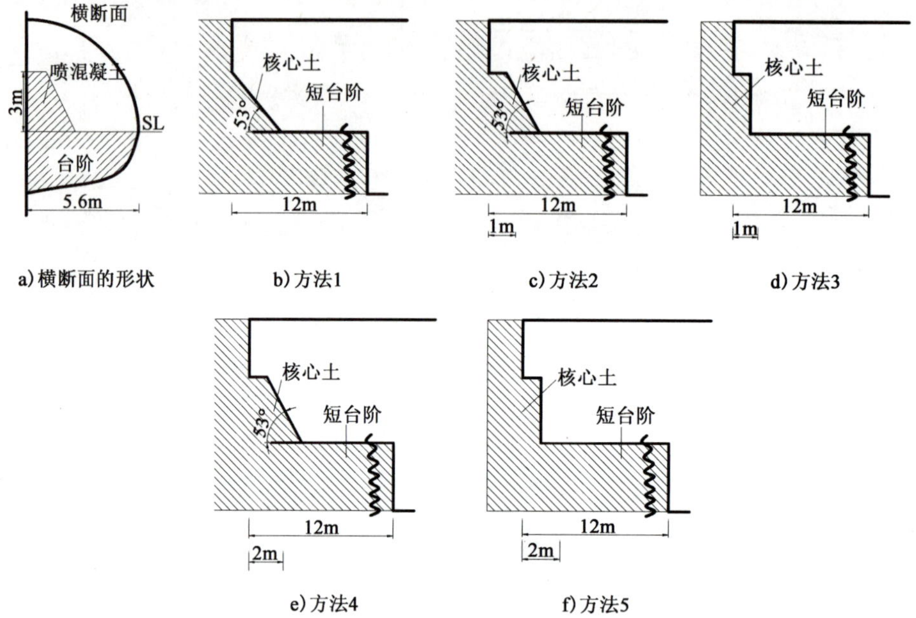

图6-7 核心土形状的影响

6.3 掌子面喷混凝土

在开挖后的掌子面喷射5~10cm的混凝土,能有效地维持掌子面的稳定。在围岩较差地段多与核心土法和掌子面锚杆法并用,对留核心土的脚部作业及在掌子面打设锚杆作业的安全非常重要。

施工中使用的机械和材料,通常与初期支护中使用的相似。在不良围岩如挤压性围岩中,掌子面喷混凝土常会发生早期开裂,为提高其韧性可采用纤维喷混凝土。

对掌子面喷混凝土应尽可能早地进行,开挖后立即施工可防止围岩的崩塌和抑制围岩的松弛。在掌子面自稳性非常差的不良围岩中,尽量将开挖机械和喷射机并列,局部开挖后立即喷射混凝土,以缩短掌子面暴露的时间。

挤压性围岩中,掌子面喷混凝土常会发生开裂,进而引起大规模的崩塌,因此应加强对掌子面喷混凝土开裂的观察。图6-8是掌子面喷混凝土破坏和崩落实例,正面喷射混凝土施工实例见图6-9。

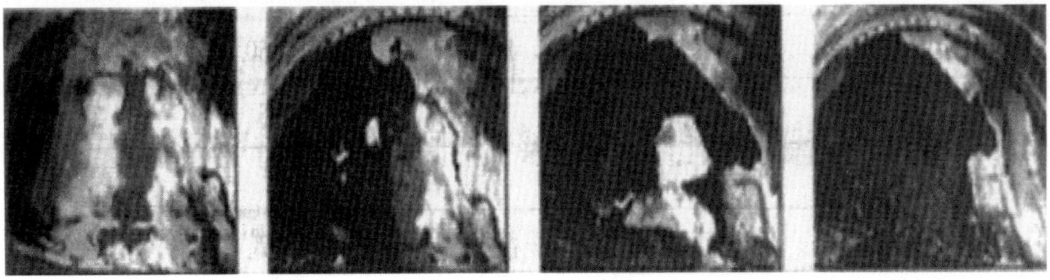

a)开始　b)2min后　c)4min后　d)5min后

图6-8　掌子面喷混凝土破坏和崩落的实例

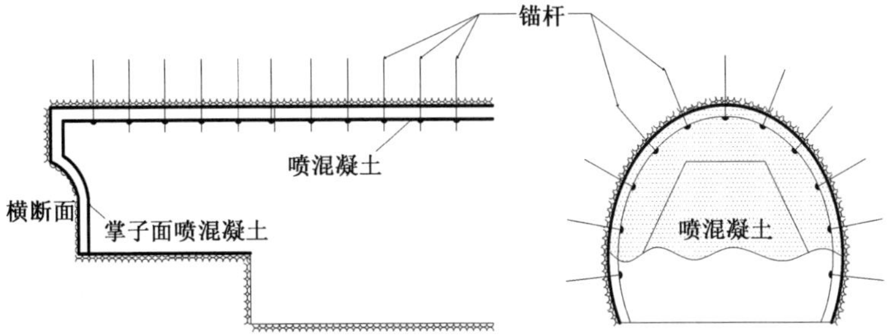

图6-9　正面喷射混凝土实例

6.4　掌子面锚杆

6.4.1　概要

掌子面锚杆在围岩较差的场合采用,如在小埋深隧道等有塌陷风险的场合,可作为预防对策采用。

短锚杆将由开挖引起松动的岩块固定在深部的围岩中。锚杆长度为1~6m,但采用4m左右的居多。为了确保连续锚杆的补强效果,将全长一半的残余长度作为搭接长度。钻孔和锚杆施工可用钻孔钻机。采用掌子面锚杆,可将核心土的长度缩短,进而可在施工中将初期支护的锚杆靠近掌子面。

掌子面锚杆一般用于不良围岩中采用自由断面掘进机和反铲等机械开挖的场合。锚杆材料考虑开挖时易于切断,多采用玻璃纤维锚杆(GFRP)。表6-1是日本采用的短掌子面锚杆的种类和规格。

短掌子面锚杆的种类和规格实例　　表 6-1

锚杆种类	GFRP 锚杆	GFRP 锚杆（中空）	GFRP 锚杆（中空、自钻式）	钢管膨胀式锚杆
外径(mm) 内径(mm)	27	32/14	31/15	36(54/48)
标准钻孔直径(mm)	45～55	45～60	45～60	43～52
单元长度(m)	3～6	3～6	3～6	3～4
单位质量(kg/m)	1.06	1.0	0.95	约 4.0
施工方法	充填式或注浆式	注浆式	注浆式	摩擦式

相较于短掌子面锚杆，长掌子面锚杆的优点有：单次打设长度长，减少了打设次数，提高了施工效率；打入到前方没有产生松弛和变形的围岩中，可抑制开挖时掌子面挤出位移而发生轴力，使锚杆产生内压效果，可进一步提高掌子面的自稳性；在小埋深隧道场合下，具有补强掌子面前方围岩、抑制地表面下沉的效果；因注浆压力较高，注浆材料渗透到围岩中，起到改良围岩的效果；当围岩较差且开挖掌子面高度大时，能够采用开挖机械和开孔台车等大型施工机械，从而提高施工效率；当围岩较差时，可采用超短台阶全断面法和短台阶法，使仰拱能早期闭合。

长掌子面锚杆多采用 3～5m 的锚杆用螺纹连接器接续，锚杆长取 12.5m。锚杆材料考虑开挖机械时易于切断，多采用 GFRP 锚杆。此外有时开挖和锚杆材料要与弃渣分别回收，也有将开槽式钢管作为锚杆材料的。表 6-2 列出长掌子面锚杆的种类和规格。

长掌子面锚杆的种类和规格　　表 6-2

锚 杆 种 类		GFRP 锚杆（中空）	GFRP 管	开槽式钢管	连接式钢管膨胀型
外径(mm)/内径(mm)		32/14	76/60	76.3/65.9	插入时外径 36 扩张时 54/48
标准钻孔直径(mm)		65	90	89	43～51
单元长度(m)	一般部位	4.0,5.0,6.0	3.0	3.05	3.0,4.0
	头部	—	3.5	3.65	—
单位质量(kg/m)		0.92	3.0	9.1	约 4.0
施工方法	钻孔	单管式	双重管式	双重管式	单管式
	锚固	注浆式	注浆式	注浆式	摩擦式

6.4.2 掌子面锚杆法施做要点

掌子面锚杆施工多是在自稳性差的掌子面处进行,要充分认识到可能发生的崩落和岩片剥落,要注意安全,最好与掌子面喷混凝土同时使用。同时应充分注意掌子面喷混凝土开裂的发生和发展。尤其在注浆式锚杆中,要注意注浆材料可能渗透到围岩的裂隙中,注意因注浆压力而引起掌子面崩落的情况的发生。

采用 GFRP 锚杆时,根据锚固材料施工方式的不同可分为充填式和注浆式两类。充填式锚杆施工也可采用砂浆系的锚固材料,锚杆采用 GFRP 锚杆。注浆式多采用中空 GFRP 锚杆,将砂浆系和树脂系注浆材料从锚杆内注入并锚固,也有采用在中空 GFRP 锚杆的前端安装钻头的自钻式锚杆。

长掌子面锚杆的施工类似于长超前支护的施工。长掌子面锚杆为了确保能将锚固材料压注到前端,基本在所有场合都采用注浆施工方法。钻孔多采用钻孔台车的凿岩机,用带螺纹的钻杆进行接续钻孔。钻孔长度在确保精度的范围内越长,施工效率越高,但过长会丧失注浆的可靠性,因此一般根据施工循环来决定钻孔长度。通常情况下多采用 10m 以上的钻孔长度,但围岩较差时确保钻孔自稳有困难,此时可采用双重管方式进行钻孔。

锚固材料多选用砂浆系和树脂系材料。砂浆系的优点是:材料硬化时的强度大,与孔壁的附着强度也大,因此锚杆的刚性大,能够把发生的轴力传递到围岩;砂浆系的缺点是:对围岩的渗透效果低,硬化需要一定时间而且成本较高。树脂系包括发泡尿烷和硅胶树脂,其容易渗透到围岩裂隙起到改良围岩的效果,而且可在短时间内硬化。

6.4.3 锚杆稳定掌子面的效果及其评价方法(通过实测、试验和数值模拟方法)

图 6-10 所示为短掌子面锚杆的施工实例(日本饭山隧道上仓工区)。地质资料显示为第四纪的未固结层,地下水位距拱顶 70m,掌子面每进 25m,打一长 100m 的排水钻孔来降低地下水位。但因存在泥岩等不透水层的水平薄层,难以排出地下水,掌子面自稳性变差,因而采用硅树脂注浆式掌子面锚杆和小导管并用的方法。连接式 GFRP 锚杆类型的长掌子面锚杆施工实例为日本岩手隧道。长 4m 和长 5m 的 GFRP 锚杆用金属制的套管连接成 14m 长的锚杆施工,注浆材料采用砂浆。初始对策,是采用长 4m 的短掌子面锚杆,但随埋深的增加,围岩强度应力比降低了,掌子面出现土砂状的崩落,因此改为采用长掌子面锚杆。

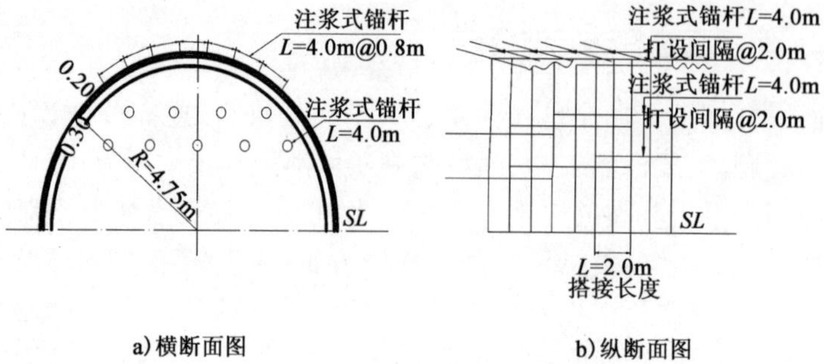

图6-10　短掌子面锚杆施工实例

连接式钢管膨胀型掌子面锚杆的施工实例(日本高山隧道)见图6-11。该隧道用4m长的钢管膨胀型锚杆连接成最大长度为24m的锚杆施工。钢管膨胀型锚杆用掘进机等开挖机械切削,其特征是具有即效性和高抗拉刚性,涌水地段也能应用,而且不需要注浆。

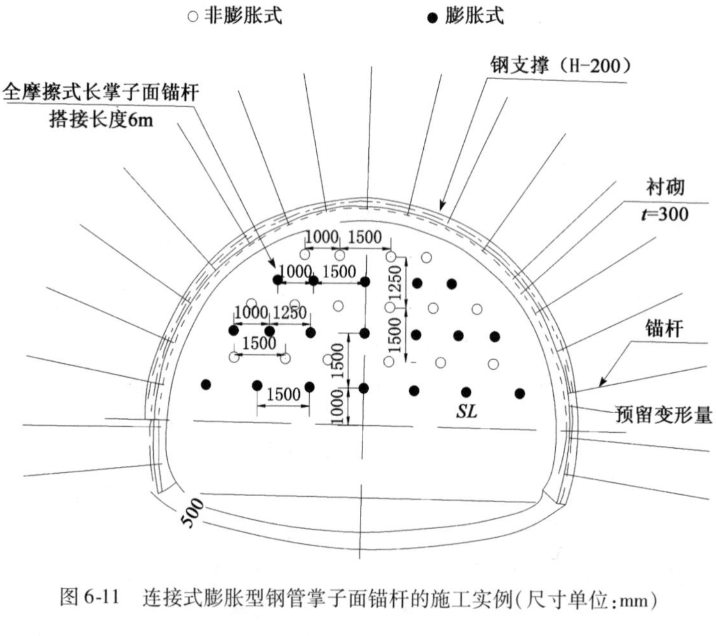

图6-11　连接式膨胀型钢管掌子面锚杆的施工实例(尺寸单位:mm)

以上两种锚杆因为是在钻孔后插入锚杆的,要求孔壁能够自稳。若孔壁不能自稳,则要采用双重管钻孔方式。

开槽式钢管类型的长掌子面锚杆的施工实例(日本多田隧道)见图6-12。它是与长钢管初期支护并用的施工实例:在钢管上每隔50cm开槽,开挖机械能够将其折断。

GFRP 类型的双重管方式的长掌子面锚杆施工实例最多。图6-13是日本饭山隧道的施工实例。使用3根外径为76mm、每根长3m的GFRP管和一根带有钻头的长3.5m的前端管连接在一起,构成12.5m的长掌子面锚杆进行施工。

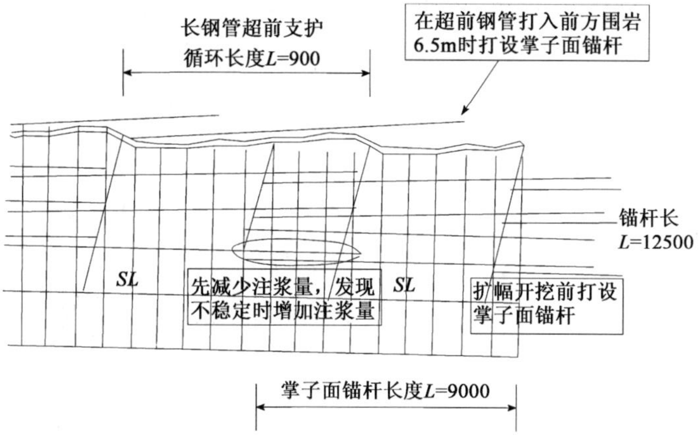

a)纵断面图

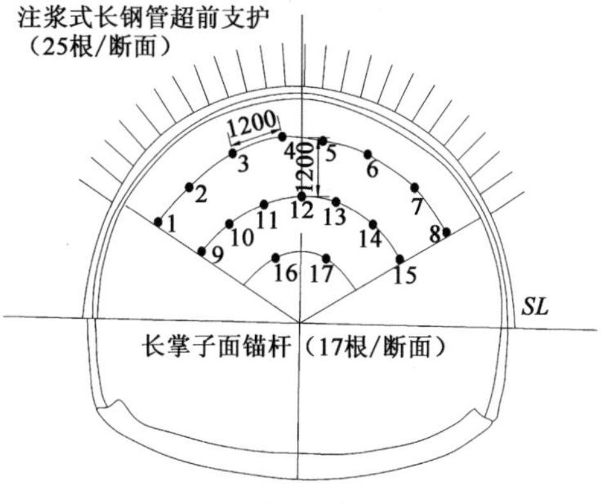

b)横断面图

图6-12 开槽式钢管类型的长掌子面锚杆施工实例(尺寸单位:mm)

为了调查长掌子面锚杆的补强效果,进行了轴力测定。在GFRP管内部前端插入贴应变片的注浆管,锚固材料的砂浆与GFRP管成为一体,测定开挖时的应变量,换算为轴力。

发生的轴力分布见图6-14,根据三维数值解析的结果,比较两者掌子面的补强效果。

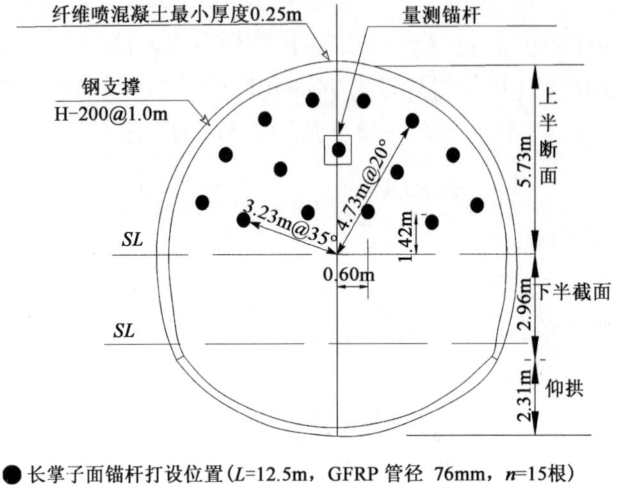

图 6-13 长掌子面锚杆施工实例

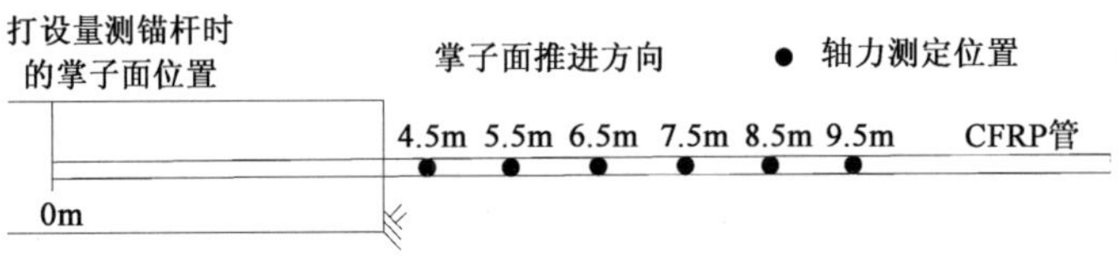

a)测点位置

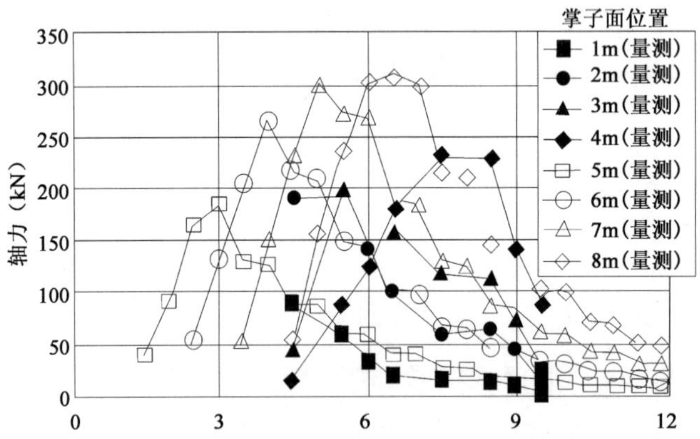

b)轴力量测结果与解析结果的比较

图 6-14 测点位置以及轴力量测结果与解析结果的比较

意大利高速铁路的 Raticosa 隧道采用的实例见图 6-15。此隧道在不良围岩地段采用了长掌子面锚杆和喷射注浆工法。图 6-16 是掌子面前方挤出位移的测定实例,采用微滑动计测定每米区间的位移分布,来评价围岩动态并反馈到施工中。

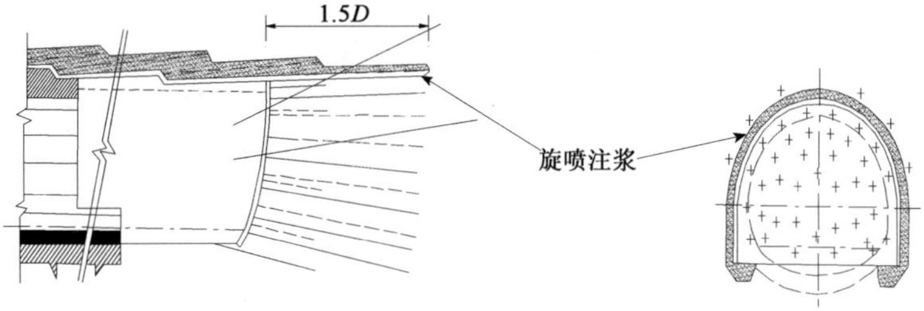

图 6-15 意大利长掌子面锚杆施工模式实例

注:D = 洞经(m)。

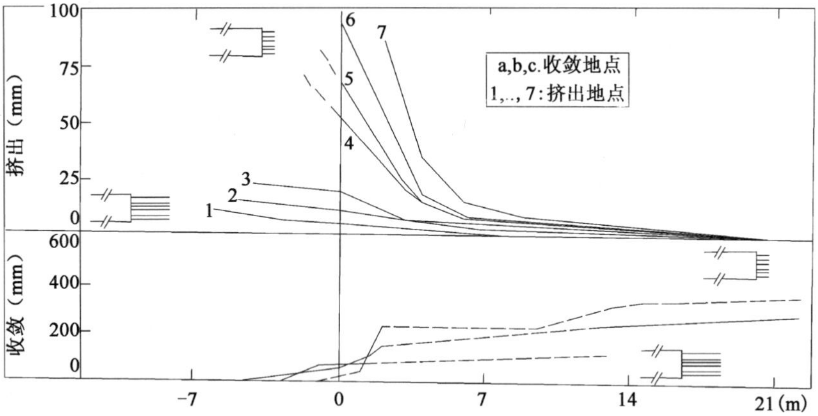

a)挤出位移及收敛的分布

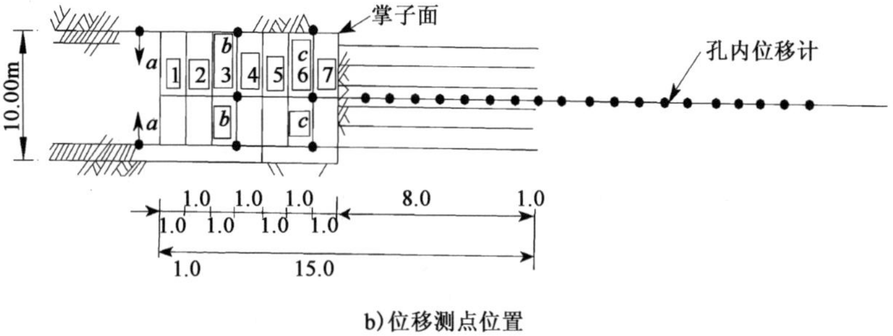

b)位移测点位置

图 6-16 掌子面前方挤出位移测定实例(尺寸单位:m)

掌子面锚杆是控制掌子面挤出位移最有效的方法,在接近重要结构物场合也是有效果的(图 6-17)。

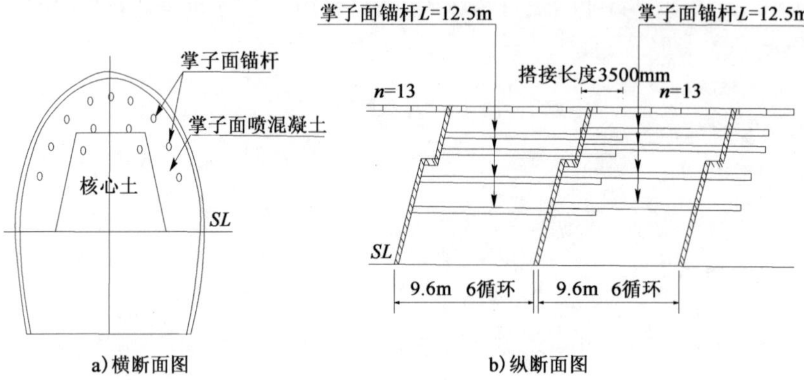

图6-17 掌子面锚杆施工实例

图6-18是打入间隔1.5~2.0m、长6m左右的、搭接长度2~3m的掌子面锚杆的实例。考虑锚杆材质以及开挖作业的安全性,采用直径为25mm左右的FRP锚杆,锚杆形式多选择充填式。

掌子面锚杆在膨胀性围岩中的施工实例见图6-19。

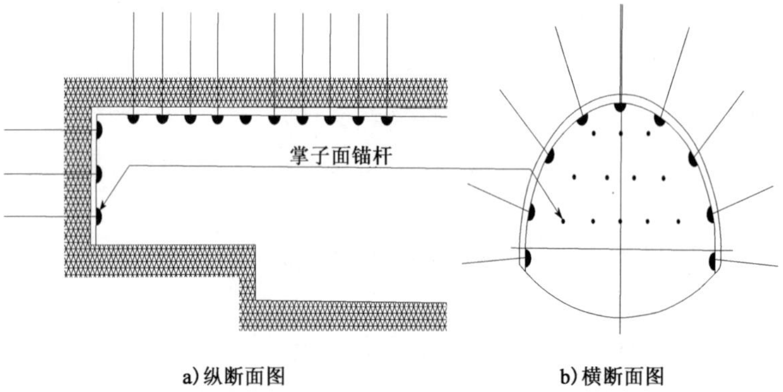

图6-18 掌子面锚杆实例

掌子面锚杆的长度一般为10~20m,对于孔壁能够自稳的场合采用能够接续的FRP锚杆。但是需要锚杆的掌子面围岩多数的孔壁是不能自稳的,因此可采用直径为80mm左右的FRP管用钻孔台车打设双重管钻孔进行施工。

锚杆的组合效果和围岩补强效果(抗剪强度)等,提高了掌子面的稳定性、抑制了掌子面的挤出和松弛区域的扩大。

本工法在只用掌子面喷混凝土不能确保掌子面稳定的场合下,可以并用,也可与拱顶稳定对策并用。因此,在被认为掌子面有挤出的膨胀性围岩、不连续面非常发育的或强度小的软岩、破碎带和土砂围岩等掌子面自稳性低的围岩中采用。长掌子面锚杆的效果和适用性基本上相同，但能够约束掌子面前方先行位移和挤出位移，提高稳定性。

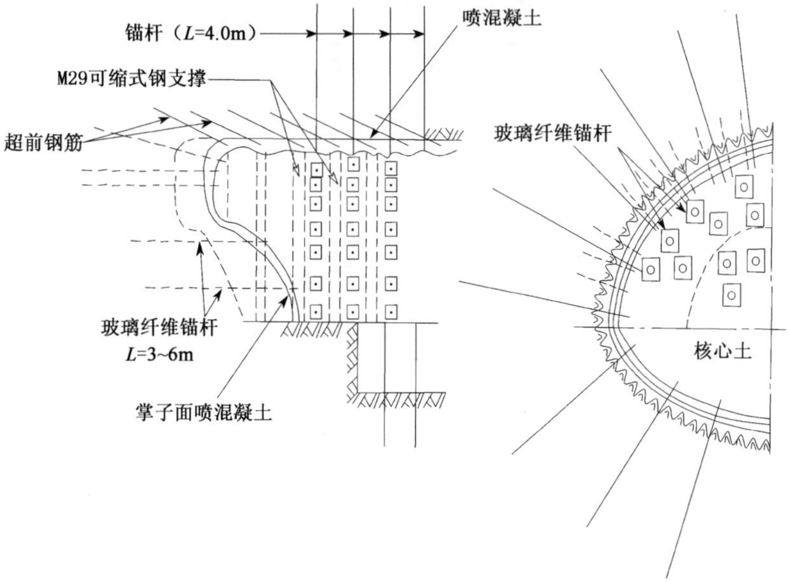

图6-19　膨胀性围岩的掌子面加强实例

施工设备基本上采用通常的设备，但当进行周边围岩改良时需要采用简易的注浆设备。此外，长掌子面锚杆（FRP管双重管钻孔类型）需要专用的钻杆。但是不管哪种作业都不需要特殊的作业人员。施工循环时间与锚杆长度和根数有关，长掌子面锚杆打设作业时间比较长。对于长掌子面锚杆，为减少根数和打设作业的次数，在长段施工时要进行充分的研究。

为方便开挖，掌子面锚杆多使用玻璃纤维锚杆（图6-20），其主要规格见表6-3。

玻璃纤维锚杆的规格（日本）　　表6-3

类　　型	GFRP锚杆	GFRP管
外径(mm)	32	76
内径(mm)	14	60
一节长度(m)	1~6	3.0
单位质量(kg/m)	1.0	3.0
抗承拉力(kN)	180以上	约800
抗剪承载力(kN)	40	100
接头承载力(kN)	约110	200以上

（ϕ30.5mm中空GFRP锚杆）

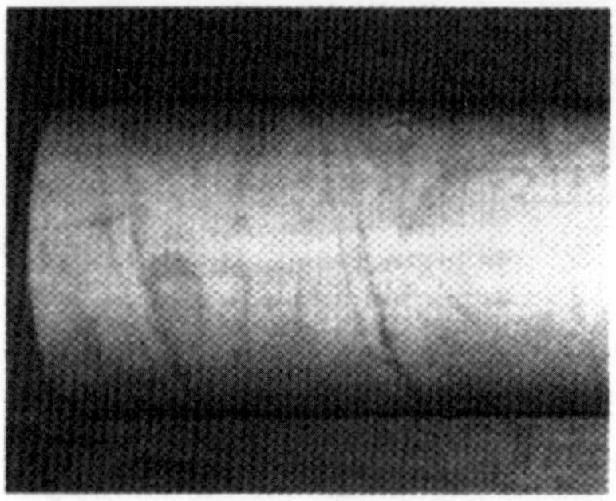

（ϕ76GFRP管）

图 6-20　玻璃纤维锚杆材料

一般来说，短掌子面锚杆长度多在 3 ~ 6m，长掌子面锚杆长度多在 9 ~ 15m，但也有采用长达 40m 的报道。

洞口段长掌子面锚杆的施工实例见图 6-21。施工步骤是：首先在掌子面进行长 10 ~ 20m 的钻孔，然后插入玻璃纤维锚杆（图 6-22），以约束掌子面前方围岩，抑制在开挖前围岩的先行位移及更大规模的崩塌。

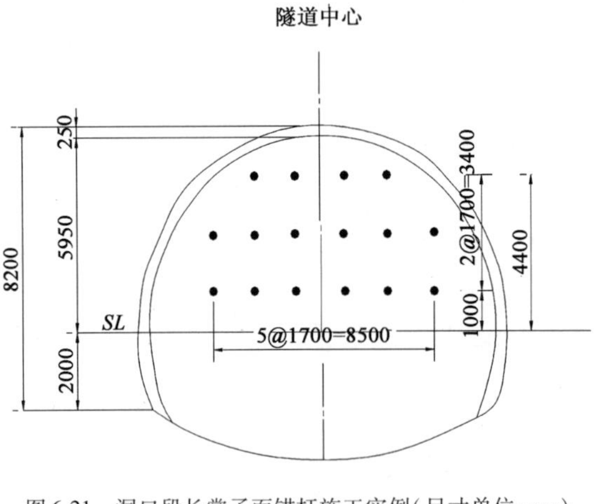

图 6-21　洞口段长掌子面锚杆施工实例（尺寸单位：mm）

根据日本的研究结果，掌子面锚杆的打设根数如下：

①掌子面锚杆多在变形系数 200MPa 以下及埋深 40m 以下的围岩中采用。

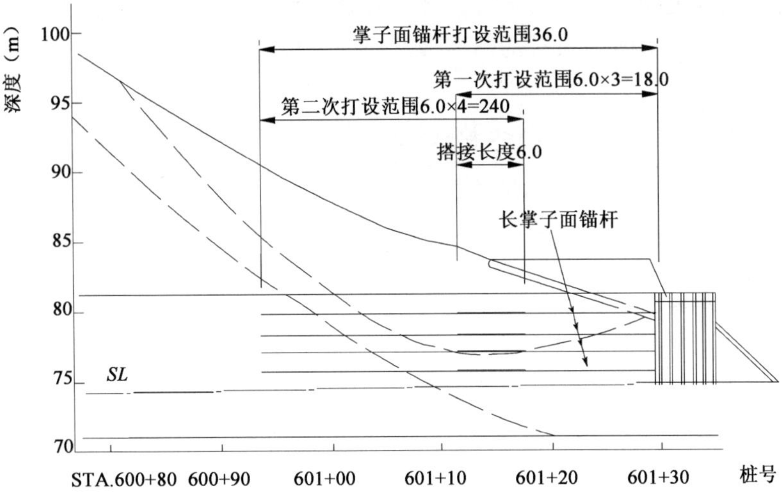

图 6-22　长掌子面锚杆施工顺序(尺寸单位:m)

②锚杆的平均打设密度是 0.51 根/m^2,与围岩条件及锚杆材质无关。

日本建议的掌子面锚杆的标准设计模式见表 6-4。

掌子面锚杆的标准设计模式　　表 6-4

设计模式		Ⅰ型	Ⅱ型	Ⅲ型
打设间距	纵向	1.2 左右	4.5 左右	1.8 左右
	横向	1.2 左右	1.5 左右	1.8 左右
适用围岩条件		1. 非常软质的围岩或者土沙围岩; 2. 易于崩塌的围岩; 3. 裂隙极为发育的围岩; 4. 挤压性显著围岩	1. 岩堆和破碎带等; 2. 掌子面易于崩塌的围岩; 3. 有极压性地压的围岩	1. 固结度低的围岩; 2. 裂隙多的围岩; 3. 掌子面可见掉块的围岩
参考围岩级别	日本公路隧道	E 级	D 级	C 级
	我国铁路隧道	Ⅵ级	Ⅴ级	Ⅳ级

采用长掌子面锚杆的重要意义是确保隧道能够进行大断面开挖,甚至全断面开挖。因此,意大利在不良地质条件下直接用长掌子面锚杆补强掌子面前方的围岩,取得了良好的控制围岩位移的效果(图 6-23)。

施工中的掌子面稳定对策选定流程图见图 6-24。其中最简易的工法是主掌子面喷混凝土,此时多与弧形开挖并用。这里需要根据围岩和涌水状况、埋深、地表的利用状况和崩塌的风险等综合判断采用掌子面喷混凝土是否可行。对于掌子面喷混凝土不能确保稳定的场合,要研究与掌子面锚杆并用。

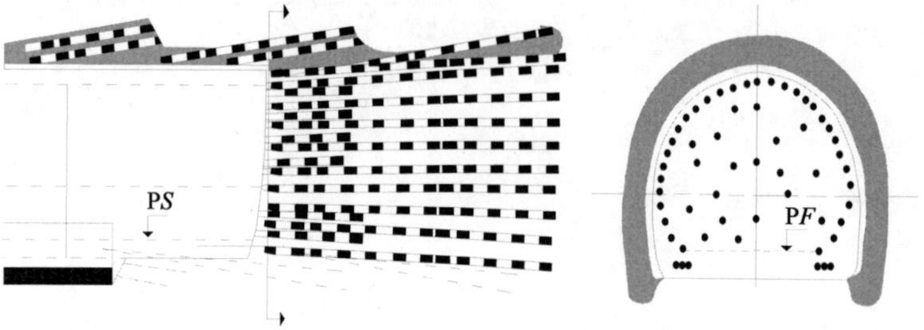

图 6-23　长掌子面锚杆控制掌子面挤出位移的实例(意大利)

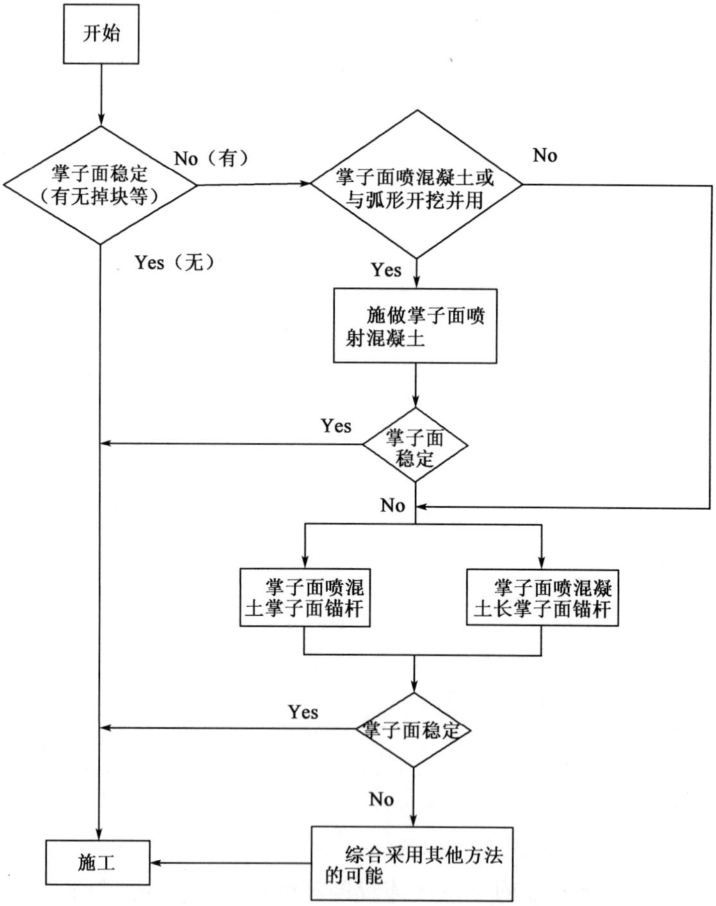

图 6-24　掌子面稳定对策选定的流程图

在断层、破碎带和土砂围岩中，要采用注浆式长掌子面锚杆。长掌子面锚杆的长度在10～20m之间，对前方围岩的补强效果好，在掌子面挤出位移较大的围岩和洞口段使用它比掌子面锚杆更有效果。

掌子面锚杆在较长区间采用的情况，取决于搭接长度和注浆材料的种类，而一般长掌子面锚杆是经济而有效果的，要进行比较研究。

为了更好地说明长掌子面锚杆的效果及其评价，下面列举日本在这方面的研究成果，仅供参考。

(1)长掌子面锚杆稳定掌子面的注浆效果及其评价

九州新干线筑紫隧道长11935m，其中第2工区(3385m)通过2条断层，埋深约300m。在该区间采用了注浆长掌子面锚杆作为稳定掌子面的对策。

该断层区间是全风化的花岗岩，两侧为强风化的花岗岩，且伴有涌水，掌子面不能自稳。为此在上半断面采用了注浆长掌子面锚杆及长钢管超前支护(GFRP、$\phi=76$mm、$L=12.5$m、34根)，采用的支护模式见图6-25。

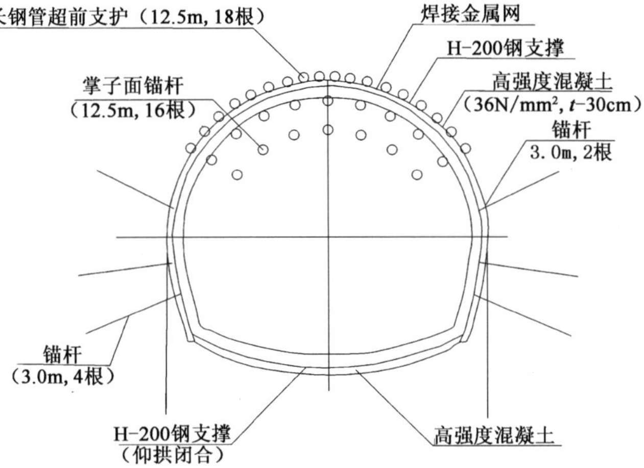

图6-25　支护模式(断层部)

根据断层部的量测结果，进入到断层影响区域附近，由于支护刚性的提高，把净空位移控制在200mm以内，但到18K+720m以后，由于围岩更差，发生了超过250mm的净空位移(上半断面)，喷混凝土也发生开裂和钢支撑屈服。

为了验证长掌子面锚杆的效果，掌握掌子面前方围岩的动态，从18K+710m开始，设置了掌子面前方位移计($L=20$m、8测点、1处)和掌子面前方轴力计($L=12.5$m、8测点、2处)，其量测结果见图6-26和图6-27。

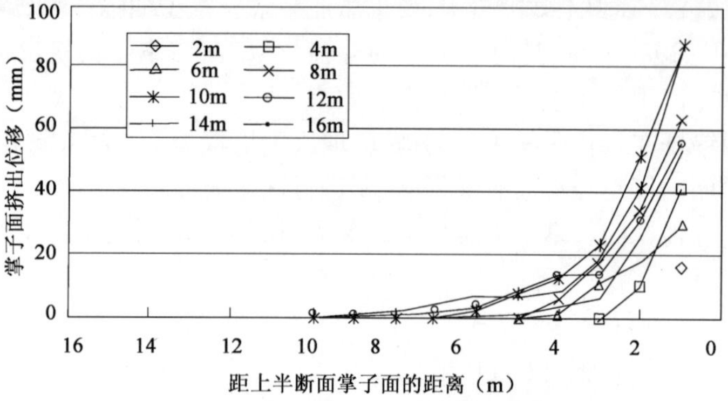

图 6-26　掌子面前方位移测定结果

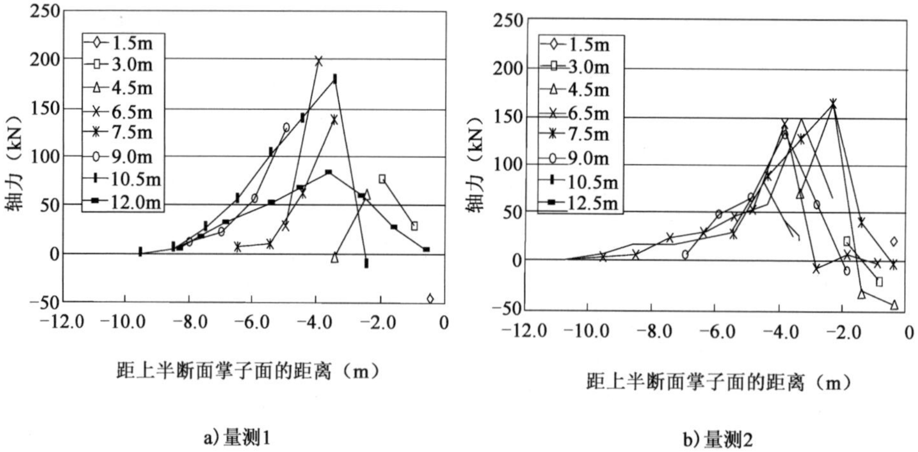

a）量测1　　b）量测2

图 6-27　长掌子面锚杆轴力测定结果

据此，掌子面前方的挤出量，最大是 90mm 左右，是比较大的，掌子面前方 4～6m处开始出现显著的挤出动态。该处掌子面锚杆的轴力，在掌子面前方 3～5m 处达到峰值。

为此，采用下面的三维解析，验证了长掌子面锚杆的效果。

①层区间的解析

根据在该断层区间的现场拉拔试验的再解析，设定了长掌子面锚杆的附着特性。

a. 现场拉拔试验概要

表 6-5 是现场拉拔试验采用的锚杆物性值。

现场拉拔试验采用如图 6-28 所示的试体（4 根），锚固到围岩中 500mm，边拉拔边测定头部的位移及拉拔荷载。

锚杆物性值　表6-5

规格	素材	抗拉强度	抗剪强度	单位质量
FIT76	GFRP	1000kN	170kN	3.0kg/m

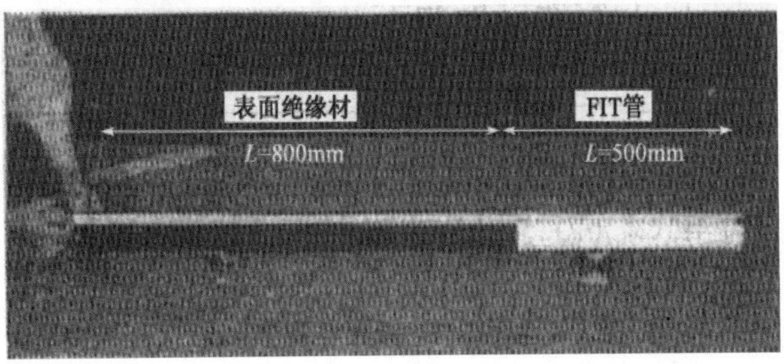

图6-28　拉拔试验用的试体

试验获得的荷载围岩曲线见图6-29，拉拔试验结果见表6-6，结果采用2、3试体的平均值。

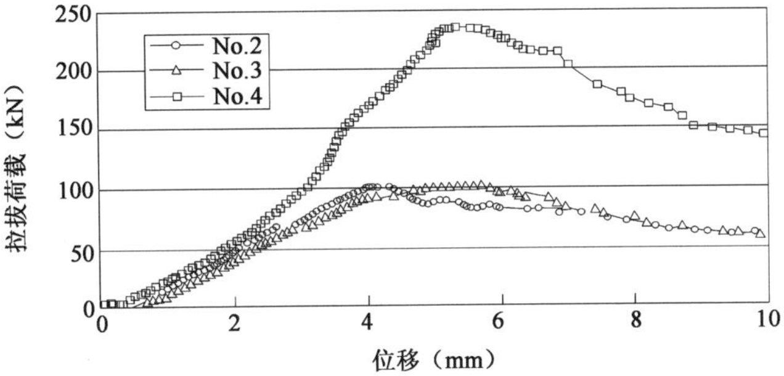

图6-29　拉拔试验结果

拉拔试验结果　表6-6

试体	1	2	3	4	2、3平均
最大荷载(kN)	—	100.7	103.8	233.4	100
最大位移(mm)	—	4.4	5.7	5.7	5
拉拔状况	破损	—	—	—	—

b.拉拔实验再现解析解

解析采用FLAC-3D，锚杆头部方向给予强制位移，以注浆锚杆的附着刚性和附着强度，再现拉拔实验。

采用表 6-7 所示的注浆附着特性的再现解析获得的荷载—位移曲线见图 6-30。

注浆锚杆的附着特性　　表 6-7

附着特性	数　值
注浆锚杆的附着刚性 k_{bond}	120×10^6 N/m/m
注浆锚杆的附着强度 s_{bond}	200×10^3 N/m

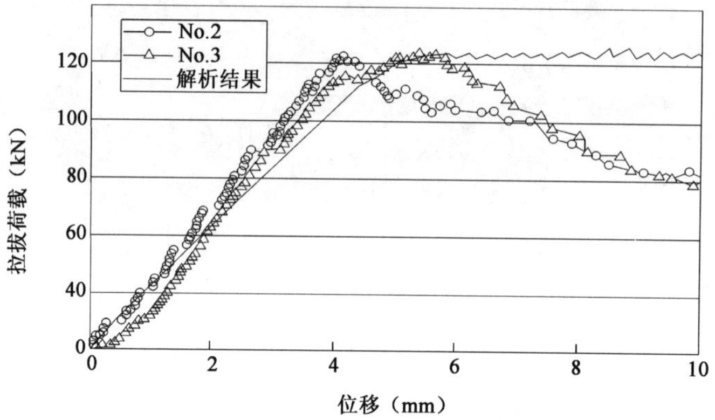

图 6-30　荷载—位移曲线(实验与解析的比较)

②匀质模式底层的解析

a. 解析概要

解析采用 FLAC-3D 软件，在进行量测的区间再现隧道开挖时的动态。解析采用早期闭合的模式，为了掌握长掌子面锚杆的效果，还进行了没有打设长掌子面锚杆的解析。解析模式见图 6-31，再现的量测值见表 6-8，解析用的支护及辅助工法的物性值见表 6-9 和表 6-10。

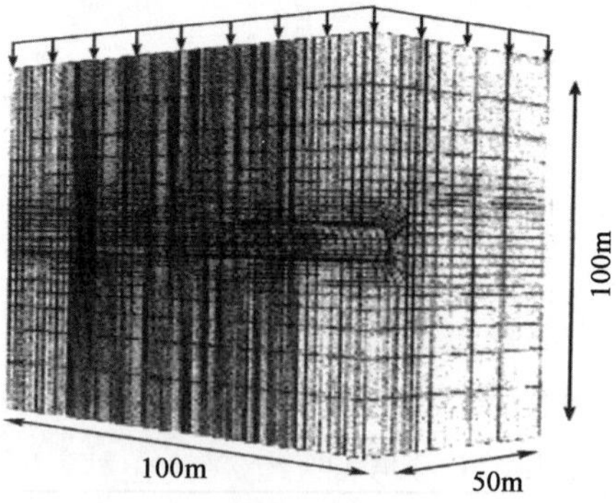

图 6-31　解析模式

量测值一览表　　表6-8

测量项目	单位	强风化带	全风化带
A量测	mm	23	65
	mm	112	225
	mm	29	95
掌子面前方位移(最大)	mm	88	
长掌子面锚杆轴力(最大)	kN	200	

支护构件物性值　　表6-9

项　目	构造单元	等效弹性系数	泊松比
钢支撑、喷混凝土	壳单元	8600(MPa)	0.2

辅助工法物性值　　表6-10

项　目	长钢管超前支护(FIT管 $\phi56$)	长掌子面锚杆(FIT$\phi56$)
构造单元	缆单元	缆单元
单位体积重量(kN/m^3)	17.5	17.5
弹性系数(MPa)	20000	20000
断面积(m^2)	1.71×10^{-3}	1.71×10^{-3}
注浆锚杆附着刚性(N/m^2)	120×10^6	120×10^6
注浆锚杆附着强度(N/m)	200×10^3	200×10^3

b. 解析结果和考察

分别得到再现的测量值,周边围岩的物性值列于表6-11。

再现的解析结果　　表6-11

项　目	强风化带	全风化带
单位体积重量(kN/m^3)	20.0	20.0
弹性系数(MPa)	500	200
凝聚力(MPa)	0.50	0.35
内摩擦角(°)	40	35
泊松比	0.30	0.30
初始测压系数	1.20	
备注	相当R4级	相当R3级

量测值和解析值发生的位移值的比较见图6-32和图6-33,挤出位移值分布

的比较见图6-34和图6-35,轴力分布的比较见图6-36和图6-37,掌子面前方的应力分布比较见图6-38。

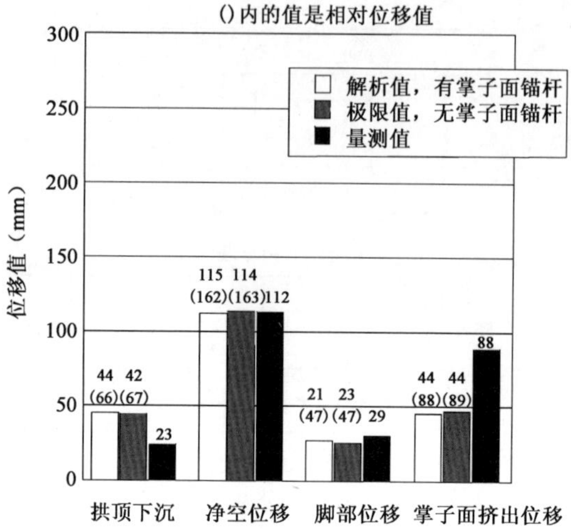

图6-32　发生位移比较(强风化带)

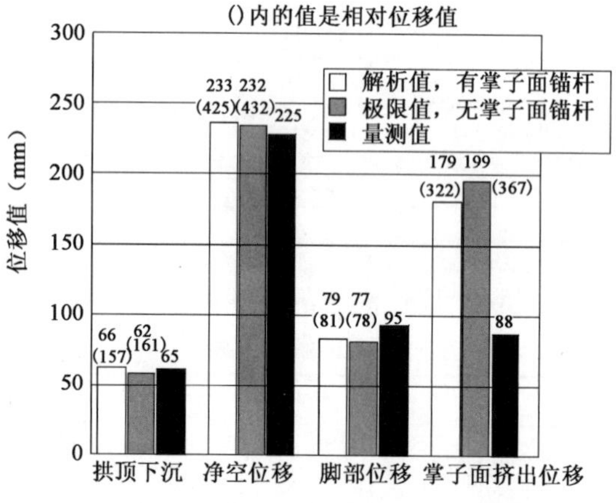

图6-33　发生位移比较(全风化带)

由解析结果发现隧道洞内的位移,量测值与解析值相当一致。

据此可以看出,长掌子面锚杆由于其刚性抑制了掌子面变形,使掌子面前方的围岩处于三维的状态,从而抑制了围岩的塑性化。在强风化带,长掌子面锚杆的效果比较小,但在极强风化带,控制掌子面变形的效果很大,从这一点上看,其效果的发挥受到周边地质状况的影响较大,围岩的刚性(强度)越低,其效果越大。

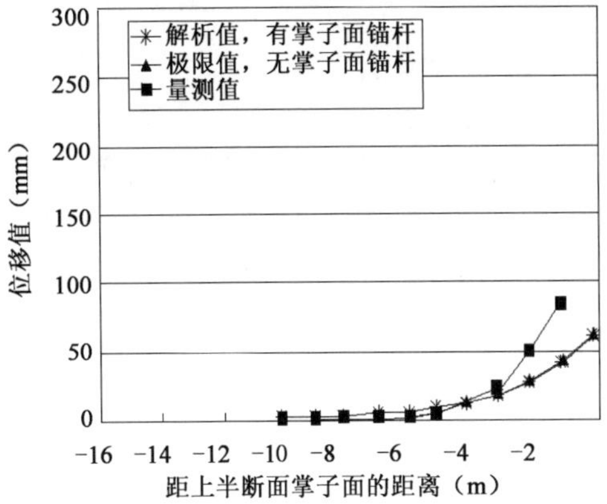

图6-34　挤出位移比较(强风化带)

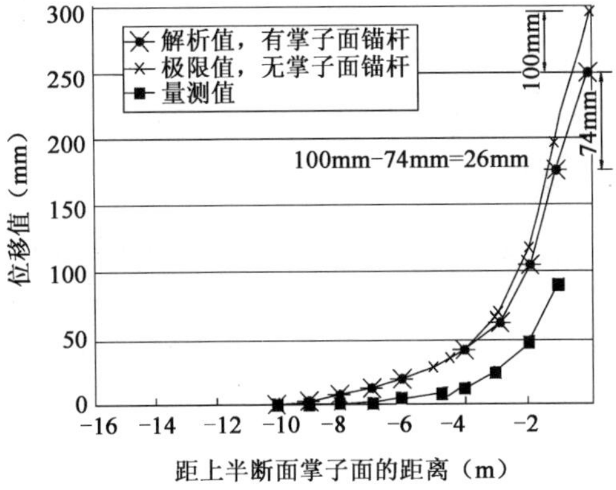

图6-35　挤出位移比较(全风化带)

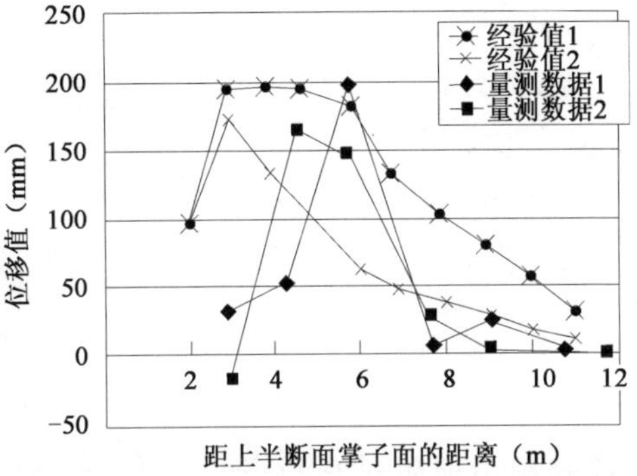

图6-36　(强风化带)轴力分布比较(2m 掘进时)

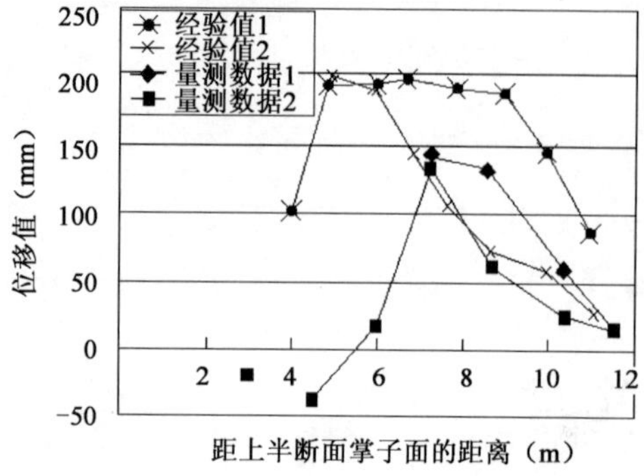

图6-37　(强风化带)轴力分布比较(4m 掘进时)

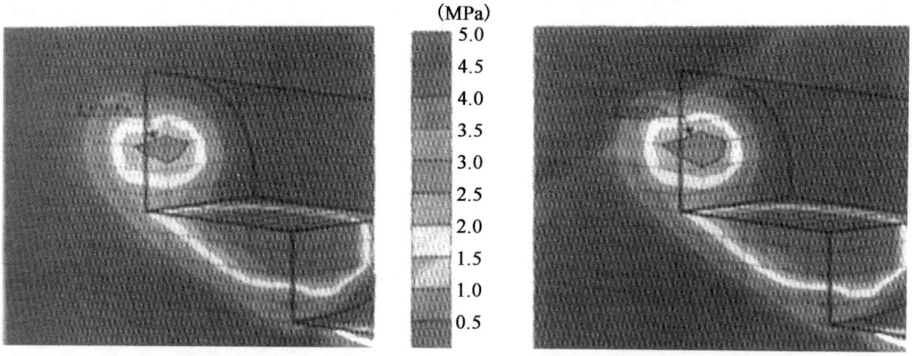

有长掌子面锚杆　　无长掌子面锚杆

a)掌子面垂直压应力比较（强风化带）

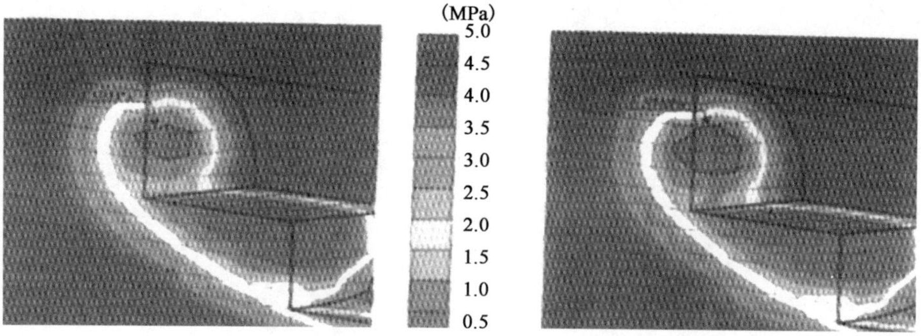

有长掌子面锚杆　　无长掌子面锚杆

b)掌子面垂直压应力比较（全风化带）

图6-38　掌子面垂直压应力比较

(2)掌子面补强工法对先行位移控制效果的解析研究

本例对在未固结围岩中采用 GFRP 控制先行位移的效果进行解析研究。

数值解析采用三维有限差分法(FLAC-3D)。解析模式见图6-39,解析边界设定对解析结果没有很大影响的$2D \sim 3D$。地表面为自由面,其他5面是滚轴边界。隧道纵向取60m,按实际施工的步骤进行解析(图6-40)。

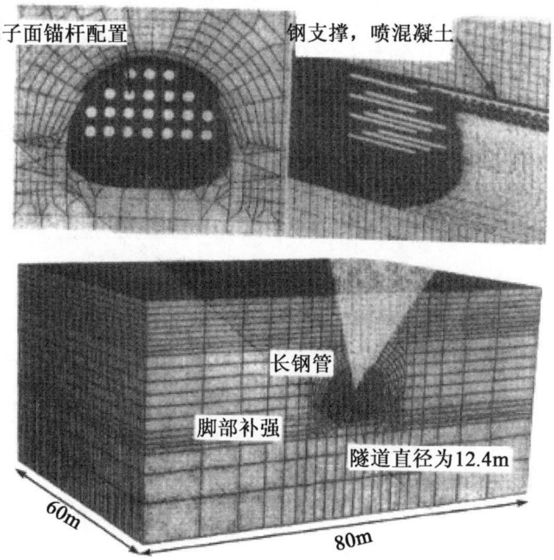

图6-39 解析模式

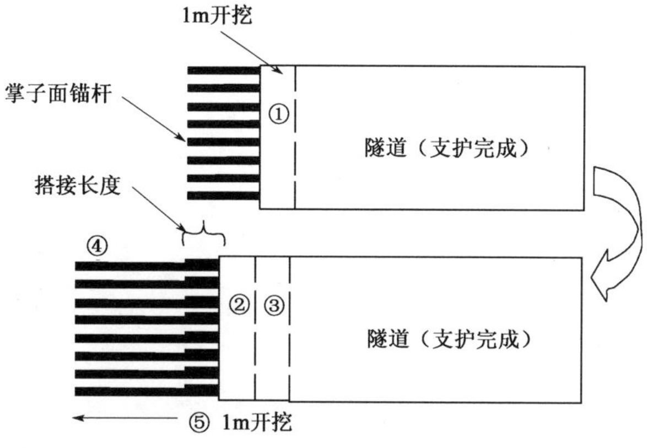

图6-40 开挖的模式

数值解析采用的物性值见表6-12。超前支护变换为等效地层的物性值,脚部补强用增加凝聚力模式化。超前支护首先打设12m的钢管,开挖9m后,留下3m作为搭接长度,打设下一循环的钢管。脚部补强,先对距掌子面前方1~2m

的围岩进行改良。支护的物性值取喷混凝土和钢支撑的等效物性值。掌子面锚杆采用线单元。GFRP 锚杆采用一般的物性值。

掌子面锚杆与围岩的附着强度及附着刚性按以下方法求出：

a. 图 6-41 中的理论式(砂质围岩的摩擦特性)：在砂质围岩中，首先求出附着强度，用发挥附着强度的地层与锚杆的相对位移 2mm 除附着强度，得到附着刚性。

b. 现场进行原位拉拔试验(考虑注浆的物性)：试验时测定锚杆的拉拔荷载和头部位移(图 6-42)，求出附着强度及附着刚性(图 6-43)。

数值解析采用物性值一览表 表 6-12

围　岩		超 前 支 护	
本构方程	莫尔—库仑	本构方程	莫尔—库仑
弹性系数(MPa)	50	弹性系数(MPa)	2160
密度(g/cm^3)	1.8	泊松比	0.35
泊松比	0.35	内摩擦角(°)	35
内摩擦角(°)	35	凝聚力(kPa)	20
凝聚力(kPa)	20	抗拉承载力(kPa)	4
抗拉承载力(kPa)	4	剪胀角(°)	0
剪胀角(°)	0	—	—
脚 部 补 强		支护(喷混凝土 + 钢支撑)	
本构方程	莫尔—库仑	本构方程	莫尔—库仑
弹性系数(MPa)	50	弹性系数(MPa)	9300
泊松比	0.35	密度(g/cm^3)	2.45
内摩擦角(°)	35	泊松比	0.25
凝聚力(kPa)	100	厚度(m)	0.25
抗拉承载力(kPa)	20	—	—
剪胀角(°)	0	—	—
掌子面锚杆			
本构方程	缆单元	补强材圆周长(m)	0.157
弹性系数(MPa)	3.4×10^4	附着强度(kN/m)	①27.8，②150
断面积(m^2)	2.4×10^{-3}	附着刚性(MN/m^2)	①13.9，②75

三维数值解析采用的变量见表 6-13。在本试验中，是以定量评价不同辅助工法和地层条件对先行位移的影响为目的的。所谓先行位移是如图 6-44 所示的围岩位移特性曲线中的 1 和 2 的比率所定义的。由于打设掌子面锚杆，围岩特性曲线向图中的上方移动。把此定义为掌子面锚杆抑制先行位移的效果，因此可以用先行位移降低率作为评价掌子面补强效果的指标。

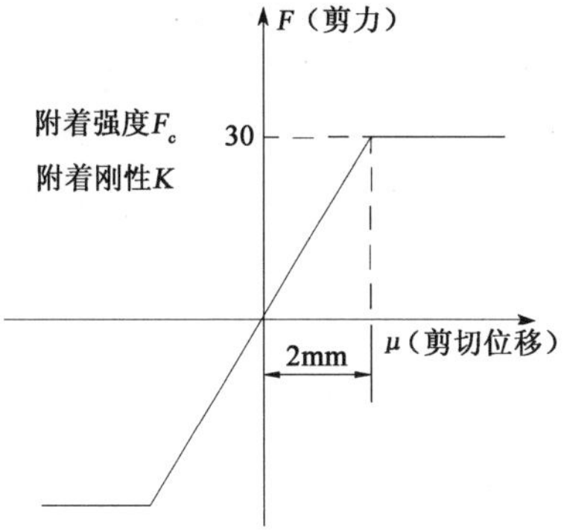

图6-41　附着强度和附着刚性

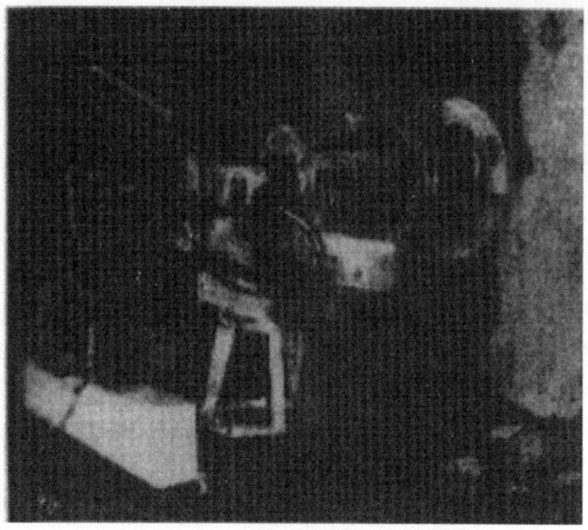

图6-42　现场拉拔试验状况

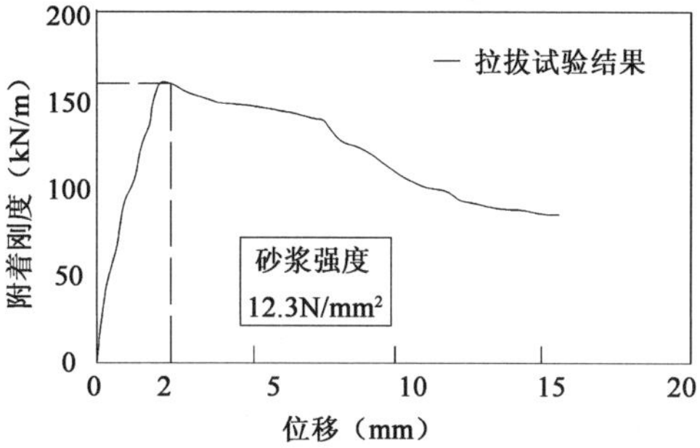

图6-43　拉拔试验结果

解 析 变 量　　表6-13

埋深(m)	掌子面锚杆长度(m)	搭接长度(m)
0.5D	0.25D	1
1.0D	0.5D	2
1.5D	1.0D	3
2.0D	—	4
附着强度(kN/m)	超前支护	—
27.8	有	—
150	无	—

①掌子面锚杆补强效果

首先，以掌子面锚杆长度为变量的场合，掌子面附近的水平位移分布、剪应变分布、垂直位移分布见图6-45～图6-47。

在图6-45所示的水平位移分布图中，隧道挤出位移在35～40mm范围，但随锚杆长度的增加而变小。如图6-46所示，掌子面附近的剪应变分布，与水平位移分布同样，也是随锚杆长度的增加，隧道前方发生0.6%～0.8%的分布范围也缩小。

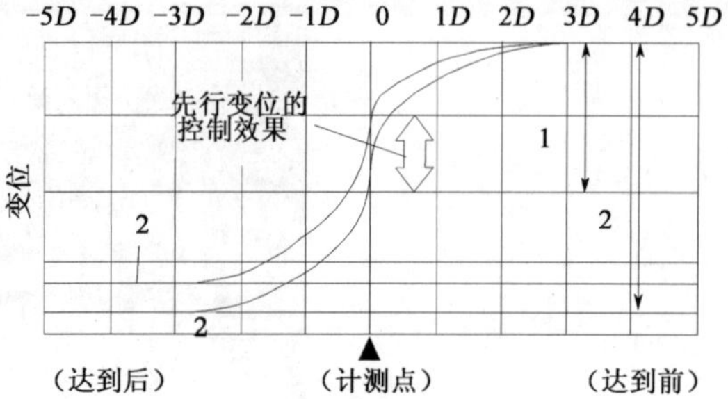

图 6-44　围岩位移特性曲线

1-无掌子面锚杆;2-有掌子面锚杆

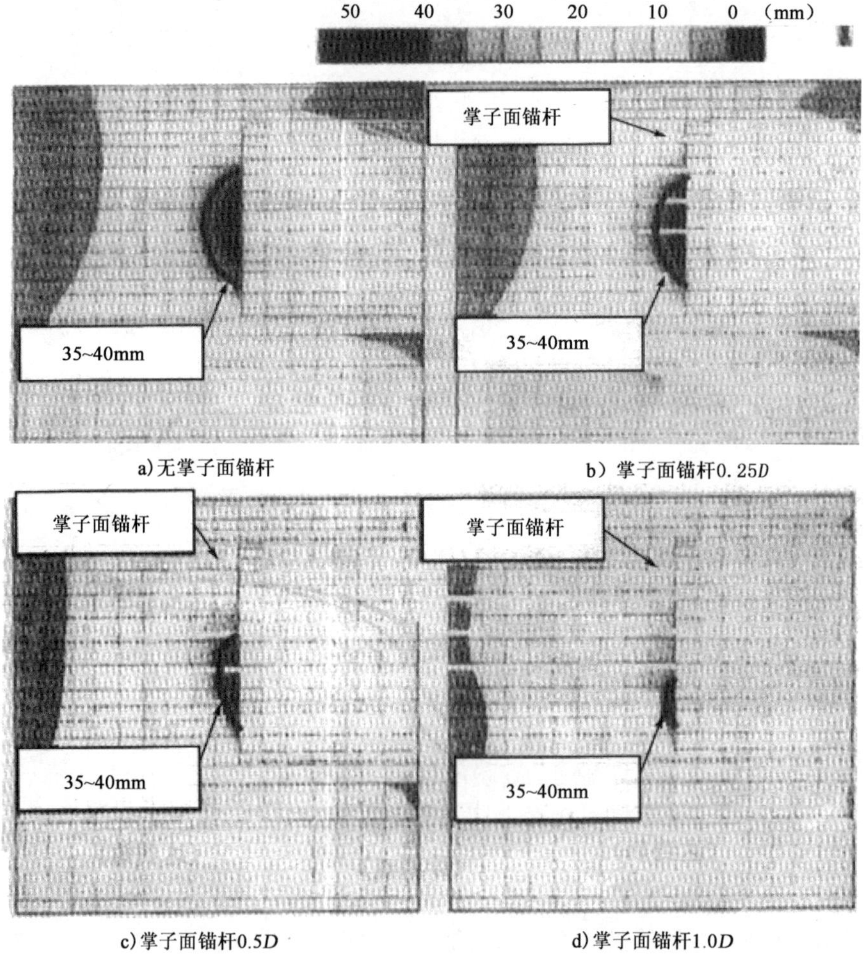

a) 无掌子面锚杆　　b）掌子面锚杆0.25D

c) 掌子面锚杆0.5D　　d) 掌子面锚杆1.0D

图 6-45　掌子面锚杆长度与水平位移分布

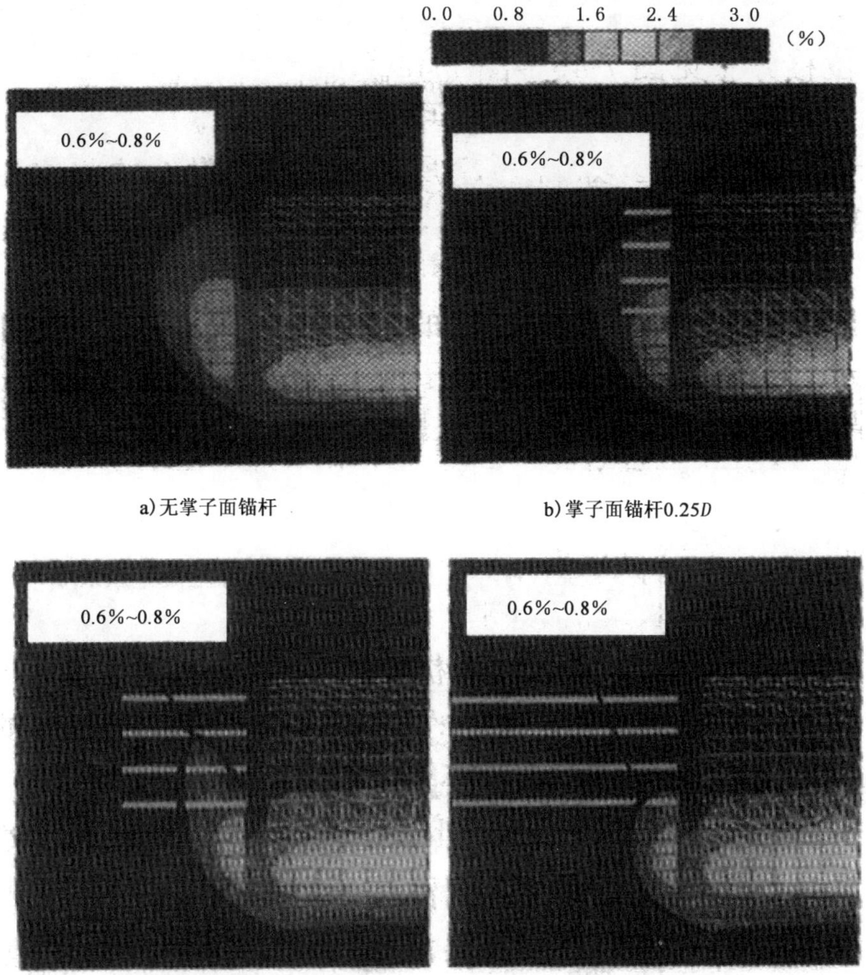

a) 无掌子面锚杆　b) 掌子面锚杆0.25D

c) 掌子面锚杆0.5D　d) 掌子面锚杆1.0D

图6-46　掌子面锚杆长度与剪应力的分布

另外,如图6-47所示,掌子面附近的垂直位移分布,在无锚杆的场合,垂直位移20~30mm的范围发生在隧道掌子面前方上部,随锚杆长度的增加,越接近掌子面越小。例如,锚杆长度1D的场合,只在掌子面上部出现。由于打设锚杆掌子面前方被补强,抑制了补强区域上部的垂直位移。掌子面锚杆补强效果不仅抑制了掌子面前方的剪应变和水平位移,也有抑制拱顶下沉和地表面下沉的效果。

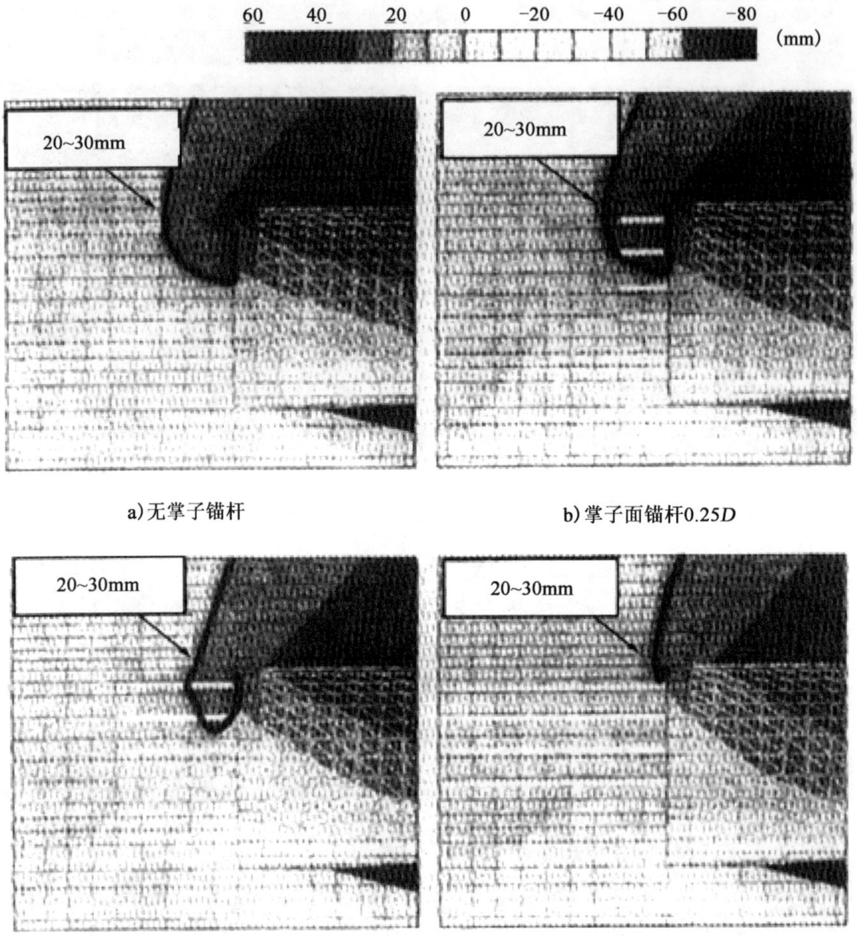

a)无掌子锚杆　　b)掌子面锚杆0.25D

c)掌子面锚杆长0.5D　　d)掌子面锚杆长1.0D

图 6-47　掌子面锚杆长度与垂直位移分布

其次,从锚杆长度来看,锚杆长度越长,补强效果也越好。锚杆长度 0.25D 的场合,与无锚杆的场合差别不大,没有表现出很大的补强效果,因此作为掌子面补强方法,要确保最低的锚杆长度。

②埋深对掌子面锚杆长度的影响

由埋深、掌子面锚杆长度的变量解析的结果见图 6-48。图 6-48a)、图 6-48b)所示,是隧道开挖全长的中央 30m 地点的拱顶下沉量按埋深划分的围岩特性曲线。由图可见掌子面在位移测点前 1.0D 时下沉量急剧增加,而后随着掘进,掌子面达到测点附近,因锚杆长度的不同,拱顶下沉量也发生很大的差异。在埋深0.5*D*的场合,从最终的下沉量可以看到锚杆的补强效果。在埋深2.0*D*的场合,掌子面达到测点的阶段出现了抑制效果,随着开挖的进展差异慢慢消失,最终几乎达到同样的下沉量。此趋向在埋深1.0*D*、1.5*D*的场合也是同样的。这些情况与埋深0.5*D*的场合之所以不同,是因上覆荷载的不同所致。即使在埋深0.5*D*以外的场合,因设置的支护刚性较大并用其他辅助工法,掌子面附近得到的补强效果较好,最终的位移也不会相差很大。

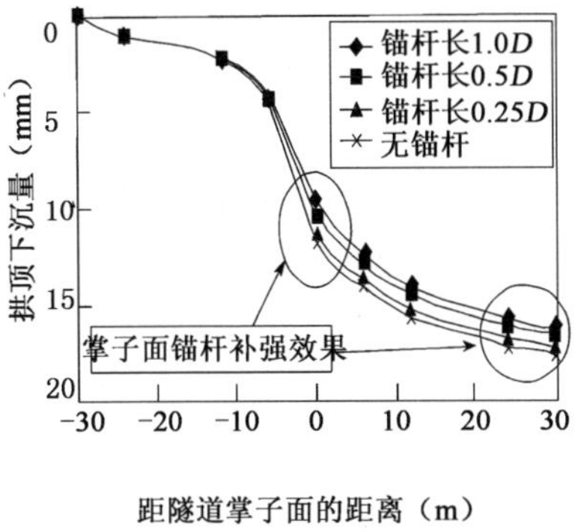

a)拱顶下沉(埋深0.5*D*)

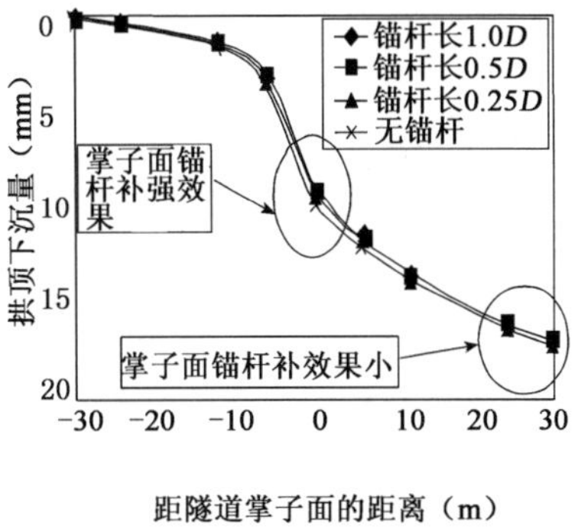

b)拱顶下沉(埋深2.0*D*)

图6-48　锚杆长度的变量解析

③超前支护的影响

研究有无超前支护对先行位移率的影响,解析结果见图6-49。

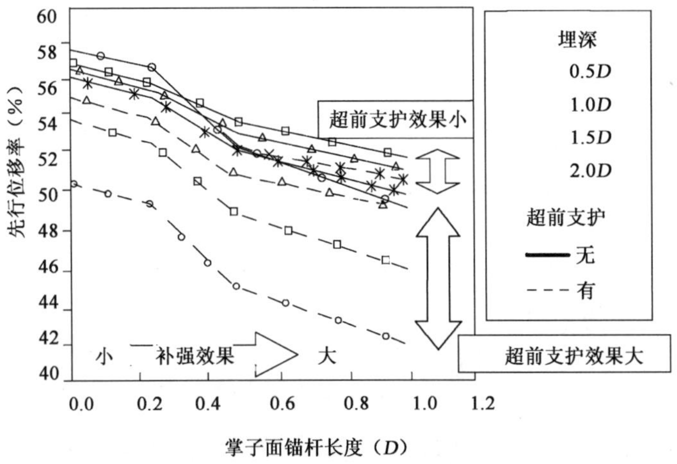

图6-49　有无AGF的补强效果

首先,随锚杆长度的增加,与有无超前支护无关,先行位移率变小。例如,锚杆长度1.0D的附近,先行位移率约降低10%。锚杆长度从0.3D增加0.5D时,先行位移率降低效果急剧增大。

其次,从超前支护与先行位移率的变化来看,对锚杆长度1.0D的场合,无超前支护,先行位移率是50%~52%;而有超前支护,先行位移率是42%~50%。这说明有超前支护的场合受埋深的影响大。从埋深看,先行位移率降低的幅度在埋深0.5D~1.0D的场合约为5%~10%,1.5D以上的场合约为2%。这说明在埋深0.5D~1.0D的场合,超前支护与掌子面锚杆并用,补强效果是非常好的。

④附着强度的影响

掌子面锚杆与围岩的附着强度对先行位移率的影响见图6-50。在附着强度小的范围内,以锚杆长度为变量,来评价先行位移率的降低幅度是可行的。从实际设计的观点看,根据原位置现场的拉拔试验,正确地求出附着强度及附着刚性是非常重要的。另外,从施工观点看,开发具有适当附着强度的砂浆和锚杆也是很重要的。

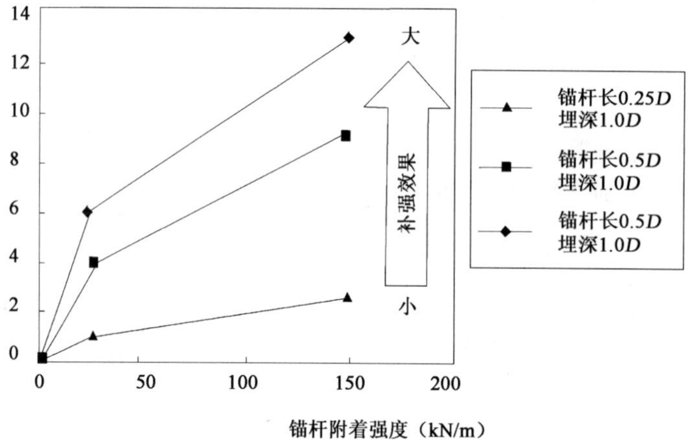

图6-50　附着强度与先行位移降低幅度的关系

⑤搭接长度的影响

搭接长度和先行位移率的关系见图6-51。此时搭接长度0m的结果是根据无锚杆补强时的解析结果计算的先行位移率。

随着搭接长度的增加,先行位移率会随之降低。超过某一值后,即使搭接长度再增大,其补强效果也没有很大的增加。在锚杆长度1.0D的场合,拿搭接长度为3m和1.5m进行比较，先行位移率约差4%左右，而锚杆长度采用0.5D的场合，先行位移率约有只有1.5%的差异。这说明搭接长度的影响，比锚杆长度的影响大。

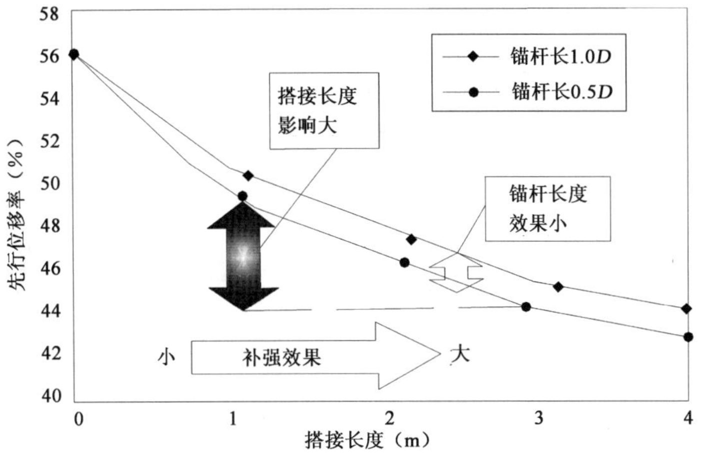

图6-51　搭接长度与先行位移率的关系

6.5 岩土控制变形分析法

岩土控制变形分析法（ADECO-RS）是意大利人Pietro Lunardi提出的通过对隧道掌子面前方围岩的挤出变形动态的控制，实现全断面开挖的一种隧道设计、施工方法。

6.5.1 岩土控制变形法的基本理念

ADECO-RS法将隧道的开挖过程分为三种变形类型，即预收敛变形、挤出变形和收敛变形，如图6-52a）所示。预收敛变形是指掌子面前方未开挖的隧道理论轮廓线发生向隧道内的变形。挤出变形是指开挖掌子面受地应力调整的影响向外水平挤出的变形。收敛变形是指掌子面后方已经开挖的隧道轮廓向隧道内的变形。针对以上几种变形形式，如果不及时采取措施，可能会发生围岩掉块、地层剥落和隧道塌方等不稳定现象，影响隧道施工安全，如图6-52b）所示。

ADECO-RS法主要有以下一些观点：

①所有变形及变形引起的不稳定现象都直接或间接与掌子面前方围岩核心土的强度有关。

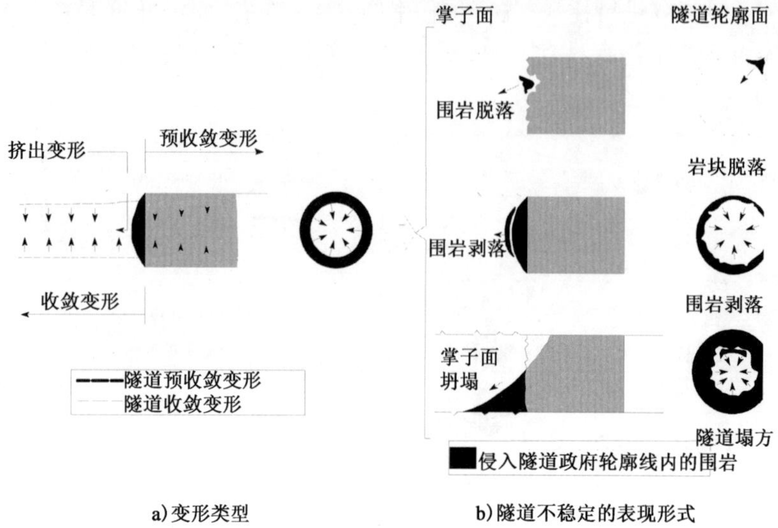

图6-52 变形的种类与隧道不稳定的表现形式

②开挖介质对隧道开挖作业的变形反应预示着是否能够形成拱效应以及拱效应的位置,即预示着隧道所能达到的稳定程度。

③隧道变形反应从掌子面前方的围岩核心土开始,逐步沿隧道向后发展;变形反应不仅包括收敛变形,而且包括挤出变形和预收敛变形。收敛变形只是错综复杂的应力—应变过程的最后阶段。

④掌子面—围岩核心土体系的变形反应与隧道洞身变形之间存在直接联系,前者是因,后者是果,从而应强调对掌子面—围岩核心土体系的变形反应进行监测的重要性,而不仅仅只对隧道洞身的变形进行监测。

⑤对掌子面前方围岩核心土进行防护和加固,提高其刚度,可以控制围岩核心土的变形(挤出变形和预收敛变形),从而可以减小隧道洞身的收敛变形。

⑥可以把掌子面前方围岩核心土视作一种新的隧道长期和短期稳定的工具。掌子面前方围岩核心土的强度及变形特性是隧道变形(挤出变形、预收敛变行和收敛变形)的真正原因,可以通过对围岩核心土进行防护和加固,提高其强度,以达到控制隧道变形的目的。围岩核心土的强度和变形特性对隧道的长期和短期稳定起决定性作用。

6.5.2 岩土控制变形法隧道设计施工主要程序

(1)隧道掌子面稳定性评价

ADECO-RS的理论认为,地下洞室的稳定性与拱效应的形成是密切相关的。

而拱效应能否形成以及形成拱效应的位置决定了隧道的稳定情况。其中拱效应的形成和位置可以通过围岩开挖的变形响应来判断。

ADECO-RS 的理论认为，隧道的成拱类型有 3 种，如图 6-53 所示。

供效应类别		变形影响	稳定情况	稳定情况
拱效应接近开挖轮廓			稳定	A类
拱效应远离开挖轮廓			短期稳定	B类
不能形成拱效应	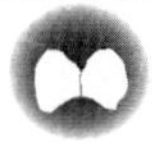	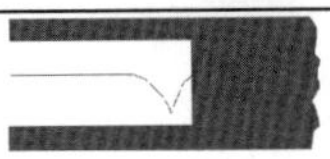	不稳定	C类

图 6-53　拱效应与分类

岩土控制变形分析法隧道稳定性分类判定标准见表 6-14。

岩土控制变形分析法隧道稳定性分类判定标准　　表 6-14

判定条件	A 类（掌子面稳定）	B 类（掌子面短期稳定）	C 类（掌子面不稳定）
围岩强度	围岩强度能够保持隧道稳定	围岩强度能够保持隧道短期稳定	围岩强度小于围岩应力，隧道失稳
成拱效应	接近开挖轮廓面形成拱效应	远离开挖轮廓面形成拱效应	不能形成拱效应
围岩变形	变形处于弹性范围内，大小以厘米记	变形处于弹塑性范围内，大小以厘米记	必须对掌子面前方地层进行超前加固，否则围岩会出现明显的不稳定现象
掌子面	整个掌子面是稳定的	掌子面在短期内稳定	必须对掌子面前方地层进行超前加固，否则掌子面将坍塌
地下水	只要地下水不降低围岩的强度，隧道的稳定性就不受地下水的影响	地下水会降低围岩的强度，从而影响隧道的稳定性，因此需要把动态的地下水从围岩核心土排出	必须采取措施，把动态的地下水从围岩核心土排出，否则将严重影响隧道的稳定性
支护方式	一般处理，主要是防止围岩弱化和保持开挖轮廓面的稳定	在掌子面后方采取传统的径向围岩约束措施，有时需采取掌子面前方超前约束措施	必须对掌子面前方围岩进行超前加固，以提供能够形成人为拱效应的超前约束作用

分类所依据的手段有实验室试验、数值模拟和现场测试，从而得到挤出压力 P_i 和挤出量 E_x 之间的关系，绘制成曲线后，通过曲线类型，即可判定掌子面围岩所处的类别和稳定程度，如图 6-54 所示。

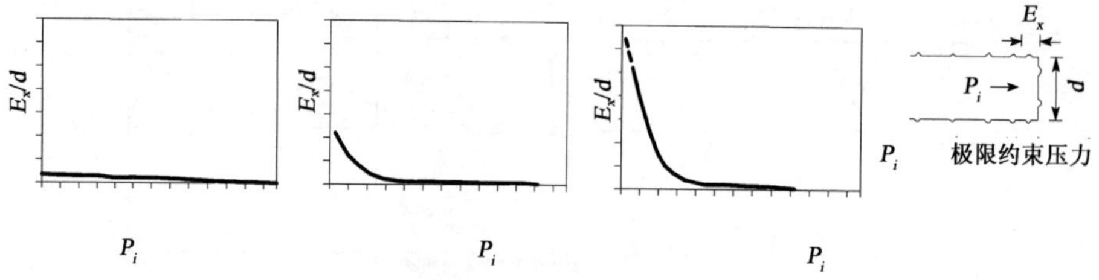

a) A类稳定　b) B类短期稳定　c) c类不稳定　d) P_i与E_x关系

图 6-54　掌子面围岩类别和稳定程度判定

(2) 处治措施的确定

根据对掌子面稳定性的评价结论，参考表 6-15 和表 6-16 选择确定具体隧道稳定措施。对于掌子面处于稳定状态的 A 类可以采用简单的约束措施；对掌子面处于短期稳定状态的 B 类，可以根据隧道进尺，采取超前约束措施或简单的约束措施；对掌子面处于不稳定状态的 C 类隧道，除采取约束措施外，还必须采取有效的超前支护措施。

采取的稳定措施的作用类型　表 6-15

对隧道的作用	稳定措施		作用参数		承压力
			凝聚力 c 和内摩擦角 φ	约束压力	
超前约束作用	掌子面前方围岩改良	传统的注浆	●	●	●
		冻结		●	
		水平旋喷注浆		●	
		预衬砌		●	
		排水	●		●
		玻璃纤维锚杆加固掌子面前方围岩核心土		●	

续上表

对隧道的作用	稳定措施		作用参数		承压力
			凝聚力 c 和内摩擦角 φ	约束压力	
约束作用		机械压力盾构		●	
		土压盾构或泥水盾构		●	●
	径向围岩改良	全长锚固型锚杆	●		
		端部锚固型锚杆		●	
		仰拱		●	
		开敞式盾构		●	
超前支护作用		管棚(超前小导管)			

各种隧道稳定措施的适用范围 表6-16

隧道稳定措施	掌子面稳定(A类)		掌子面短期稳定(B类)			掌子面不稳定(C类)				
	A1	A2	B1	B2	B3	C1	C2	C3	C4	C5
径向锚杆	●		●							
加筋喷射混凝土	●	●	●	●		●	●	●	●	●
玻璃纤维加固超前核心土				●			●		●	
玻璃纤维加固周围地层									●	
隧道仰拱			●	●	●	●	●	●	●	●
预衬砌					●		●			
洞内径向加固地层								●		
水平旋喷注浆						●				
超前注浆或冻结										●
排水	●	●	●	●	●	●	●		●	
管棚(超前小导管)		●	●							

(3)超前支护参数的确定

ADECO-RS掌子面超前加固一般使用的是玻璃注浆锚杆,因此主要的超前加固参数是锚杆在掌子面上的分布密度、锚杆的长度以及锚杆的搭接长度。

①锚杆密度

隧道开挖之后,围岩应力松弛,应力从原始状态逐步调整为二次应力状态,对于不良地质围岩,应力还会进入塑性状态,若不及时进行支护,隧道变形加大,可能导致坍塌。同样,掌子面前方核心土围岩也会发生应力变化,若不对该部分岩体进行超前加固,掌子面也有可能坍塌。掌子面锚杆的作用就是利用锚杆与岩体的凝聚力,限制掌子面前方核心土的松弛,控制超前核心土不让其进入塑性状态。

锚杆密度和数量可以通过需要约束掌子面挤出位移的约束压力 P_i 求得。

在设计中监测掌子面核心土内一点 P 的约束压力 P_i 和变形 E_x 如图 6-55 所示,随着隧道向前掘进,将会得到多组应力和挤出变形数据,将其整理绘制如图 6-56 所示。图中的关系曲线近似为一条折线,表示围岩的应力由弹性状态过渡到塑性状态。要保证掌子面的稳定,必须控制围岩的应力在弹塑性的边界上,即需要如图所示的约束压力 P_i,并由锚杆与围岩的应力平衡即可求得锚杆在掌子面上的分布密度 n,其中 N_{lim} 为锚杆的抗拔力,F_s 为锚杆的截面积,如图 6-57 所示。

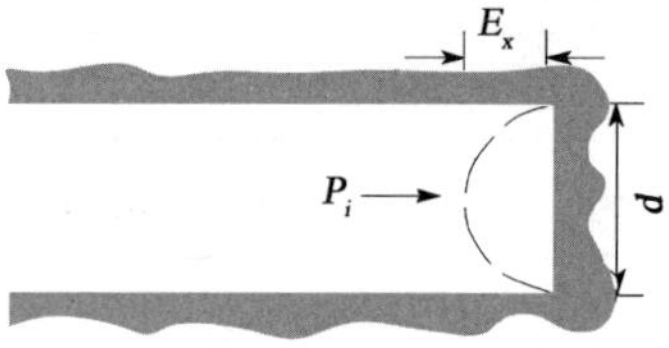

图 6-55 约束压力 P_i 和变形 E_x 关系曲线

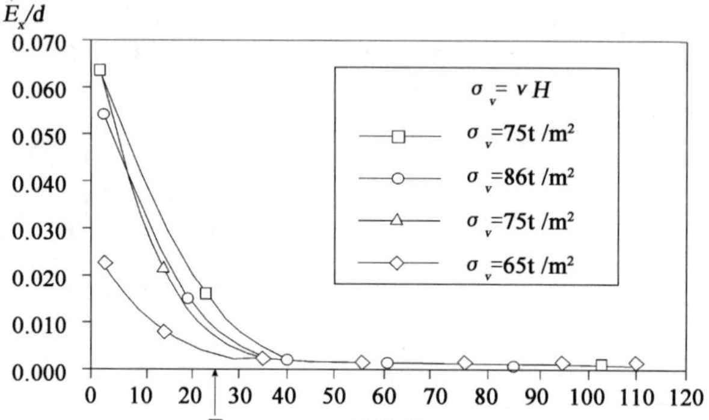

图 6-56 挤出变形和应力关系曲线

②锚杆长度

在施工中在核心土内安装增量引伸计(图 6-58),用以测量距离掌子面上不同距离的挤出变形,得到数据绘图如图 6-59 所示。由图中可以看出,距离掌子面不到 15m 的地方,挤出变形已降为零,说明此处不受隧道开挖的影响,为未扰动区。为了最大限度发挥锚杆的效用，锚杆的长度应深入该区域，因此该情况下锚杆的长度应取为15m较为合适。

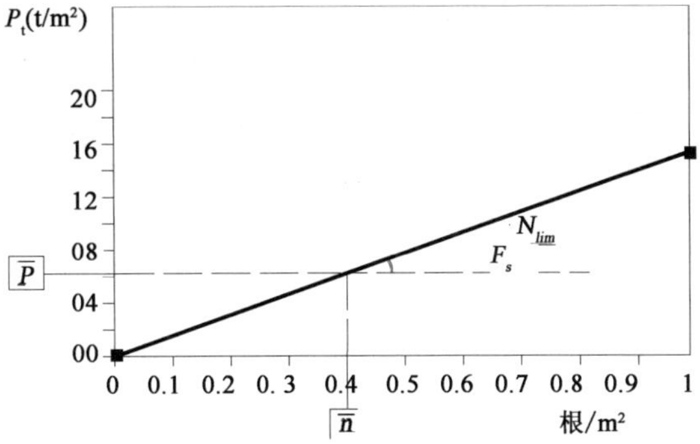

图6-57 计算锚杆密度和数量

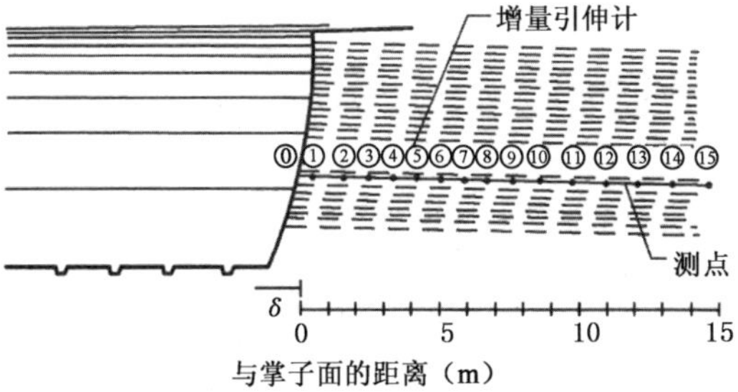

图6-58 挤出变形量测布置

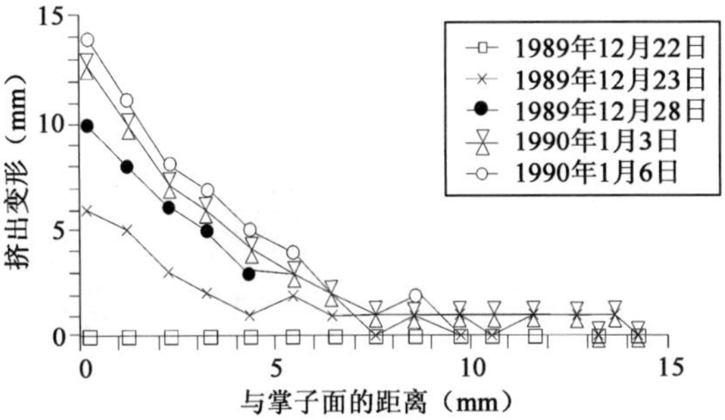

图6-59 掌子面不同距离处挤出变形量测

③锚杆搭接长度

随着隧道的掘进，锚杆的长度也在不断缩短，为保证掌子面的稳定，锚杆需要一定的搭接长度。由图6-59可以看出，在距离掌子面5m以内，岩体的挤出变形较大(一般是塑性区),搭接长度必须限制这个范围内的岩体变形,因此该情况下的搭接长度可以取5m。

(4)岩土控制变形工法的实施

ADECO-RS法施工的主要内容与常规方法一致,不同之处在于有些围岩在开挖之前要进行超前支护并安装监控设备。由于超前支护可以保证掌子面稳定,ADECO-RS要求尽量使用全断面法开挖,因为全断面开挖可以提高开挖效率,同时减少对围岩的扰动次数,且仰拱能及时闭合,掌子面的挤出位移和洞周收敛变形也比较小,有利于隧道的短期稳定。ADECO-RS还要求掌子面保持为凹型状态,因为这样能使得超前核心围岩在纵向形成拱效应,从而保证其稳定性。

6.5.3 岩土控制变形的监控量测

因为隧道工程的设计是基于对掌子面稳定状态的判定进行的预设计。因此ADECO-RS法中施工过程的监控量测极为重要。一般开挖工作开始之后,监控就开始进行,目的是检测设计所采取工程措施的可靠性,并及时对设计进行修正和优化。

(1)挤出变形量测

如图6-60所示,挤出变形量测的方法是在掌子面插入一个滑动千分尺,通过千分尺读出各点的位移情况即为挤出变形。量测得到挤出变形量与时间的关系或与掌子面开挖的关系,通过量测数据可以判断掌子面—核心土的实际类别是否与预测一致,如果挤出变形为零,则为A类,如果变形速度在减小,则为B类,如果变形速度在增加,则为C类。

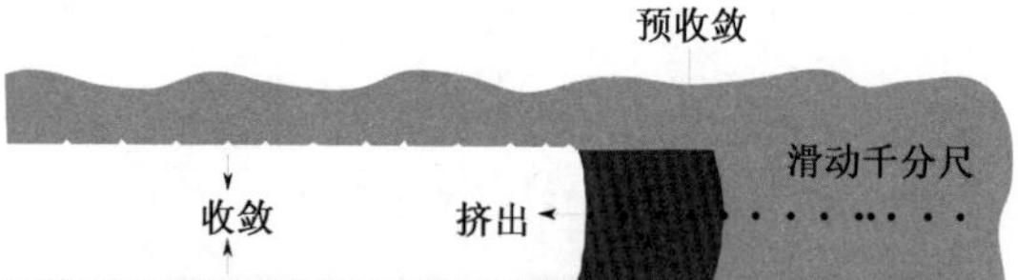

图6-60　挤出变形量测布置示意

(2)收敛量测

施工阶段的收敛量测有两种:表面收敛量测和深度收敛量测。第一种量测是洞周轮廓的变形,可以使用收敛计或单点变位计;第二种量测是从隧道轴线沿径向一定深度岩体的收敛,使用多点变位计,此时要将其锚头深入到岩体未被隧道开挖影响的区域,如图6-61所示。

(3)预收敛量测

当隧道埋深较浅时,可以从地表向下插入多点变位计直接预测收敛变形,如图6-62所示。当埋深较深无法直接量测预收敛变行时,可以用挤出变形推出预收敛变形值,二者之间满足的关系如图6-63所示。图中的三类曲线分别对应三种掌子面挤出形态。

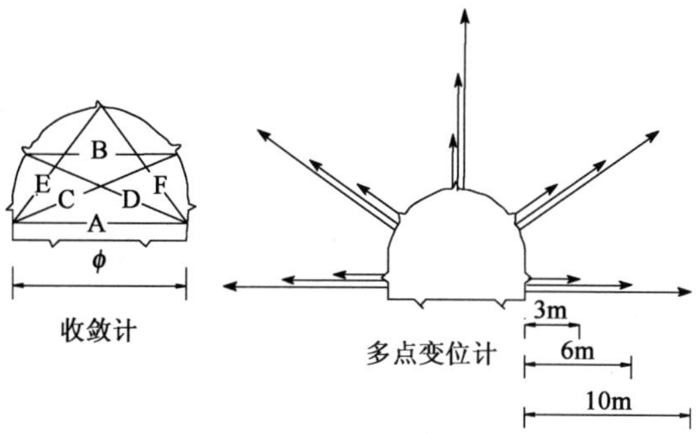

图6-61　收敛量测示意

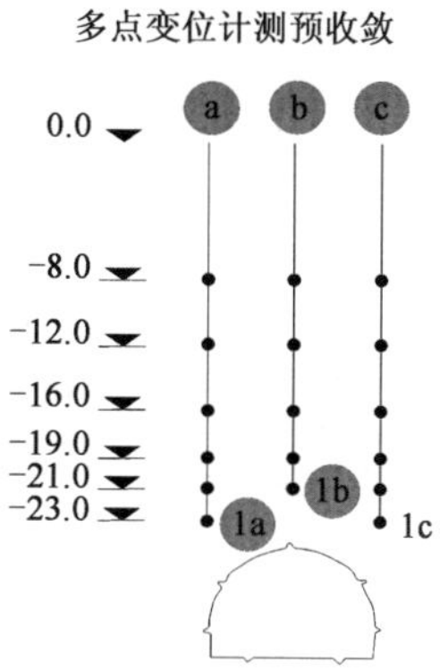

图6-62　浅埋隧道预收敛量测

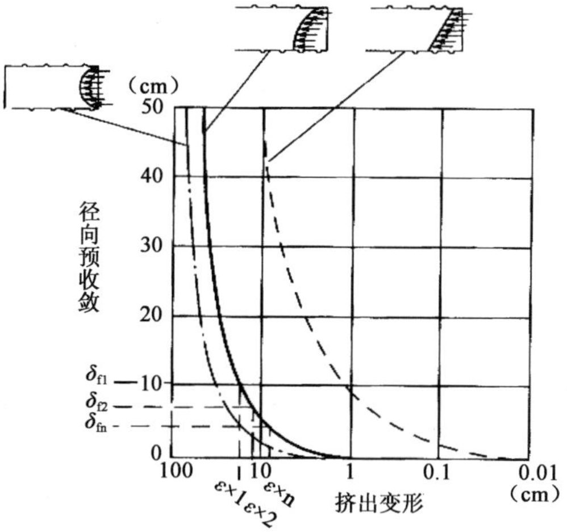

图6-63　挤出变形和预收敛变形关系

(4)量测数据反分析

鉴于隧道地质条件很复杂,隧道开挖过程中地质条件很可能会突然变化,在原设计方案的支护下不能保证隧道的稳定,量测的各种变形会超过允许的限制。这种情况要求设计人员采取更准确的岩土地质参数重新进行数值分析,以此优化工程措施参数设计，这个过程就是数据反分析过程。

意大利的 Mugello 国际摩托赛道下的一座浅埋隧道，原设计确定超前锚杆数量为 45 根，长度为 15m，最小搭接长度为 5m。在量测阶段测得的挤出变形累计值为 10cm 左右，径向收敛变形为 10 ~ 12cm，而地表沉降则达到了 22cm，这不满足赛车道对变形的要求限制，也与预测的情况不符，因此要进行反分析重新确定支护方案。经过反分析后确定锚杆根数为 93 根，长度为 24m，最小搭接长度 12m。再次量测之后各种变形显著减小，符合要求。

6.5.4 岩土控制变形法工程实践

(1) 工程概况

桃树坪隧道位于新建兰州—重庆铁路兰州市区，隧道起止里程为 DK3 + 435 ~ DK6 + 1655，全长 3220m，设计为双线单洞隧道，隧道开挖断面 140m^2。隧道穿行于黄河高阶地下部，地势上隧道进口低、出口高，地形起伏大，相对高差达 200m 以上，最小埋深处仅 6m，地表上沟谷发育，下切较深，隧道下穿多个垃圾回填的浅埋沟谷、青兰高速、312 国道、厂矿企业、密集的居民区。为加快施工进度，后期新增了 5 个施工斜井，隧道整体平面布置如图 6-64 所示。

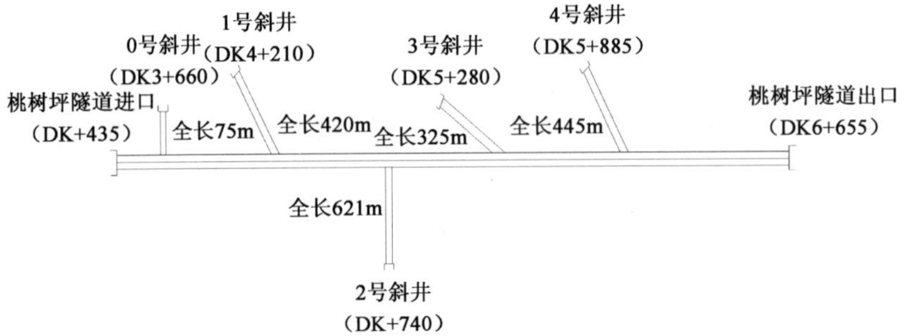

图 6-64 桃树坪隧道平面布置图

(2) 主要工程地质问题

桃树坪隧道穿行于黄河高阶地下部，全隧道设计围岩为Ⅵ级。资料显示进出口及各斜井地层主要为未成岩遇水粉细砂层（隧道进口工作面为砂层含水较少，其余井口工作面多为饱和含水砂层）其中夹杂有不连续卵砾石土地层。

第三系含水未成岩砂层，含水率 3.2% ~ 24.2%，相对密度 2.63，孔隙比 0.38 ~ 0.42，黏粒含量 4% ~ 10%，渗透系数 $1.0 \times 10^{-3} \sim 3.5 \times 10^{-4}$ cm/s。此结

构层特点为：岩层呈砂状结构，成岩作用差，自稳能力差，无胶结，稍有扰动即成松散粉状结构，在富水时基本无自稳能力，呈流塑状，软化现象明显，极易发生溜塌。

施工的7个井口工区，其中6个工区的掌子面揭示地层为未成岩含水粉细砂层，尤其是隧道出口工区掘进至DK6+462时（进洞183m），地层转变为全段面承压饱和含水砂层，多次出现塌方，采用六步CRD工法开挖也无法前进，坍塌严重，数月没有进度（图6-65）。图6-66为隧道4号斜井开挖出现的流砂情况。鉴于桃树坪隧道出口段工程地质状况复杂，考虑施工进度和安全，也为了提高我国隧道工程的机械化施工水平做出尝试，各方在充分论证的基础上，决定在国内首次引用ADECO-RS工法进行施工，由意大利土力公司和中铁瑞威公司合作负责该项技术的引进工作。

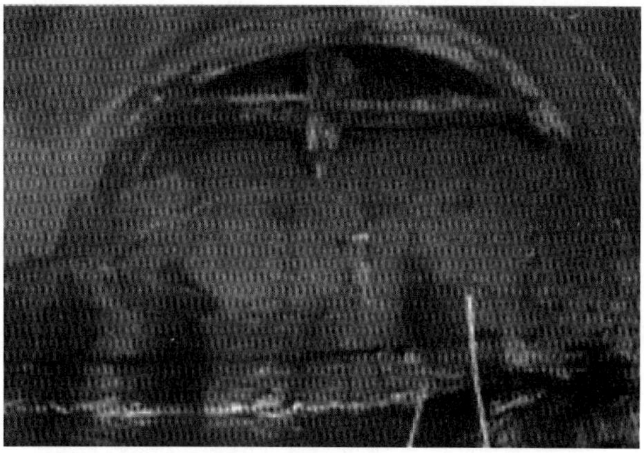

图6-65　桃树坪隧道出口CRD工法开挖坍塌

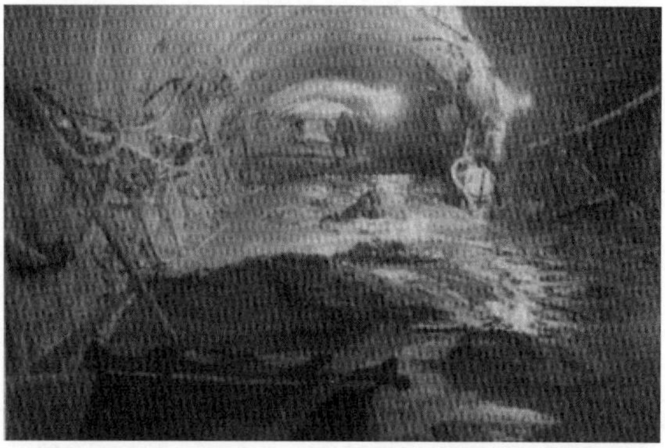

图6-66　隧道4号斜井开挖出现的流砂情况

(3)岩土控制变形法设计参数

由于ADECO-RS法隧道施工是在国内首次采用,没有实践经验可以参考,前期施工的主要设计参数来自意大利方面的技术意见。后续的施工过程中证明了这些参数基本符合项目要求,也从侧面说明ADECO-RS法在意大利是有较多工程经验的成熟隧道施工方法。图6-67为ADECO-RS法超前预加固设计图,表6-17为ADECDRS工法设计参数表。

桃树坪隧道ADECO-RS工法设计参数表 表6-17

分类	项目	单位	设计参数	备注
循环段长	每循环隧道超前加固长度	m	18	
	每循环隧道开挖长度	m	12	
掌子面锚固	掌子面锚管数量	根/断面	12	
	掌子面锚管长度	m	39	玻璃纤维锚管
	掌子面锚管直径	mm	24	
	掌子面锚管注浆压力	MPa	50	
	掌子面锚管排列间距	m	1.5	
水平旋喷	水平旋喷桩压力	MPa	40	32.5普通水泥
	水平旋喷桩流量	m^3/h	45	
	水平旋喷钻杆提升速度	cm/s	1.6	
	水平旋喷浆液水灰比	—	1:1	
	水平旋喷浆液返浆率	%	小于25%	
	水平旋喷桩数量	根/断面	97	
	水平旋喷桩长度	m	24	
	水平旋喷桩直径	mm	600~800	

续上表

分　类	项　　目	单　位	设计参数	备　注
锁脚旋喷	锁脚旋喷桩长度	m	9	
	锁脚旋喷桩直径	mm	600～800	
	锁脚旋喷桩间距	M/根	1	
降水施工	超前降水井数量	根/断面	12	
	超前降水井长度	m	36	
	大口降水井直径	mm	1000	
	大口降水井深度	m	10	

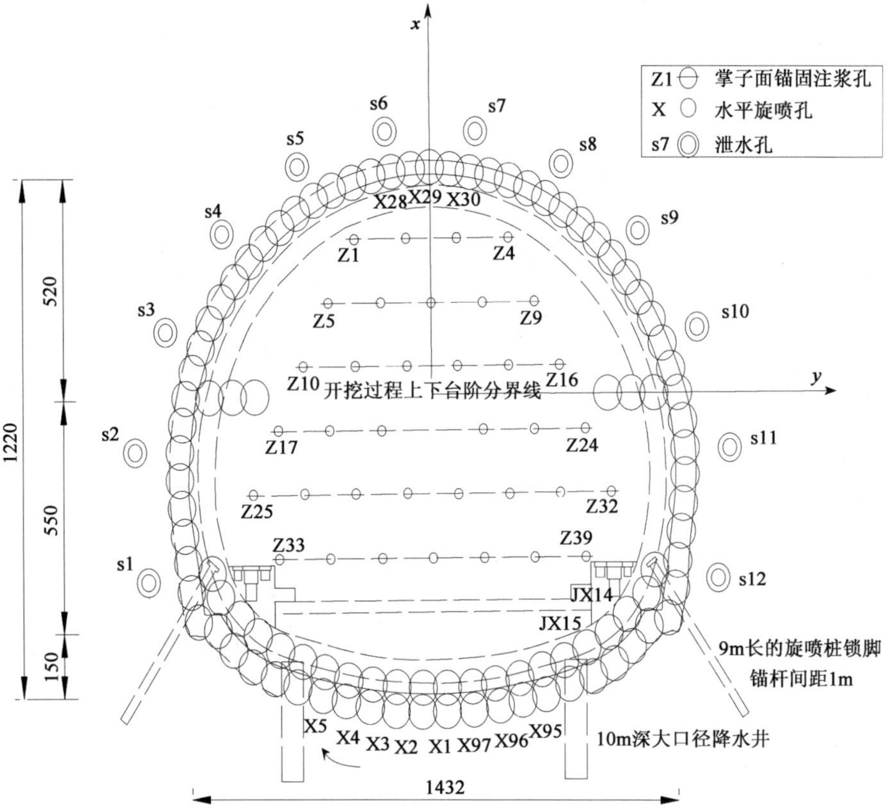

图6-67　桃树坪隧道ADECO-RS工法超前预加固设计图(尺寸单位:mm)

(4)施工情况

①施工过程

2011 年 2 月初桃树坪隧道出口工区开始采用 ADECO-RS 法进行试验施工，第一循环主要是处理流砂坍塌体，至 2011 年 4 月中旬坍塌体处理完成并开挖通过。第二循环开始进行正常段落的工法实验施工，图 6-68 ~ 图 6-71 为该施工工序中的前几个步骤。

图 6-68 隧道掌子面喷混封闭

图 6-69 进行超前预加固施工

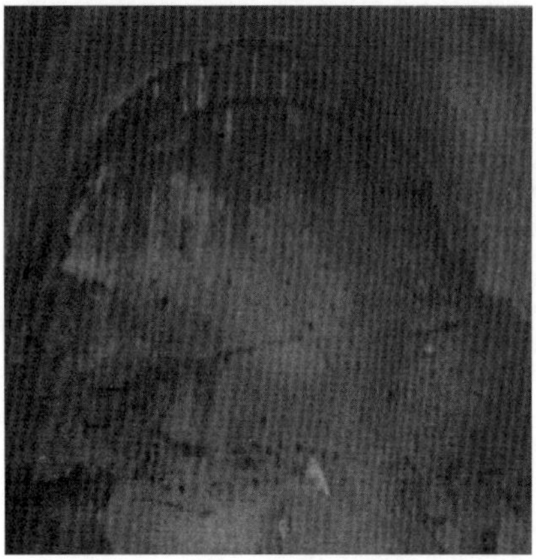

图 6-70 加固完成后隧道掌子面

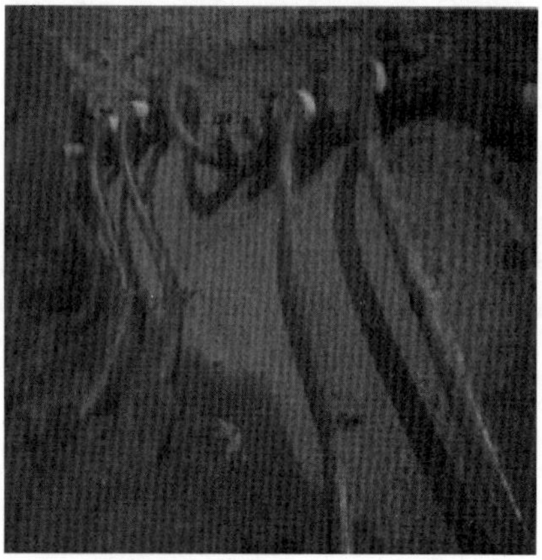

图 6-71 超前真空降水

②主要机械设备

ADECO-RS 法的核心就是对隧道前方的不良地质的围岩进行超前预加固，通过水平旋喷、玻璃纤维锚管等加固手段使改良后的隧道围岩能达到全断面机械化开挖的要求。其中工法使用中最核心的机械就是 PST-60 的水平摇臂钻机(图 6-72)及其配套的 7T-505 型高压大流量泵站(图 6-73)。这套设备的主要优点体现在钻机的 24m 通长钻杆，钻孔施作过程中不需要加卸钻杆，提高了施工效率。同样施作18m长、直径600mm的水平旋喷桩，从在桃树坪隧道进行的国内设备和进口的PST-60及配套设备的施工效率对比来看，国内设备需要24h才能完成而PST-60仅需要1h即可完成，且PST-60钻机施作的水平旋喷桩成桩的质量也远优于国内设备的成桩质量。

图6-72 桃树坪隧道使用的PST-60钻机

图6-73 7T-505泵站

7T-505高压大流量泵最大压力可以达到90MPa，最大流量60m^3/h，两个35t容量的水泥立罐，自动拌浆和压力控制系统，保证了快速成桩时的水泥浆供给。

③开挖效果

从进行的二个循环的开挖效果来看，ADECO-RS隧道法在桃树坪隧道的引进是比较成功的，达到了设计预期的施工效果，为我国软岩隧道施工提供了一种选择，尤其在软岩流塌隧道和严格控制下沉的隧道等工程中存在较大的工法优势。

水平旋喷加固法为超前预支护措施，属于隐蔽工程，因此只有开挖时才能真正揭示出桩体的状态和成桩情况。成桩控制要点主要有以下几个方面：桩径是否与设计相符，临桩间咬合情况是否良好，桩体是否侵线，是否出现断桩的情况，桩体是否缩径，桩体强度是否满足要求等。图6-74～图6-81为采用ADECO-RS法施工所取得的一些开挖效果。

(5)变形监测

对桃树坪隧道出口采用ADECO-RS法开挖后的拱顶下沉和边墙收敛两项进行监测，所有测点的变化值均在10mm以内，而桃树坪隧道其他6个井口工区的拱顶下沉和边墙收敛的测点位移都在200～450mm之间，比较得出，ADECO-

RS 工法对控制隧道开挖后的变形效果明显，图 6-82 ~ 图 6-84 为桃树坪隧道出口量测的位移较大的测点的量测数据。

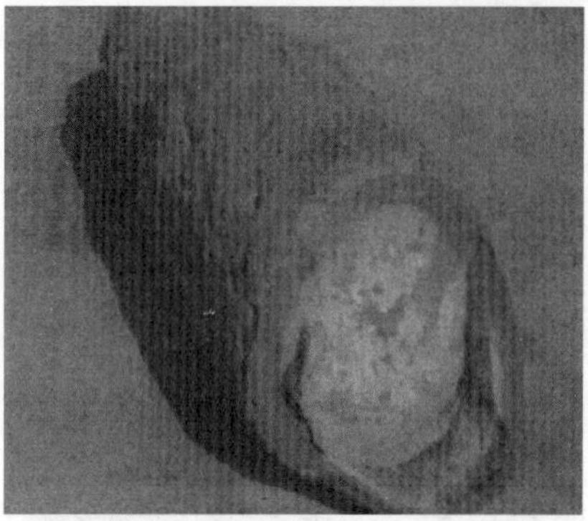

图 6-74　水平旋喷桩的桩径效果(1)

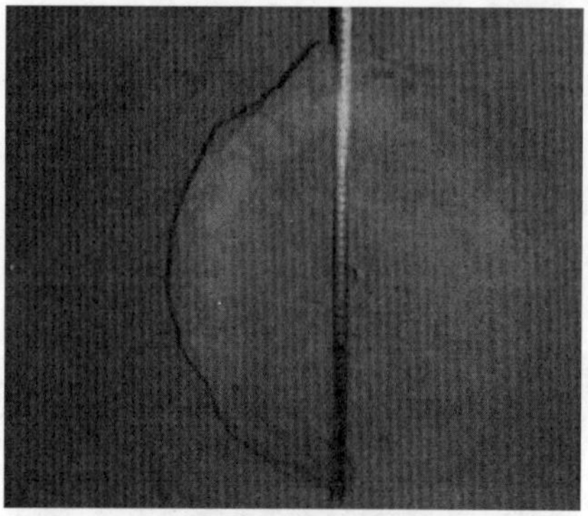

图 6-75　水平旋喷桩的桩径效果(2)

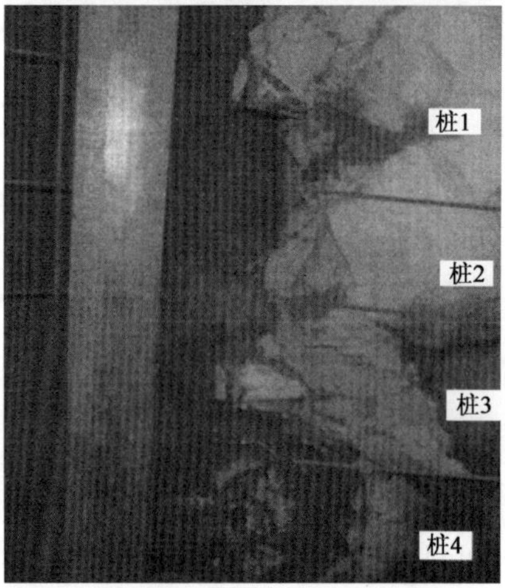

图 6-76　边墙水平旋喷桩的咬合效果(1)

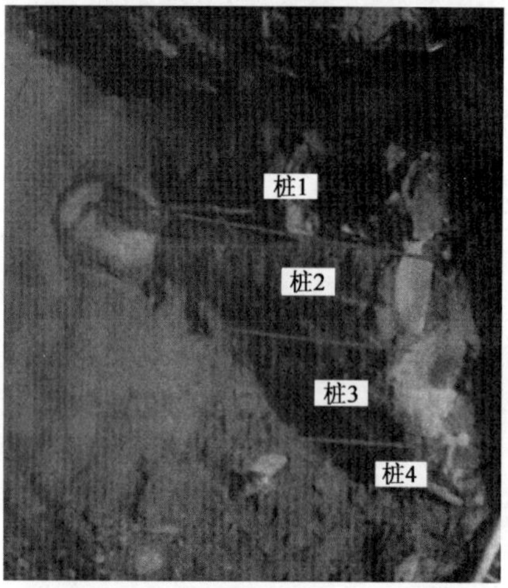

图 6-77　边墙水平旋喷桩的咬合效果(2)

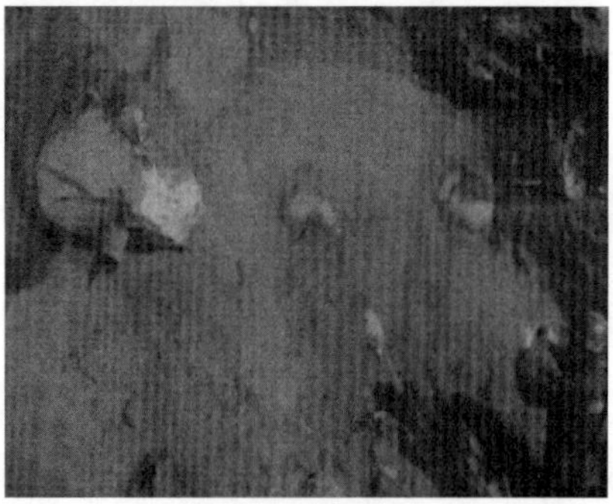

图 6-78　掌子面玻璃纤维锚杆稳固孔(1)

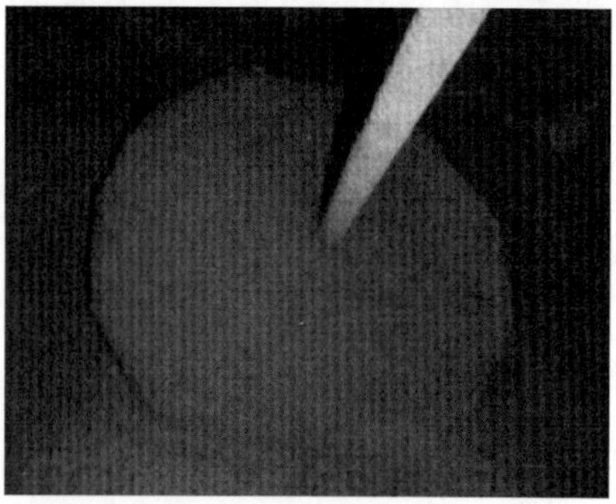

图 6-79　掌子面玻璃纤维锚杆稳固孔(2)

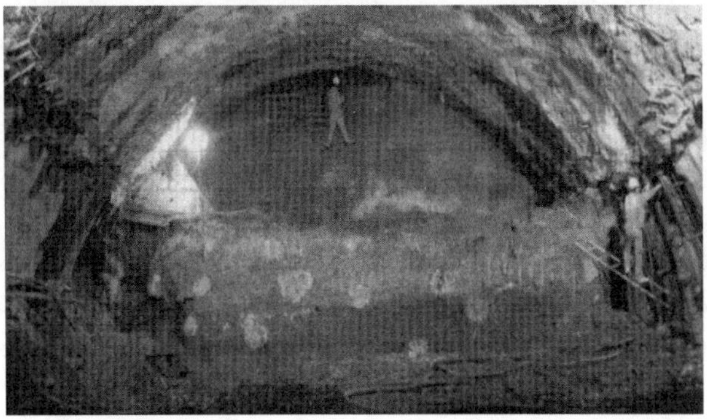

图6-80　桃树坪隧道出口 ADECO－RS 工法后可进行大断面开挖

图6-81　桃树坪隧道进口采用常规的六步 CRD 法开挖(不同工法对比)

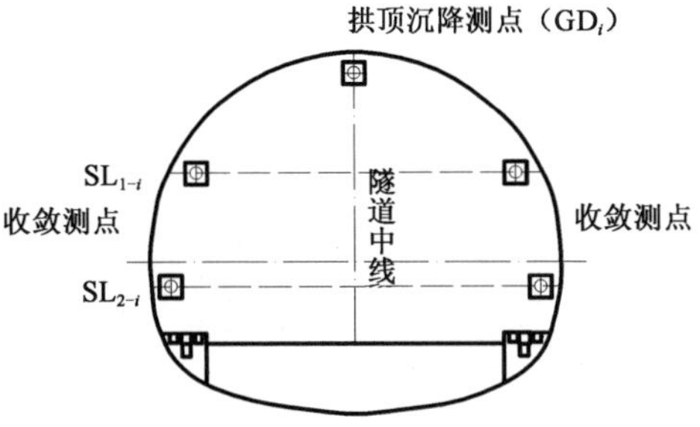

图6-82　桃树坪隧道出口 DK6＋451 测点布置

分析 ADECO-RS 法对控制隧道下沉效果明显的主要原因是掌子面玻纤锚杆的束缚、周围超强的水平旋喷桩超前加固、旋喷桩的锁脚锚杆、没有拆除临时支撑的工序转换等措施的采用。

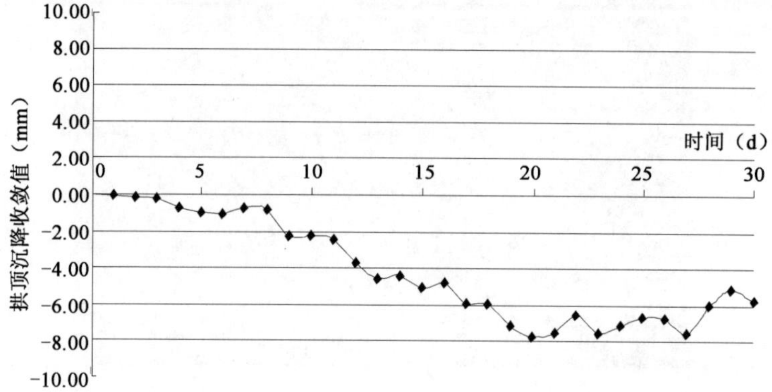

图 6-83　桃树坪隧道出口 DK6 +451 测点拱顶下沉量测监测曲线

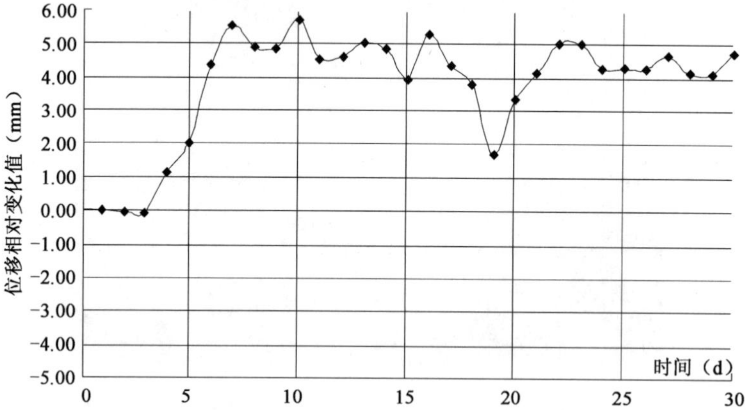

图 6-84　桃树坪隧道出口 DK6 +451 测点收敛位移监测曲线

第7章 武都西隧道应力应变特征分析

武都西隧道位于武都区黑坝里北侧上没水山山体内，该隧道设计为分离式岩质隧道。CW18标武都西隧道右线起点里程桩号为YK85+720，武都西隧道终点桩号YK87+612，右线设计纵坡坡率-2.22%，隧道洞长1892m，其中V级围岩792m，Ⅳ级围岩1100m。左线起点里程桩号为ZK85+690，终点里程桩号为ZK87+573，设计纵坡坡率-2.27%，隧道洞长1883m，其中V级围岩683m，Ⅳ级围岩1200m隧道洞轴走向约为210°~260°。

7.1 武都西隧道工程地质特点

隧址区域为秦巴山区、青藏高原、黄土高原三大地形的交汇区域，地貌属中山区，山势巍峨挺拔、蜿蜒延伸，表层植被不发育，山坡坡度为20°~60°，相对海拔500~1000m。

地层岩性为白龙江群的碳质页岩，内含石英脉，强度低，易风化、遇水易软化。白龙江群上部岩性为灰岩夹千枚岩、板岩、泥灰岩，白龙江群下部岩性为千枚岩夹灰岩、片岩组成。千枚岩由泥岩、泥灰岩变质而成，整体呈现千枚岩、板岩、灰岩互层或夹层状。

7.2 隧道现场监控量测的任务与要求

为了保证工程质量，也是为了判断围岩和衬砌结构是否稳定，保证施工安全和工程质量、指导施工顺序、进行施工管理，在隧道施工阶段，使用各种量测仪表和工具，对围岩变化情况及支护结构的工作状态进行量测，及时提供围岩稳定程度和支护结构可靠性的安全信息，预见事故和险情，以此为调整和修改支护设计的依据，并在复合式衬砌中，依据测量结果确定二次衬砌施作时间，以达到监控隧道围岩和支护结构的变形与应力不超过设计标准。

本次施工监控量测的内容：

①必测项目:隧道净空收敛量测、拱顶下沉量测及掌子面、洞壁围岩和支护状况观察。根据《公路隧道施工技术规范》(JTG F60—2009)的有关规定,洞口地表沉降变形量测共布设两条测线,测点布置见图 7-1,位于洞顶上方地表、隧道净空收敛及拱顶下沉量测布点,见图 7-2,根据围岩状况布设一条或两条净空收敛测线。断面布设间距按照招标文件要求每 50m 一个断面,对于围岩变化段可视具体情况适当增减量测断面间距。

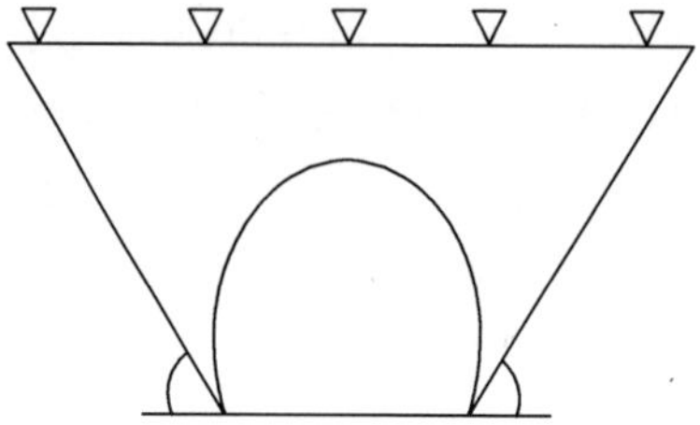

图 7-1　地表变形量测

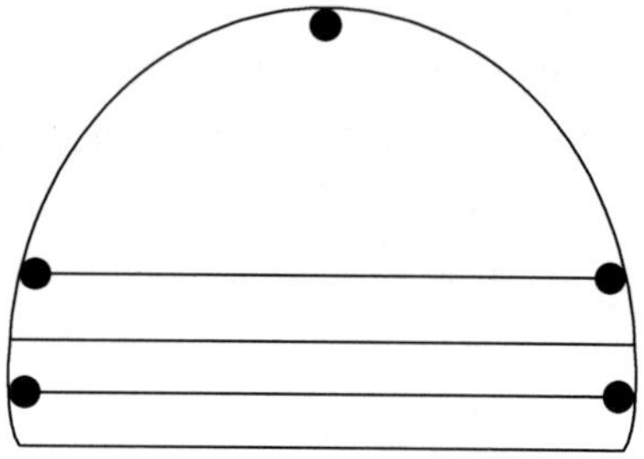

图 7-2　拱顶下沉及周边收敛量测

拱顶下沉量测采用托普康公司的 AT-G2 精密水准仪、测微器、铟钢尺等,仪器精度 0.1mm;隧道周边收敛量测采用 JSS30A 型数显收敛计,仪器精度 0.01mm;掌子面、洞壁围岩和支护状况采用目测观察。

围岩稳定评价标准:根据《锚杆喷射混凝土技术规范》(GBJ 50086—2001)的规定,周边收敛速率为 0.1 ~ 0.6mm/d,拱顶下沉速率为 0.07 ~ 0.15mm/d,作为围岩稳定的标志之一。

②应力监测:包括围岩与初期支护的拱架混凝土间接触应力应变监测、初期支护与二次衬砌之间的应力应变监测、仰拱应力应变监测以及二衬混凝土应变监测。这类量测是必测项目的拓展和补充,对特殊地段、危险地段或有代表性的地段进行量测,以便更深入地掌握围岩稳定状态与支护效果。对已完成的支护实施有效监控,做出评价,对未开挖地段提供参考信息,指导未来设计和施工。断面测点布置见图 7-3。本隧道共设选测断面 4 个。

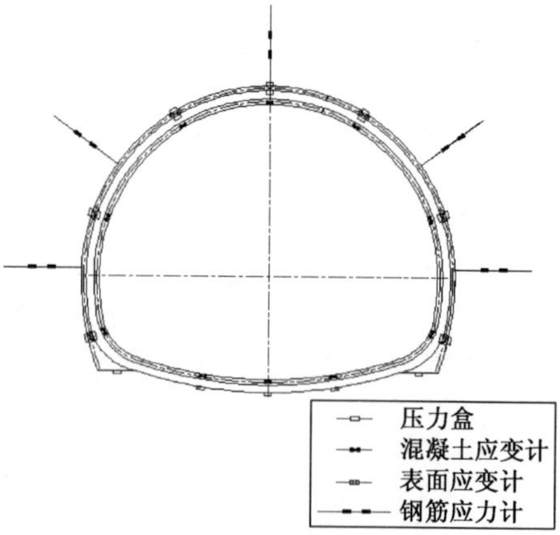

图 7-3　应力监测测点断面布置图

7.3　周边收敛量测

收敛量测的设计包括仪器选择,断面间距、量测频率、测线布置、量测点埋设时间等内容。设计的依据为地质条件、地压分布、隧道埋深、开挖方法、施工进度、断面收敛速度等因素。

(1)量测断面间距及测点数量

根据围岩级别、隧道埋深、开挖方法等按表7-1确定量测断面间距及测点数量,收敛测线的布置形式见图7-4。

量测断面间距和断面测点数量　　表7-1

围岩级别	断面间距(m)	每个断面测点数	
		净空变化	拱顶下沉
Ⅴ~Ⅵ	5~10	1~2条基线	1~3点
Ⅳ	10~30	1条基线	1点
Ⅲ	30~50	1条基线	1点

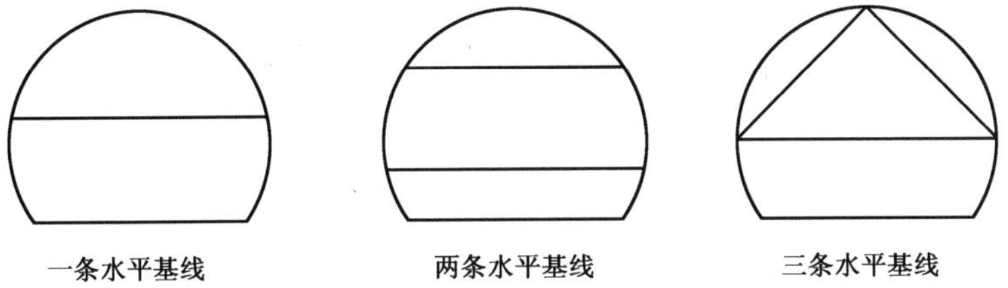

图7-4　隧道周边位移量测测线布置

(2)量测频率

量测频率可根据位移速度和量测断面距开挖面距离,分别按表7-2和表7-3确定。当按表7-2和表7-3选择量测频率出现较大差异时,宜取量测频率较高者作为实施的量测频率。

量测频率(按位移速度)　　表7-2

位移速度(mm/d)	量测频率
>5	2次/d
1~5	1次/d
0.5~1	1次/2~3d
0.2~0.5	1次/3d
<0.2	1次/7d

量测频率(按距开挖面距离) 表 7-3

量测断面距开挖面距离(m)	量测频率
(0 ~ 1)B	2 次/d
(1 ~ 2)B	1 次/d
(2 ~ 5)B	1 次/2 ~ 3d
>5B	1 次/7d

注:B 表示开挖断面宽度。

量测作业应持续到变形基本稳定后 2 ~ 3 周后结束。对于膨胀性和挤压性围岩,位移长期没有减缓趋势时,应适当延长量测时间。

(3)测量点埋设时间

初期监控测点埋设时间是一个重要因素。一般情况下,测点距开挖工作面应小于 2m。测点埋设后,第一次量测时间应在上次爆破之后 24h 内,并在下次爆破前进行。第一次量测的初读数是关键性数据,应反复测读,当连续量测 3 次的误差 $R \leqslant 0.18$mm 时(R 根据收敛计而异),才能确定为初读数。

7.4 拱顶下沉量测

隧道拱顶内壁的绝对下沉值,单位时间内拱顶下沉值称为拱顶下沉速度。拱顶下沉量测也属位移量测,对于埋深较浅、固结程度低的地层,水平成层的场合,这项量测比收敛量测更为重要,其量测数据是确认围岩的稳定性,判断支护效果,指导施工工序,预防拱顶崩塌,保证施工质量和安全的最基本资料。

(1)量测方法

对于浅埋隧道,可由地面钻孔,使用挠度计或其他仪表测定拱顶相对地面不动点的位移值。对于深埋隧道,可在拱顶布设固定测点,将钢尺或收敛计挂在拱顶测点上,读钢尺读数,后视点可设在稳定衬砌上,读标尺读数,用水平仪进行观测。图 7-5 为拱顶下沉观测示意图,图中给出了 A、B、C 三者之间的几何关系。图中实线为前次观测的情形,虚线为后次观测的情形。

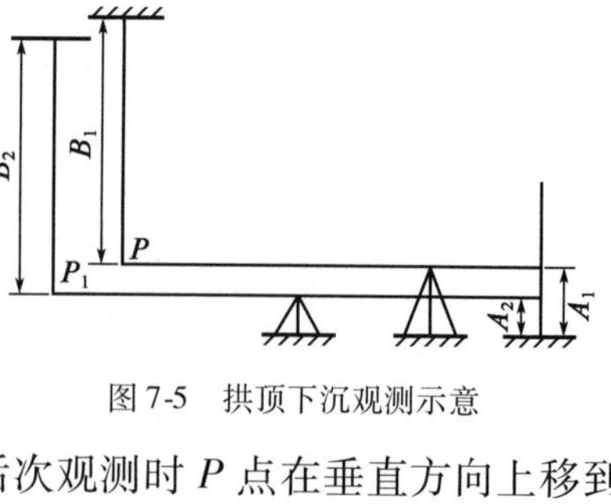

图 7-5 拱顶下沉观测示意

P 为前次观测时钢尺上的前视点,P_1 为后次观测时 P 点在垂直方向上移到的位置。第一次读数后视点读数为 A_1,前视读数为 B_1;第二次后视点读数为 A_2,

前视读数为 B_2。拱顶变位计算方法如下。

①差值计算法:钢尺和标尺均正立(即读数上小下大)。

后视读数差 $A = A_2 - A_1$;

前视读数差 $B = B_2 - B_1$;

拱顶变位值 $C = B - A$ 若 $C > 0$,拱顶上移;若 $C < 0$,拱顶下沉。

②水准计算法:通过计算前后两次拱顶测点的高程差来求拱顶的变位值。钢尺读数上小下大,标尺读数上小下大,标尺基准点高程假定为 K_0。

第一次拱顶高程:$KD_1 = K_0 + A_1 + B_1$;

第二次拱顶高程:$KD_2 = K_0 + A_2 + B_2$;

拱顶变位值:$C = KD_2 - KD_1 = A_2 - A_1 + B_2 - B_1$;

若 $C > 0$,拱顶上移;若 $C < 0$,拱顶下沉。

(2)量测要求

①观测基准点应设在距离观测点 3 倍洞径以外的稳定点处。

②拱顶下沉量测断面间距、量测频率、初读数的测取等同收敛量测。

③每个断面布置 1 ~3 个测点,测点设在拱顶中心或其附近。

④量测精度为 ±1mm。

⑤量测时间应延续到拱顶下沉稳定后。一般来说,拱顶下沉量的历时变化在开挖后大致呈直线增加,一直到距开挖面约 1 ~3 倍隧道直径处之后下沉发展变慢、坡率变缓、渐近稳定。如果有底鼓时,可按拱顶下沉法量测。

7.5 应力应变监测

7.5.1 初期支护压力计应力量测

沿隧道的拱顶、拱腰、边墙以及仰拱一环内的拱架背后绑扎 12 个振弦式应力计,在立拱架时将压力计绑扎在预定埋设位置,压力计紧贴围岩。喷射速凝混凝土,读取初始值。传感器安装位置见图 7-6。

7.5.2 表面应变量测

沿隧道周边拱顶、拱腰、边墙仰拱一环内的拱架主板中央焊接振弦式表面应变计 14 个,两个表面应变计埋设于一处拱架肋板,分内侧与外侧布置,拱架在受力变形时内侧为受压形变,外侧为受拉形变。应变计在立设拱架时焊接,喷射速凝混凝土后测试初始值。传感器安装位置见图 7-7。

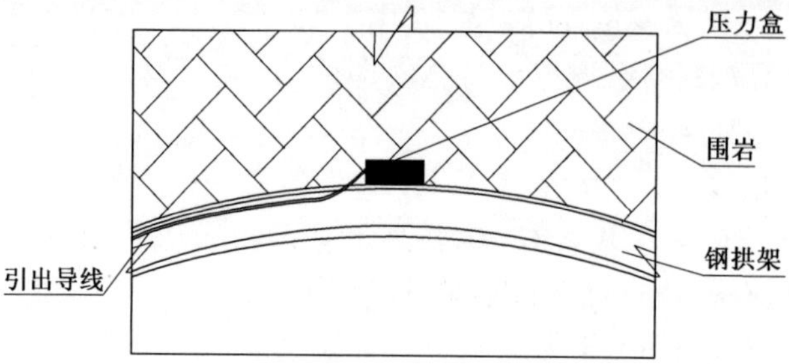

图 7-6　初期支护应力传感器埋设图

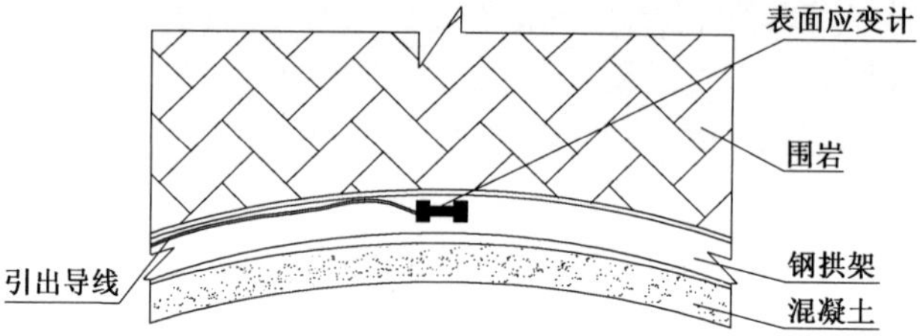

图 7-7　表面应变计传感器埋设图

7.5.3　锚杆轴力应力量测

围岩轴力采用钢筋计量测，每一处钢筋计由三节 60cm 的钢筋连接，开挖后在围岩预埋位置打一个 350cm 钻孔，将安装好的钢筋计伸入孔内并固定，量测围岩轴力。在喷射完混凝土后测取初始读数。每个断面 5 个测点，分拱顶、拱腰与拱脚位置。传感器安装位置见图 7-8。

7.5.4　混凝土应变计应变值量测

混凝土应变计为监测混凝土内部的形变趋势，应变计绑扎于预浇筑的钢筋网片上，埋设位置为拱顶、拱腰、拱脚、边墙与仰拱内侧，每断面 10 个。在绑扎完毕后测试初始读数，之后待混凝土拆模后连续监测。传感器安装位置见图 7-9。

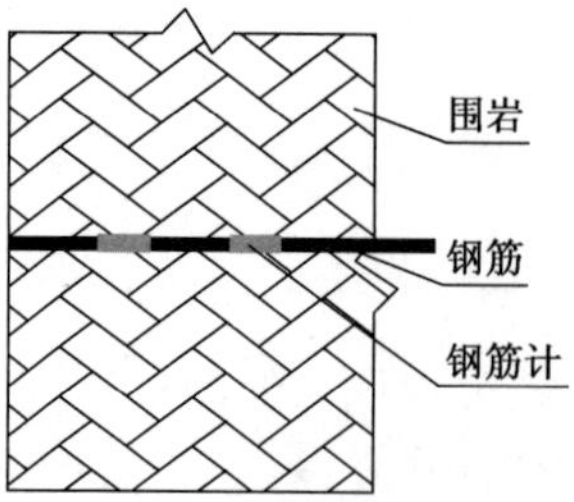

图 7-8　钢筋计传感器埋设图

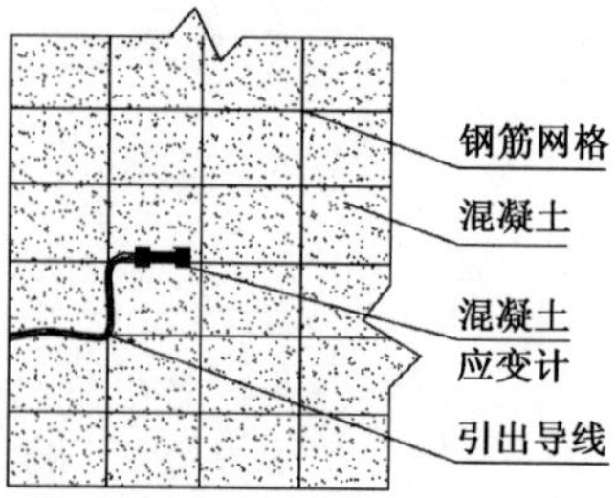

图 7-9　混凝土应变计传感器埋设图

7.5.5 二次衬砌压力计应力量测

二衬压力计测试初期支护给予二衬的压应力作用,分析二次衬砌的实际受力情况。将初支面整平,压力计要紧贴初支平面。埋设位置为拱顶、拱腰、拱脚、边墙,每断面7个。在绑扎完毕后测试初始读数,之后待混凝土拆模后连续监测。传感器安装位置见图7-10。

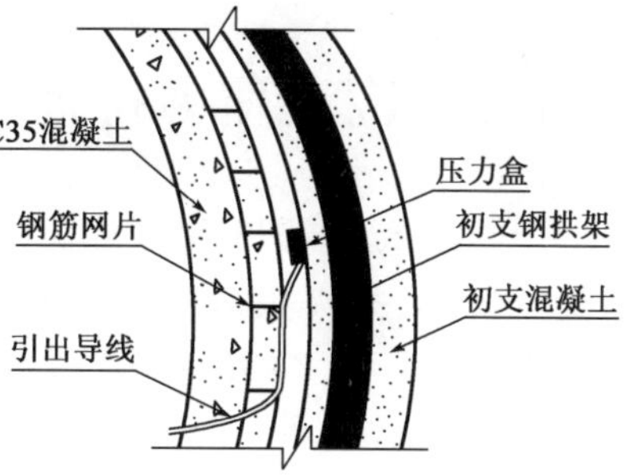

图7-10 二衬压力计传感器埋设图

7.5.6 量测频率数据采集

每个断面的量测频率见表7-4,并且要满足工程实际需要。如埋设的测点量测期间遭到破坏,恢复以后按新埋测点要求采集读数,这样增加了数据采集的次数和数量,保证数据的可靠性和有效性。

武都西隧道应力应变监测频率表 表7-4

序号	项目名称	方法及工具	布置	量测间隔时间				量测次数
				1~15天	16天~1月	1~3月	3个月以后	
1	初期支护压力计应力量测	压力计频率仪	每地质围岩变化处设一个断面,每断面12个测点	1次/天	1次/2天	1~2次/周	1~3次/月	—
2	表面应变量测	表面应变计、频率仪	每地质围岩变化处设一个断面,每断面14个测点	1次/天	1次/2天	1~2次/周	1~3次/月	—
3	锚杆轴力量测	钢筋计频率仪	每地质围岩变化处设一个断面,每断面5个测点	1次/天	1次/2天	1~2次/周	1~3次/月	—
4	混凝土应变计应变值量测	混凝土应变计频率仪	每地质围岩变化处设一个断面,每断面10个测点	1次/天	1次/2天	1~2次/周	1~3次/月	—
5	二次衬砌压力计应力量测	压力计频率仪	每地质围岩变化处设一个断面,每断面7个测点	1次/天	1次/2天	1~2次/周	1~3次/月	—

7.6 围岩压力特征分析

现场测试从2014年5月初开始，考虑到施工过程难免对测试元件及其引线造成损坏，故埋设较多元器件。选定4个测试断面，分别布置于ZK86+045、ZK86+070、ZK86+090、YK86+120四处。通过近半年的时间，测得了大量宝贵的第一手数据资料，经对数据分析得到围岩与初支间应力、钢拱架表面应变、锚杆轴力、混凝土应变变形、初支与二衬间应力等的变形规律，现分别陈述如下。

(1)初期支护应力监测

①初期支护应力分布规律。

通过对四个断面的初支压力量测数据进行处理分析，得出了每个断面个监测部位的应力值，如表7-5所示，各断面不同部位的初支应力分布如图7-11～图7-14所示。

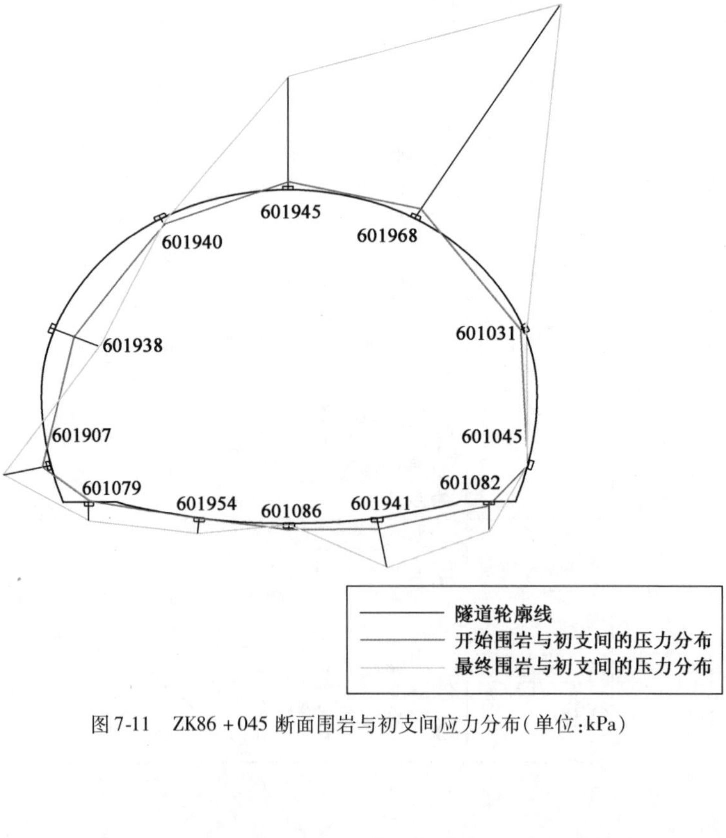

图7-11　ZK86+045断面围岩与初支间应力分布(单位:kPa)

表 7-5

围岩与初期支护间应力作用监测表

	桩号	编号	ZK86 +045		编号	ZK86 +070		编号		ZK86 +090		编号		YK86 +120	
			初始压力	稳定压力		初始压力	稳定压力			初始压力	稳定压力			初始压力	稳定压力
应力监测（单位：KPa）	右边墙	601031	-10.94	5.36	601077	9.36	10.19	30183	30201	258.65	147.57	20574	30194	89.87	59.96
	右拱脚	601045	-4.94	-1.73	601085	16.76	80.48	30197	30196	-180.08	147.13	20542	30207	71.04	621.27
	右拱腰	601968	34.27	820.12	601078	23.85	71.26	20585		91.94	0.154	20575	30182	96.22	97.04
	拱顶	601945	23.47	377.78	601052	99.38	74.48	20573		31.19	34.60	20586	30199	41.77	70.57
	左拱腰	601940	-19.46	-15.84	601081	11.70	37.97	20581		36.47	111.63	20579	30176	276.44	347.05
	左拱脚	601907	23.10	138.16	601945	13.56	13.24	30200	30192	260.52	-504.49	20587	30177	64.46	76.76
	左边墙	601938	-9.69	-138.58	601072	5.22	7.94	30195	30185	127.26	4811.59	20495	30181	579.19	239.52
	左边墙底部	601079	-0.75	67.83	601930	-2.70	72.39	20572		153.90	139.90	20469		59.12	101.91
	仰拱左中	601954	-0.66	54.25	601054	2.85	432.73	30203		19.01	50.63	30184		133.65	199.78
	仰拱正中	601086	19.76	7.52	601927	-6.12	392.00	30193		23.93	50.29	30204		98.21	98.21
	仰拱右中	601941	40.19	166.34	601089	0.46	27.84	20569		230.79	544.07	20580		25.65	坏
	右边墙底部	601082	16.40	101.24	601087	8.85	307.39	30179		44.02	144.49	20518		108.57	1211.64

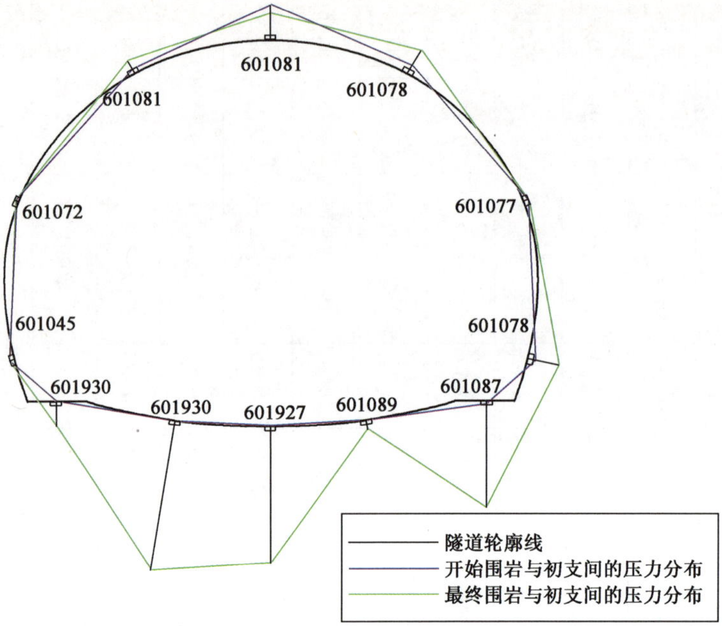

图 7-12 ZK86 + 070 断面围岩与初支间应力分布(单位:kPa)

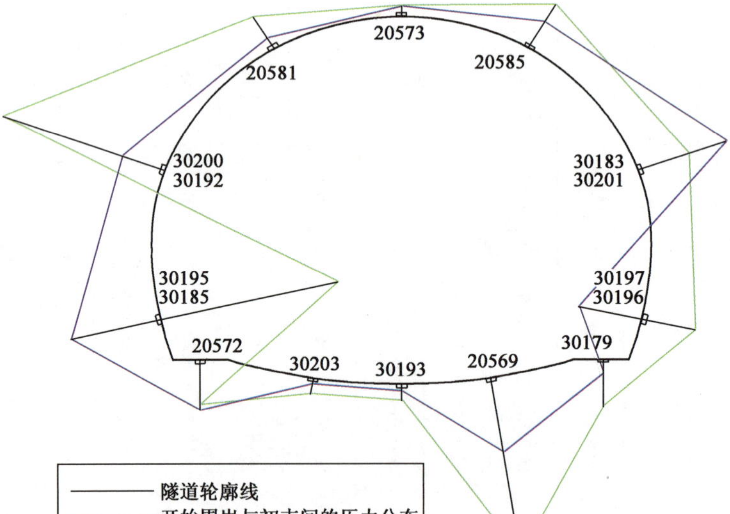

图 7-13 ZK86 + 090 断面围岩与初支间应力分布(单位:kPa)

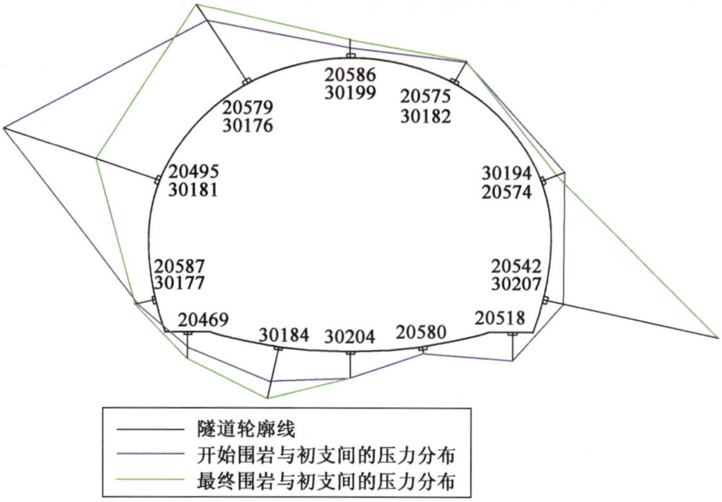

图7-14 YK86+120断面围岩与初支间的应力分布

从压力沿隧道洞周的分布规律上看围岩与初期支护间的接触应力总体较小,且沿洞周分布的不均匀性比较明显。断面一右拱腰接触应力较大,断面二仰拱处接触应力较大,断面三左边墙、左拱脚、仰拱右中接触应力较大,总体上呈现出仰拱、拱腰处接触应力大,这种接触应力不均匀、个别测点应力过大,可能与喷层的接触条件、土体的不均匀性以及断面各部分开挖顺序有关。

三个测试断面的最大应力均出现在边墙和墙角处,这可能是由于墙角处承受了大部分的垂直压力所致。而边墙处压力值较大则说明隧道中的侧向压力较大。总之,实测的围岩与初支间的应力分布形式与设计时假设拱部竖向匀布荷载加边墙处水平梯形荷载的围岩压力作用模式有较大区别,设计时应特别注意在适当部位做优化。

仰拱处受力较均匀,且数值均较大,说明隧道底部围岩压力较大,仰拱作用明显,有助于抵抗边墙的变形及位移,提高衬砌结构承载力。

②初期支护应力变化规律

a. 各断面上围岩的初支应力变化如图7-15~图7-17所示。

从图中可以看出,围岩与初支间的应力在埋压力盒15天内增长速率较大,15天以后变化速率比较稳定,30天以后压力逐渐稳定。拱顶的压力盒数值始终不大,可能是由于拱脚处、边墙处稳定性较差,承载力低,易发生屈服形成塑性区,产生较大的拱脚沉降,引起隧道整个支撑体系下沉,导致拱顶处产生空洞,围岩与初支接触不紧密。

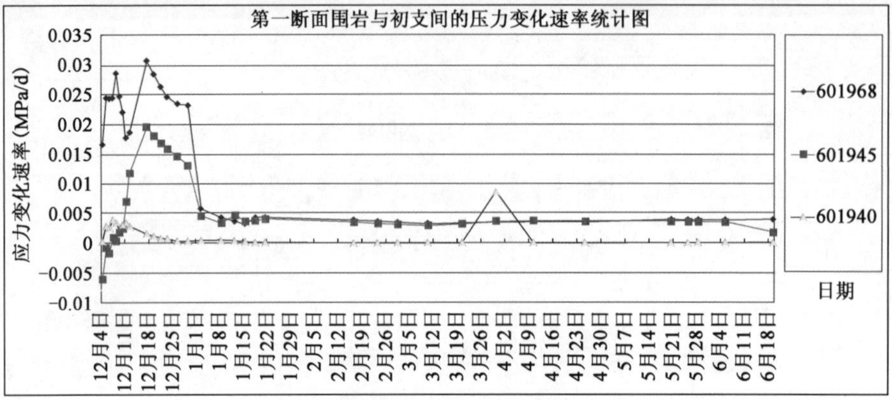

图 7-15　ZK86 + 045 断面上的围岩与初支间应力变化速率图

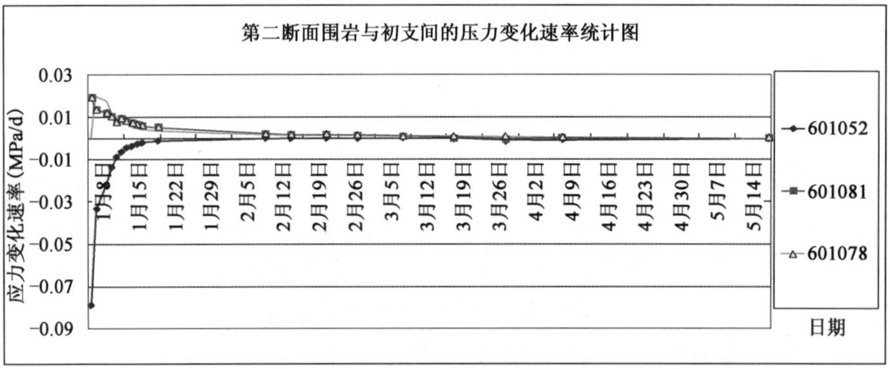

图 7-16　ZK86 + 070 断面上的围岩与初支间应力变化速率图

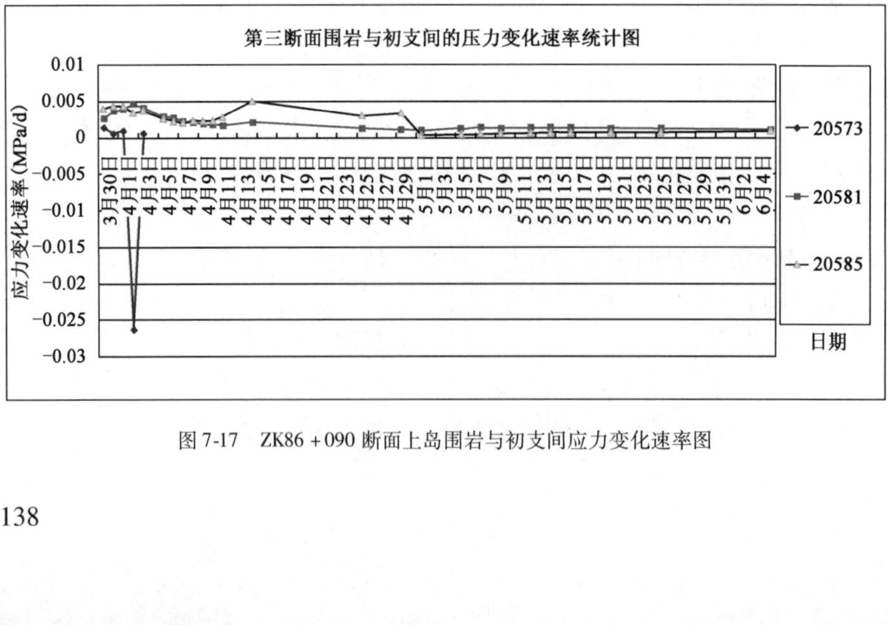

图 7-17　ZK86 + 090 断面上岛围岩与初支间应力变化速率图

b. 各断面下岛围岩的初支应力变化如图7-18～图7-20所示。

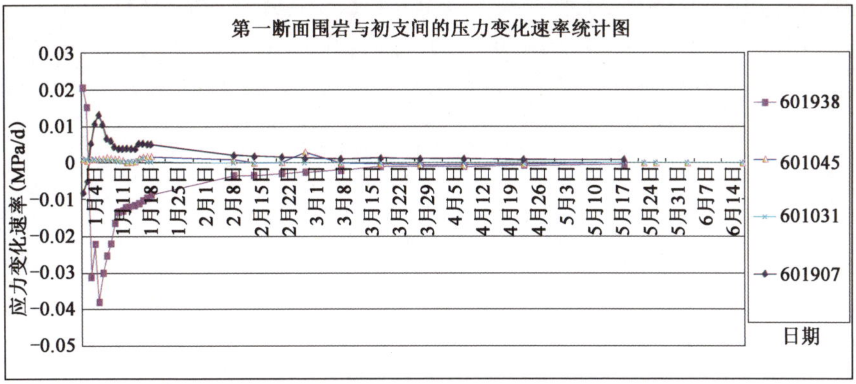

图7-18　ZK86+045断面下岛围岩与初支间应力变化速率图

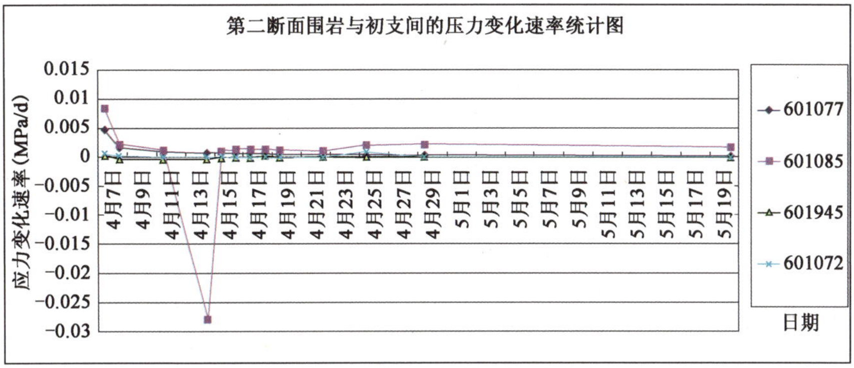

图7-19　ZK86+090断面下岛围岩与初支间应力变化速率图

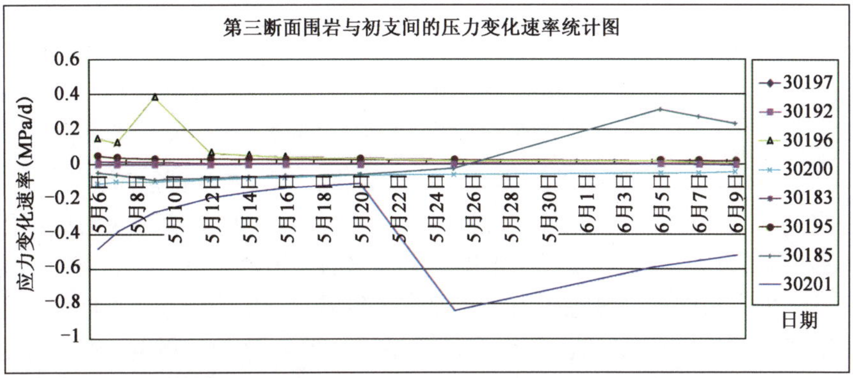

图7-20　ZK86+090断面下岛围岩与初支间应力变化速率图

从图中可以看出，总体上看拱脚及边墙处压力盒在埋设的前两周内迅速增加，围岩与初支间应力变化速率较大，之后变化速率趋于稳定，在埋设压力盒15天左右出现整个断面围岩应力的最大值，之后保持在这个水平上下小范围波动。

c. 各断面仰拱围岩的初支应力变化如图7-21～图7-23所示。

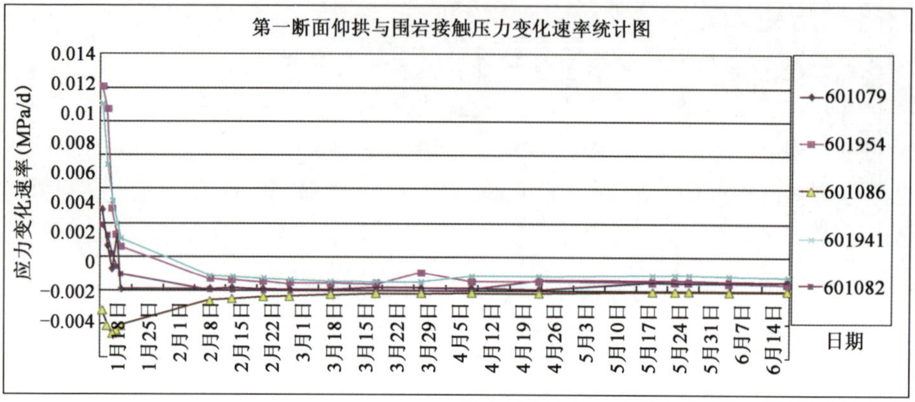

图7-21 ZK86+045断面仰拱围岩与初支间应力变化速率图

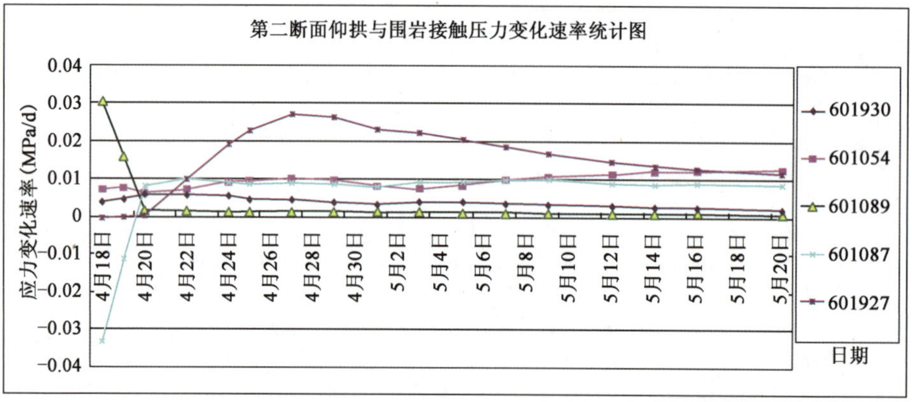

图7-22 ZK86+070断面仰拱围岩与初支间应力变化速率图

从图中可以看出，仰拱处的压力波动较大，大体上也是先逐渐增加，然后趋于稳定，且其数值相对整个断面来说较大。这说明仰拱承受了较大的底部围岩压力，且提高边墙抵抗变形能力、抵制边墙位移的作用效果也较好。

从围岩与初期支护接触压力时程曲线可以看出，压力盒的数据均表现为随时间的不断增长，刚开始增幅较大，而后逐渐减小并逐渐趋于稳定。其原因是洞室开挖后，围岩产生变形，但随着支护的封闭和混凝土强度的逐渐形成，有效控制了围岩变形的发展,开挖"虚拟支撑力"也随着导洞的继续向前掘进而逐渐减弱,故接触压力逐渐增大,而随着时间的增长和掌子面的掘进,围岩应力逐渐释放,应力状态逐渐调整,受扰动土体强度逐渐恢复,土体"拱效应"充分发挥,柔性的初期支护随围岩向洞内变形,隧道空间效应逐渐减弱等原因,压力变化速率逐渐减小并趋于稳定。

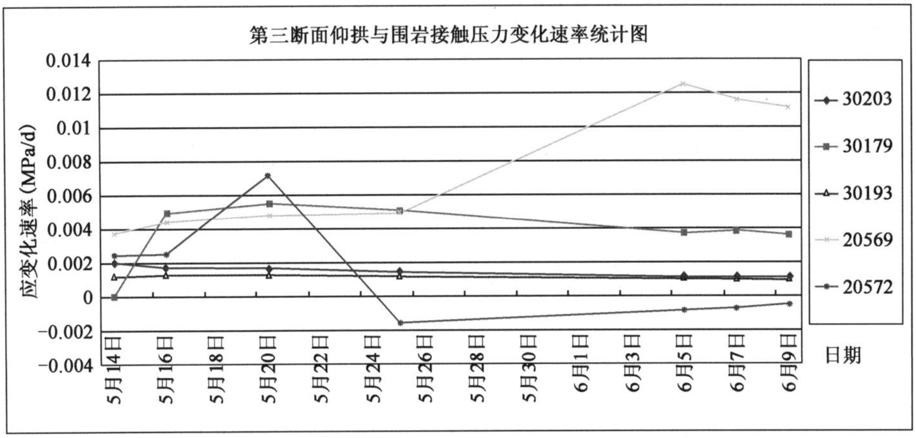

图7-23　ZK86+090断面仰拱围岩与初支间应力变化速率图

(2)锚杆轴力监测

①武都西隧道主筋轴力分布规律

武都西隧道锚杆轴力监测断面共有4个(表7-6),埋设仪器为钢筋计,得到主筋轴力的空间分布如图7-24~图7-27所示。

锚杆轴力监测表　　表7-6

钢筋计监测(压力单位:kN)						
桩号		右拱脚	右拱腰	拱顶	左拱腰	左拱脚
编号			601844	601842	601846	601866
		601851	601841	601843	601845	601860
ZK86+045	初始压力	0.104	-0.261	0.278	-8.143	0.515
	稳定压力	0.194	6.526	-16.617	367.653	0.204
编号		601857	601848	601849	601850	601852
		601859	601864	601858	601861	601855
ZK86+070	初始压力	0.142	-0.302	0.107	0.327	0.539
	稳定 压力	0.256	-0.374	0.043	0.235	0.709

续上表

钢筋计监测(压力单位:kN)						
桩号		右拱脚	右拱腰	拱顶	左拱腰	左拱脚
编号		355 红	357 红	无	360 红	358 红
		355 黑	357 黑		360 黑	358 黑
ZK86 +090	初始 压力	9.158	-1.012		0.349	1.842
	稳定 压力	-30.779	36.681		3.757	3.188
编号		356 红	363 红	362 红	364 红	359 红
		356 黑	363 黑	362 黑	364 黑	359 黑
YK86 +120	初始 压力	3.062	4.371	1.225	333.757	坏
	稳定 压力	2.641	-4.513	8.038	-0.4487	坏

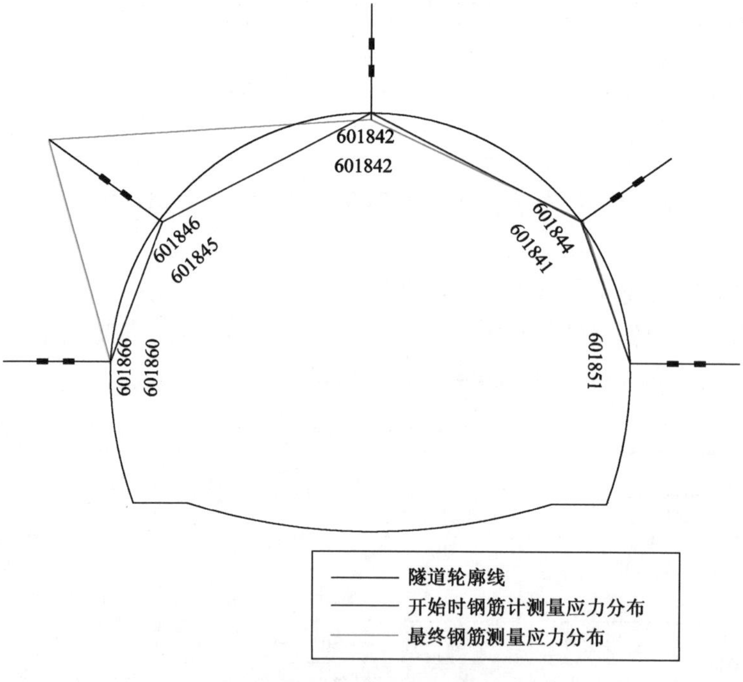

图 7-24　ZK86 +045 断面锚杆轴力分布图(单位:kN)

由钢筋轴力分布图可看出来,钢筋基本以受压为主,个别部位受拉,受力分布不均匀。左侧较大而右侧较小,最大值出现在拱腰及边墙处,这是由于较大的侧压力及仰拱处围岩压力对支护产生挤压,但仰拱的存在有效地抑制了边墙的变形及位移所致。

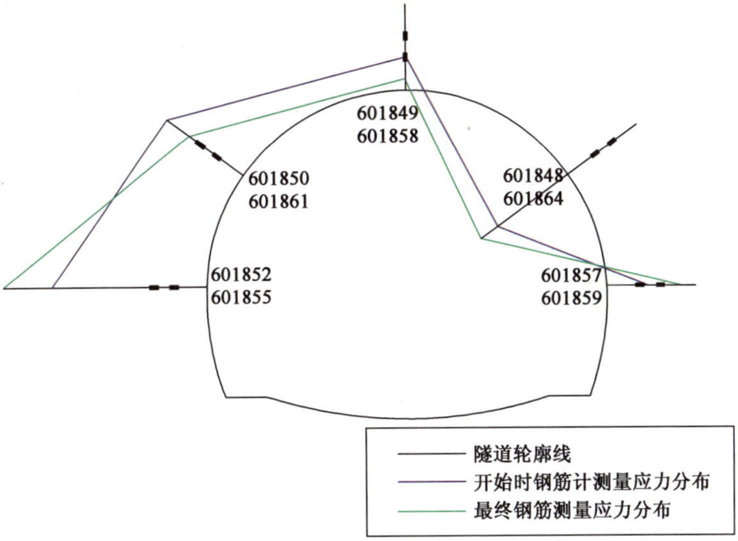

图7-25 Zk86+070断面锚杆轴力分布图(单位:kN)

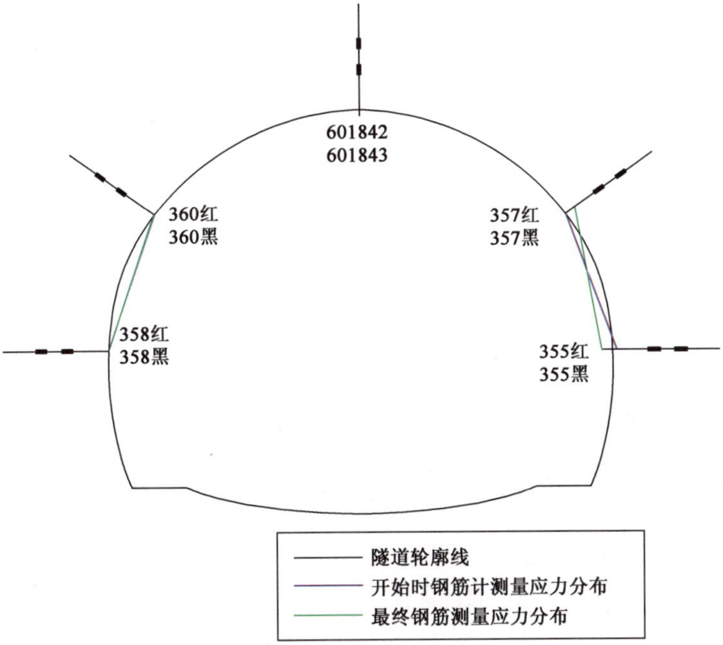

图7-26 ZK86+090断面锚杆轴力分布图(单位:kN)

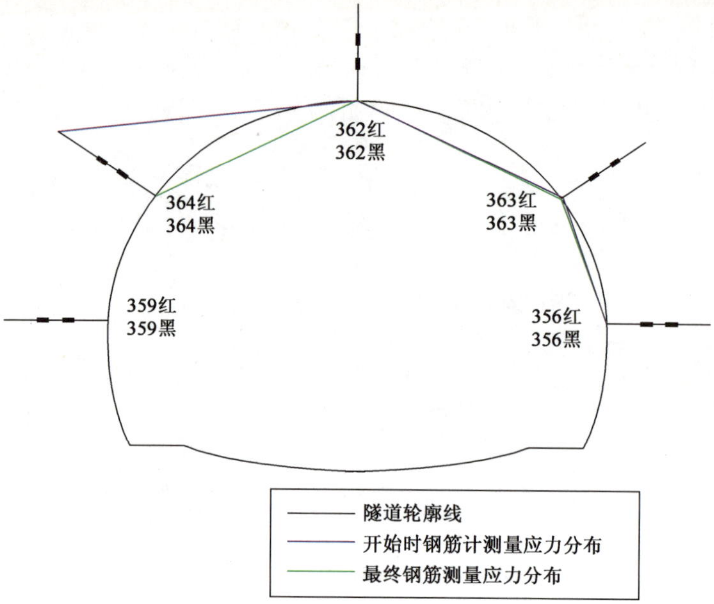

图 7-27　YK86 + 120 断面锚杆轴力分布图(单位:kN)

钢筋中的最大轴力位于右拱腰,其值为 36.68kN,对于 $\phi25$ 的 HRB335 钢筋而言,换算成应力为 74.72MPa,远小于规范规定的 268MPa,由此可见钢筋轴力整体不大,承载不是很明显。

②锚杆应力变化规律。各断面上下岛的钢筋计应力变化如图 7-28 ~ 图 7-33 所示。

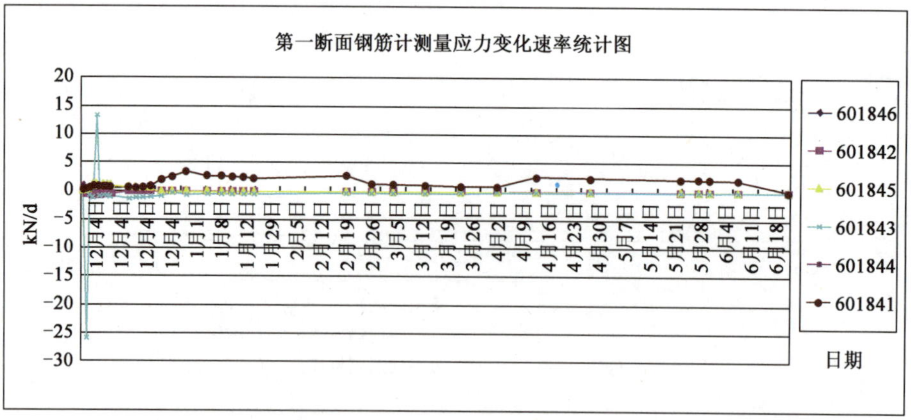

图 7-28　ZK86 + 045 断面上岛钢筋计应力变化速率图

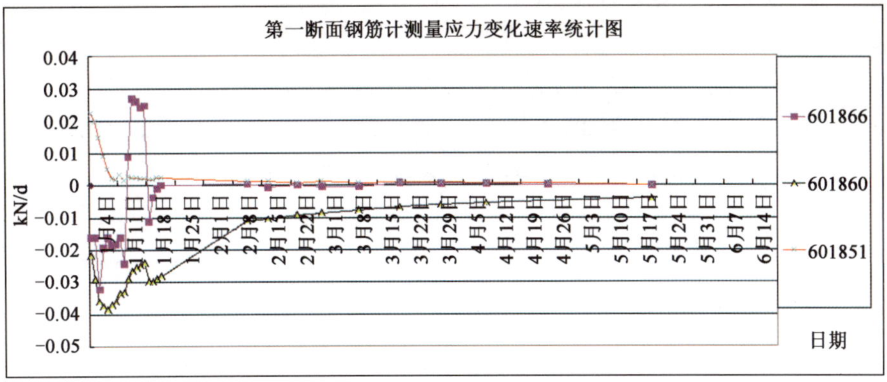

图 7-29 ZK86 +045 断面下岛钢筋计应力变化速率图

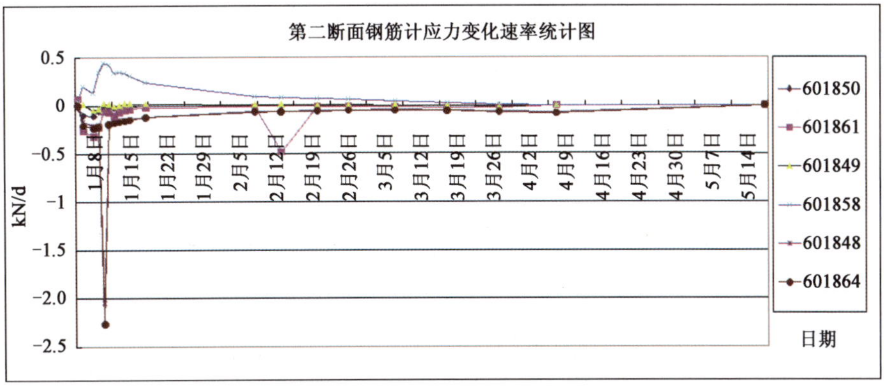

图 7-30 ZK86 +070 断面上岛钢筋计应力变化速率图

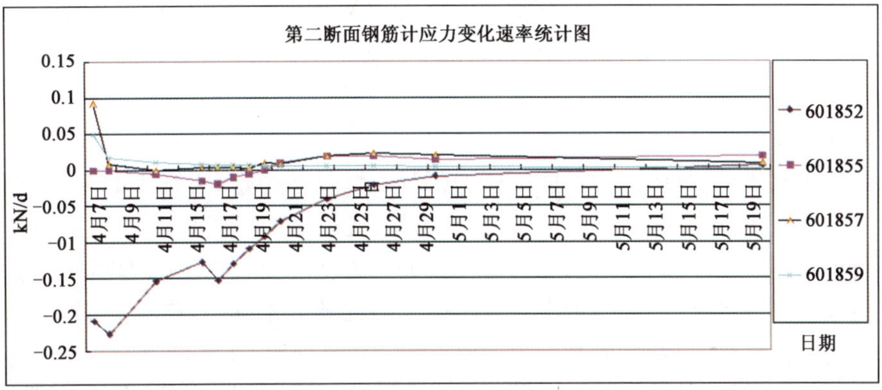

图 7-31 ZK86 +070 断面下岛钢筋计应力变化速率图

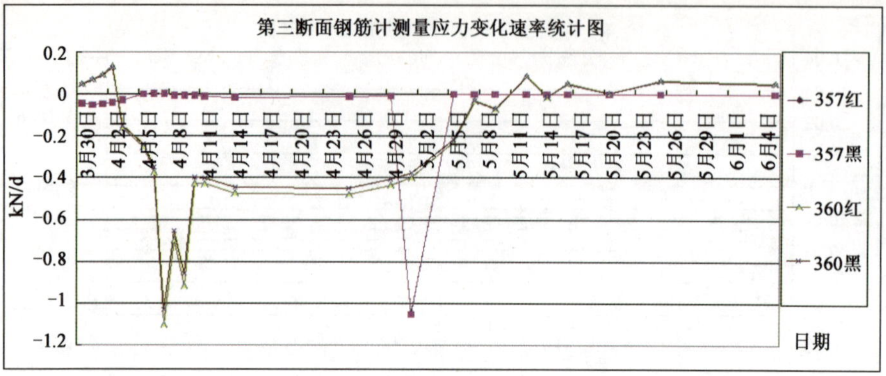

图 7-32 ZK86 +090 断面上岛钢筋计应力变化速率图

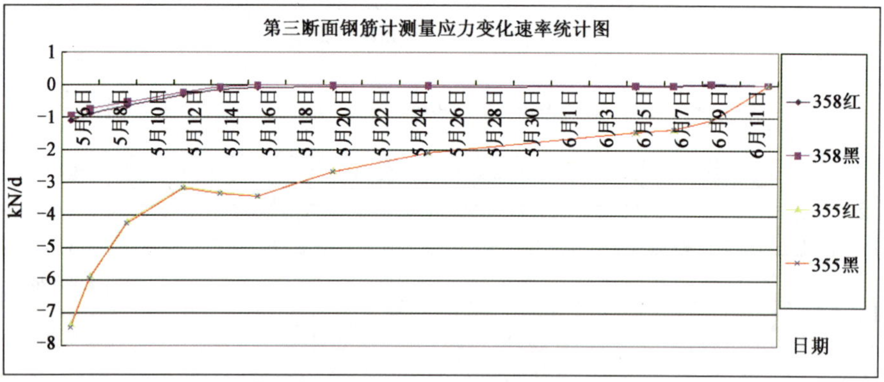

图 7-33 ZK86 +090 断面下岛钢筋计应力变化速率图

由图可以看出，钢拱架外侧钢筋的轴力随时间的变化趋势与接触应力变化趋势较为一致，在初期增长较快，说明格栅拱架在支护初期喷射混凝土强度未完全形成时支撑作用明显，随后缓慢增长，在二衬施作后轴力开始逐渐降低，并不断趋于稳定。

除个别点外，整体来说钢筋计应力都是先增长再稳定、再减小的变化规律。其原因可能是施工初期混凝土强度尚未形成，此时隧道开挖的围岩压力主要由柔性的格栅拱架承担，所以初期格栅承受的压力变化比较大。随着喷射混凝土强度逐渐形成，格栅拱架作为支护架构的重要性随之下降，只能承受部分荷载，其余荷载由混凝土承担，故其轴力增速放缓并趋于稳定。临时支撑拆除时，钢筋计轴力又突然增大，这是初期支护应力及变形突然释放、应力状态重新调整的结果。也说明了格栅拱架和喷射混凝土形成了支护体系共同承受外荷载，提高了隧道结构的前期稳定性，作为二次衬砌施做前的安全储备效果明显。而二次衬砌施做以后，拱架格栅的重要性下降，钢筋计轴力下降并逐渐趋于稳定，说明围岩压力可通过初期支护传递至二衬，二衬也承担部分荷载。

(3)表面应变量测

①钢拱架表面应变分布规律。武都西隧道拱架应变监测断面共有4个(表7-7)，目前已埋设3个断面，总体分布情况如图7-34～图7-36所示。

钢拱架表面应变(单位：μm)　　表7-7

应变监测								
桩号		右边墙	右拱脚	右拱腰	拱顶	左拱腰	左拱脚	左边墙
编号		201085	201078	201997	202000	201996	201091	201083
ZK86+045	初始应变	514.90	95.63	-2029.23	289.9	1400.38	737.53	491.40
	稳定应变	-1882.54	-1032.99	-651.37	523.53	-16.31	3525.96	-13.80
编号		201006	201002	201081	201086	201084	201010	201011
ZK86+070	初始应变	-20.37	344.65	-1605.47	-560.45	-720.60	241.41	707.50
	稳定应变	370.23	-320.18	-1332.82	2442.72	-2474.64	128.67	590.95
编号		3621	3375	4816	3229	5088	4963	4701
ZK86+090	初始应变	151.12	-61.45	106.37	288.98	100.07	379.17	289.99
	稳定应变	158.40	-211.26	244.52	264.45	-104.71	207.99	256.41

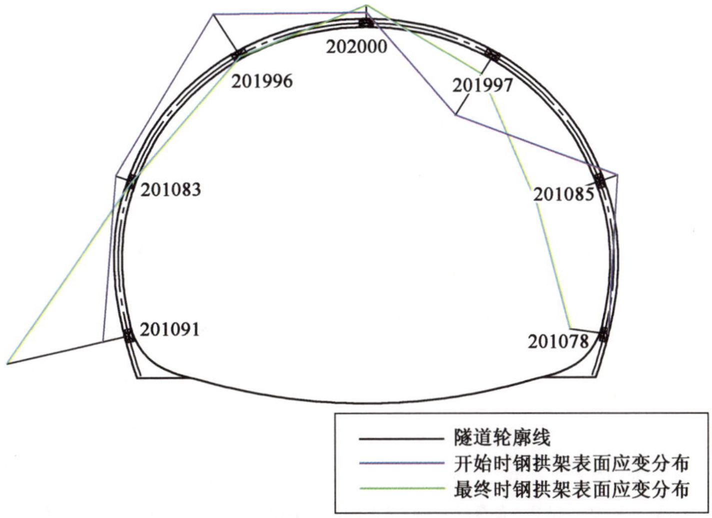

图7-34　ZK86+045断面钢拱架表面应变分布图(单位：μm)

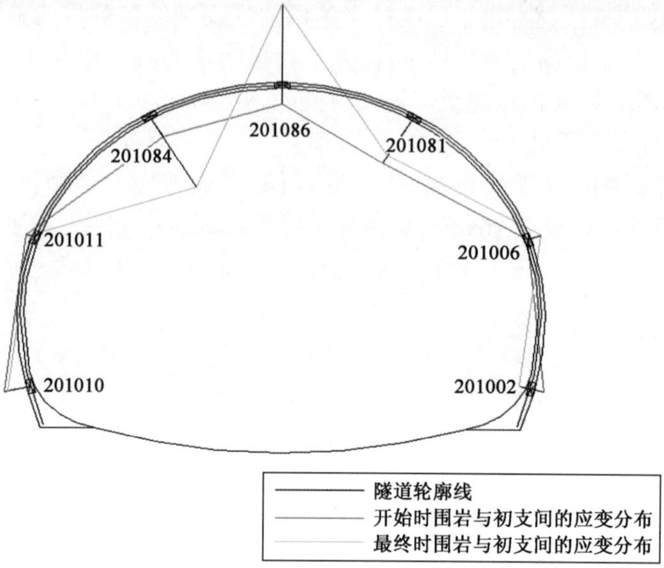

图 7-35　ZK86 + 070 断面钢拱架表面应变分布图(单位:μm)

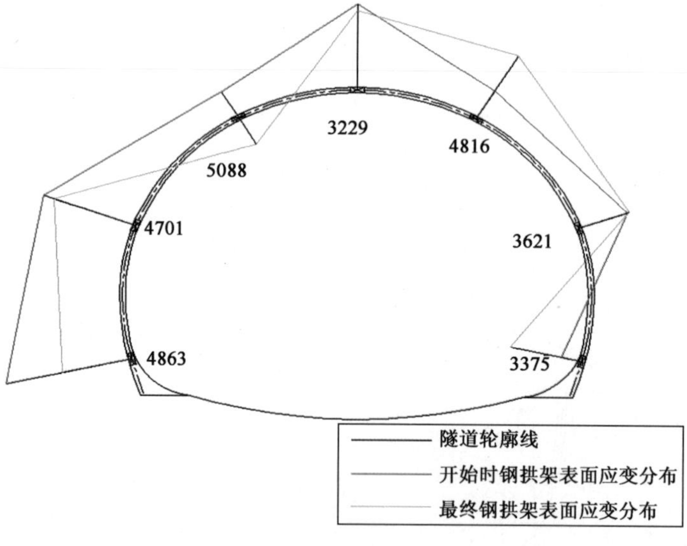

图 7-36　ZK86 + 090 断面钢拱架表面应变分布图(单位:μm)

由上图可知,钢拱架表面应变在左拱脚、拱腰处较大,最大值出现在左拱脚处,有 3.5mm。这与围岩压力的测试结果相对应,是由于较大的侧压力及仰拱处围岩压力对支护产生的挤压作用所致。

②钢拱架表面应变变化规律。各断面的钢拱架表面应变的变化速率如图7-37～图7-42所示：

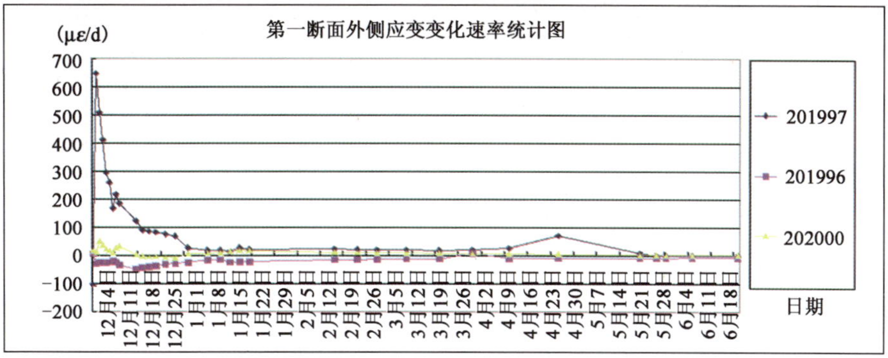

图7-37　ZK86+045断面上岛钢拱架表面应变变化速率分布图

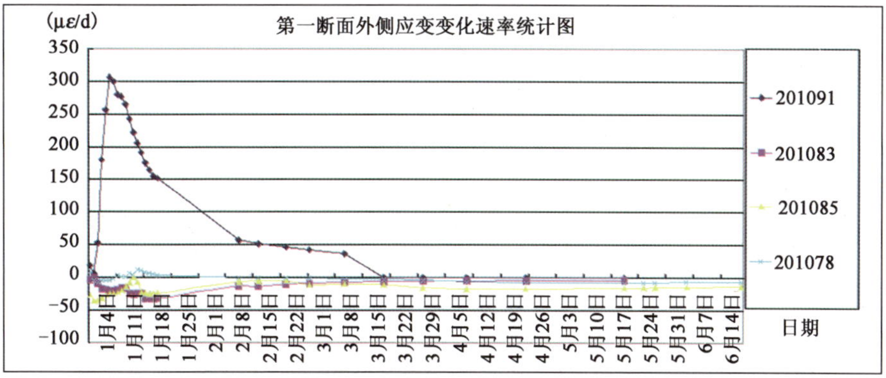

图7-38　ZK86+045断面下岛钢拱架表面应变变化速率分布图

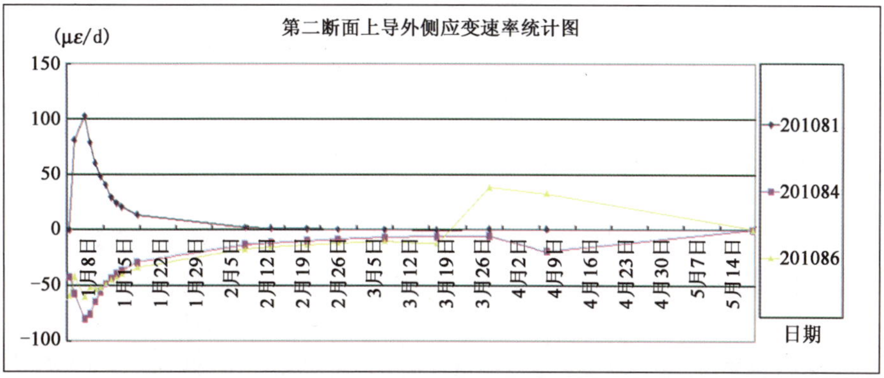

图7-39　ZK86+070断面上岛钢拱架表面应变变化速率分布图

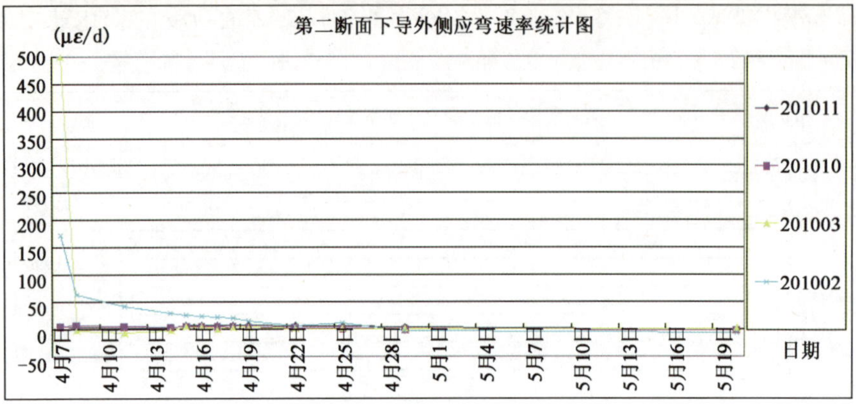

图 7-40　ZK86 + 070 断面下岛钢拱架表面应变变化速率分布图

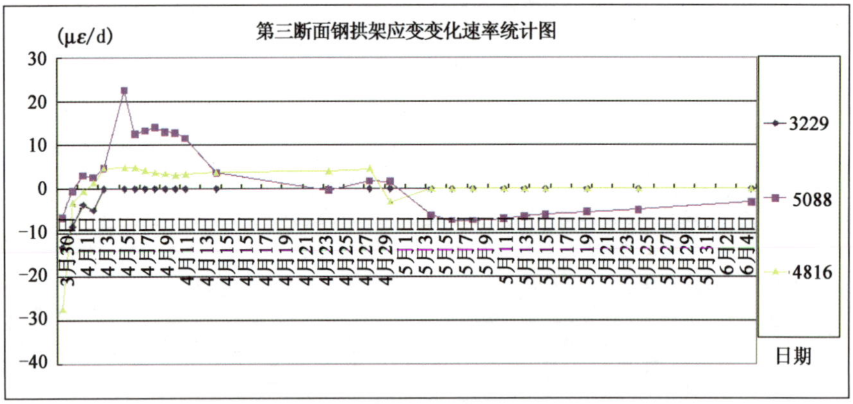

图 7-41　ZK86 + 090 断面上岛钢拱架表面应变变化速率分布图

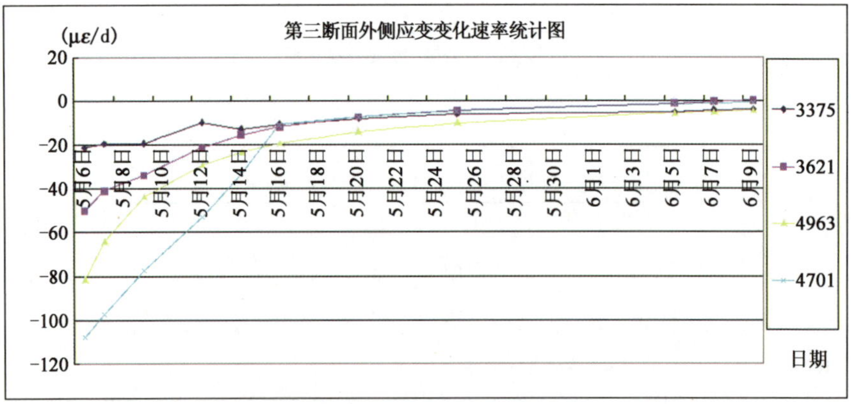

图 7-42　ZK86 + 090 断面下岛钢拱架表面应变变化速率分布图

从图7-37～图7-42看出，钢拱架表面应变速率与围岩与出之间的接触应力变化趋势较为一致，在初期增长较快，说明钢拱架在支护初期喷射混凝土强度未完全完成时支撑作用明显，随后增长缓慢，二衬施作后钢拱架表面应变变化速率逐渐趋于稳定。

具体来说，钢拱架表面应变在读数初始期快速上升，甚至出现突变，随后增幅放缓并不断趋于稳定或继续缓慢增长。分析其原因，可能是开始时混凝土强度未形成，此时隧道开挖压力完全由钢拱架承担，因而钢拱架表面应变快速增加，随着喷射混凝土强度逐渐形成，钢拱架作为支护结构的重要性随之降低，只能承受部分荷载，其余荷载由混凝土来承担，因而钢拱架表面应变速率速逐渐放缓，并逐渐趋于稳定。

(4)二衬混凝土应变量测

①二衬混凝土应变分布规律。武都西隧道应变监测断面共有4个，目前已埋设3个断面。总体统计分析情况见表7-8，各断面不同部位的混凝土应变分布如图7-43～图7-45所示。

隧道内测混凝土应变(单位:μm)　　表7-8

桩号		右边墙	右拱脚	右拱腰	拱顶	左拱腰	左拱脚	左边墙	仰拱左中	仰拱正中	仰拱右中
编号		201087	201089	201999	201998	201995	201079	201080	301130	301123	301124
ZK86+045	初始变形	-744.10	-129.45	-755.40	-1524.65	567.20	-402.60	-1451.49	-68.21	-116.40	-89.40
	稳定变形	-134.00	-1939.04	-1191.03	5242.45	-68.85	-1063.75	-1400.64	-174.75	-266.09	277.70
编号		201006	201008	201082	201090	201088	201007	201012	301113	301118	301117
ZK86+070	初始变形	-20.37	-451.68	-1626.56	-716.35	-390.60	130.11	163.23	-84.74	229.32	-112.84
	稳定变形	656.85	544.53	-846.77	1603.74	-372.08	52.51	239.08	-214.50	8.91	230.05
编号		5052	4613	4488	3622	3609	4408	3294	3315	4751	4344
ZK86+090	初始变形	176.94	-159.90	122.61	763.18	8.86	83.70	-242.81	275.78	2200.47	267.61
	稳定变形	362.52	313.95	18.93	1295.73	-242.31	295.790	775.31	220.13	1478.75	229.45

由图可知，二衬混凝土不同部位应变值差异较大，分布不均匀，两侧不对称。边墙以上部分基本受压，仰拱处多受拉。

②二衬混凝土应变变化规律。各断面不同部位的二衬混凝土应变变化速率如图7-46～图7-54所示。

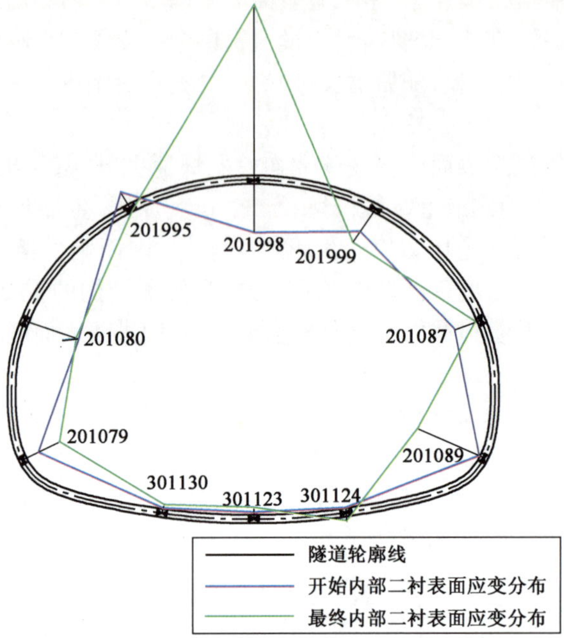

图 7-43　ZK86 + 045 断面混凝土应变分布图(单位:10μm)

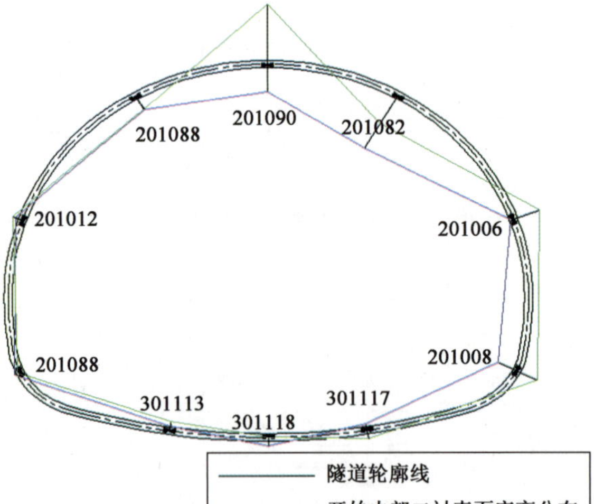

图 7-44　ZK86 + 070 断面混凝土应变分布图(单位:10μm)

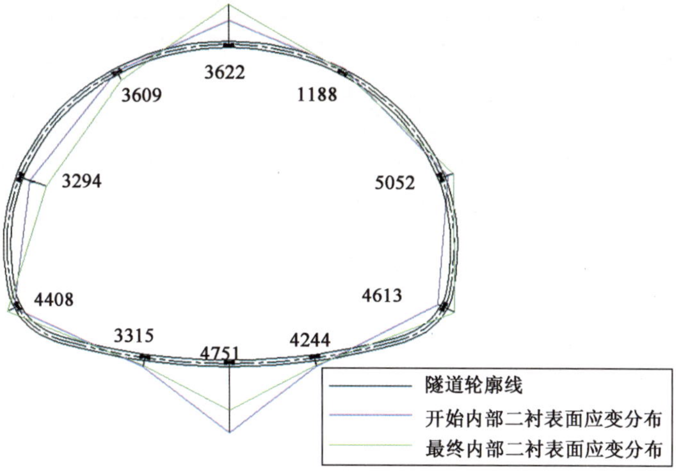

图7-45　ZK86+090断面混凝土应变分布图（单位:10μm）

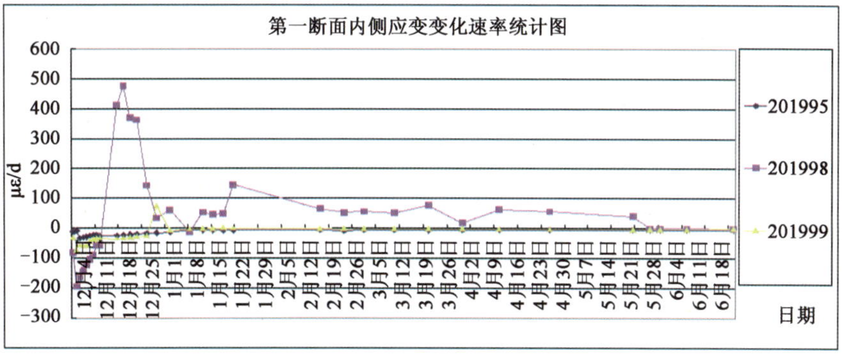

图7-46　ZK86+045断面上岛混凝土应变变化速率图

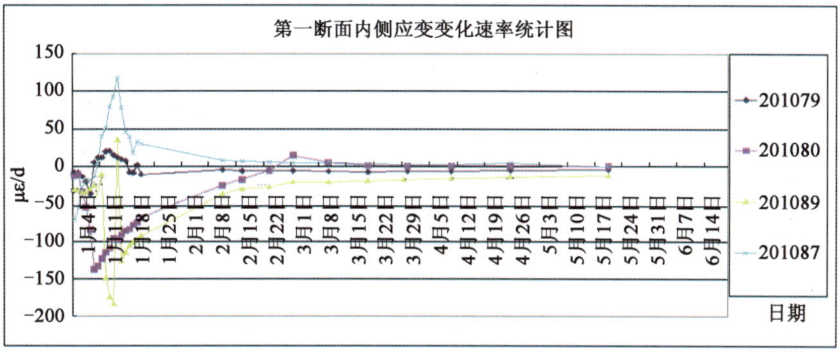

图7-47　ZK86+045断面下岛混凝土应变变化速率图

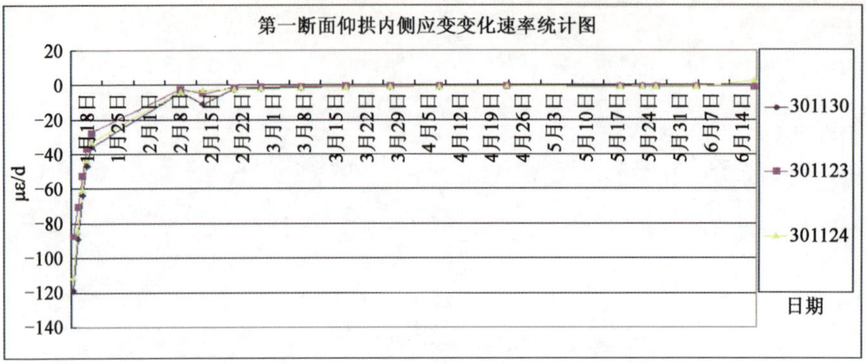

图 7-48　ZK86 +045 断面仰拱混凝土应变变化速率图

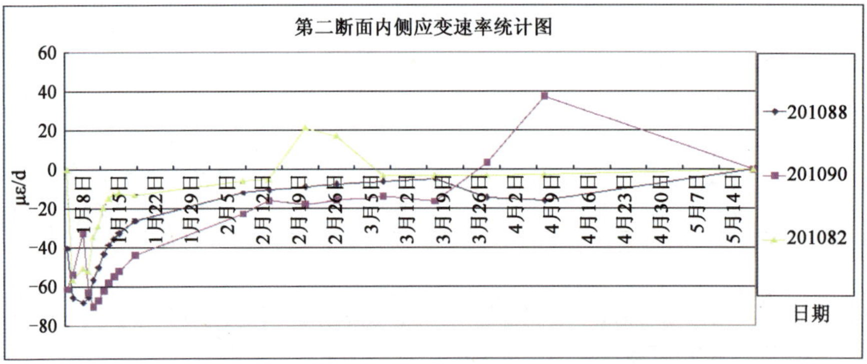

图 7-49　ZK86 +070 断面上岛混凝土应变变化速率图

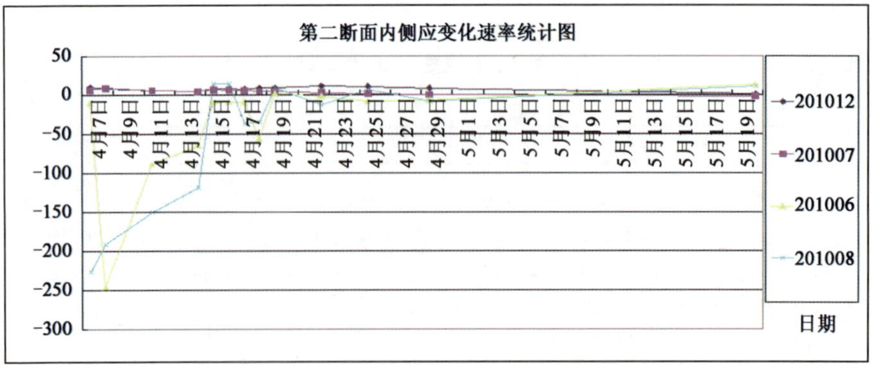

图 7-50　ZK86 +070 断面下岛混凝土应变变化速率图

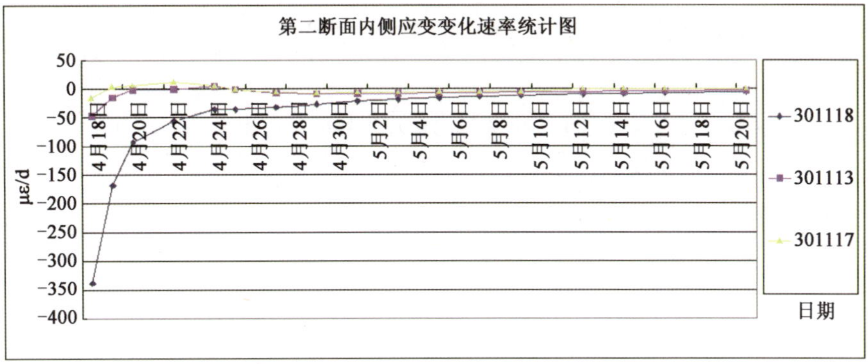

图7-51　ZK86+070断面下岛混凝土应变变化速率图

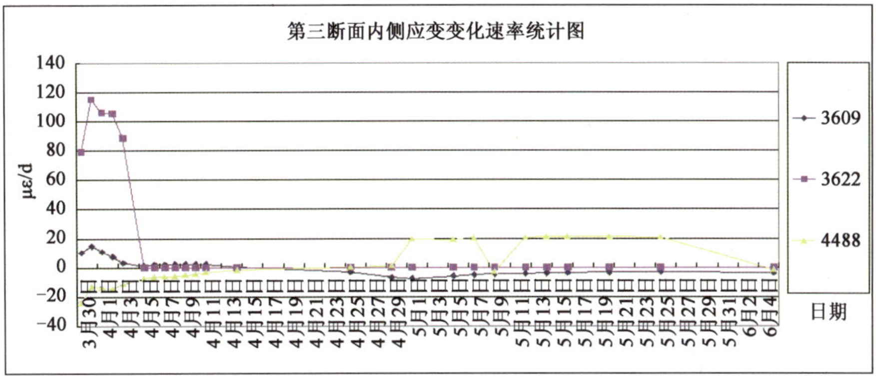

图7-52　ZK86+090断面上岛混凝土应变变化速率图

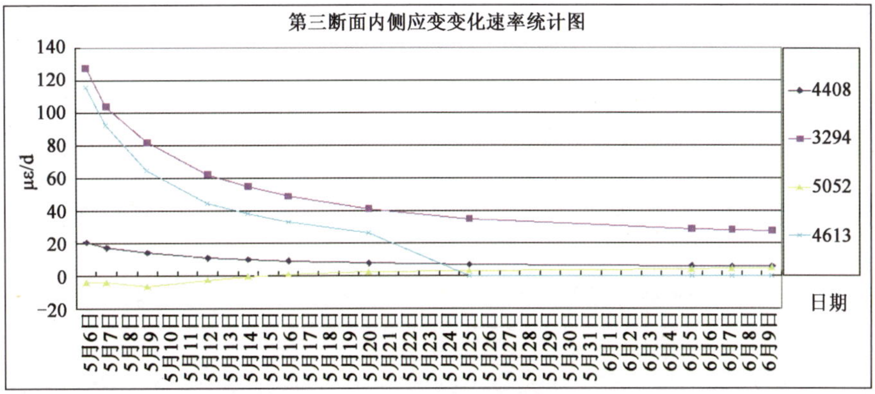

图7-53　ZK86+045断面下岛混凝土应变变化速率图

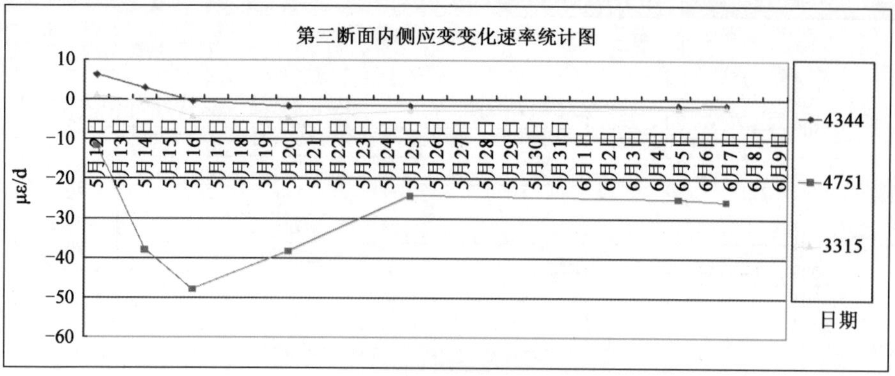

图 7-54　ZK86 + 045 断面仰拱混凝土应变变化速率图

从数值来看，二衬混凝土的应变总体较小，但局部较大。最大拉应变出现在仰拱，为 2200.47μm，最大压应变出现在拱顶处，为 2464.6μm。但都远小于规范中的强度规定，即二衬浇注是安全的，符合规范要求。混凝土二衬应变的这种分布规律与侧压力及隧道围岩压力较大是相对应的，再次说明了仰拱在提供高边墙抵抗变形及位移的能力、提高隧道结构的刚度和承载力、保持隧道结构的长期稳定性方面的作用显著，也说明二次衬砌不仅是安全储备，而是作为主要的承载结构，承载显著，在设计和施工时应引起足够的重视，合理设计，规范施工，保证质量和安全。另外，应特别注意边墙与仰拱的连接，以及分段施作二衬仰拱时仰拱的施工连接和过渡，尽量避免产生应力集中。

第 8 章　武都西隧道涌水分析及其处置措施

8.1　隧址区基本概况及涌水分析

8.1.1　隧址区概况

(1)气象水文

隧道所处区域属北亚热带暖半湿润的季风气候。根据陇南市武都区和文县气象站资料,区内多年平均气温为 14.6 ~ 14.9℃,最热月平均气温为 20.1 ~ 24.8℃,最冷月平均气温为 2.9 ~ 3.6℃(如图 8-1 所示),极端最高气温为 37.7 ~ 40℃,极端最低气温为 -8.1 ~ -7.4℃,平均相对湿度为 61% ~71%。

陇南市武都区大雨或暴雨的强度与夏季季风强弱有关,并且暴雨出现的次数因季风盘踞时间的长短而异,与年降雨量的年际分配大体一致。该流域地处亚热带北部边缘,属过度季风,山地气候,受地形影响,气候垂直差异分布明显,该区多年平均降雨量 483.5mm,年内降雨集中在 7、8、9 三个月(图 8-1),占全年总水量的 56.5%。降雨偏少,但暴雨较多,日降雨量 50 ~ 100mm 的暴雨多发生在 7、8 月,历年平均两次;日降雨量 24 ~ 48mm 的大雨发生在 5 ~ 9 月,历年平均 2.2 次;连续 24h 最大降雨量 78.8mm,1h 最大降雨量 41.4mm,10min 最大降雨量 16.2mm。区内多年平均降雨量为 474.6 ~ 900mm。日最大降雨量为 60.3 ~ 1661.1mm,降雨多集中在 7、8、9 三个月,占全年降水量的 78% 左右:多年平均风速 1.3 ~ 2.4m/s,最大风速:24 ~ 16m/s,主导风向为东南风,最大冻结深度为 12cm。

隧址区地表水为北峪河河水、白龙江江水,属季节性流水。北峪河常年流水,最大洪峰流量 580m^3/s,一般流量 0.1 ~ 0.2m^3/s,最小流量 0.01m^3/s,白龙江多年平均流量 141.2m^3/s,最小流量 30.5m^3/s,最大实测洪峰流量 1890m^3/s,一般为 250m^3/s。由于河谷两侧山体地势较陡,植被不发育,第四系覆盖层较薄,不利于大气降水渗入山体,多以地表径流形式直接排泄于北峪河或白龙江。

从而使地表水由山顶到山脚、沟谷形成一个相对独立的补、经、排系统。雨季时，河水水位暴涨暴落，流量猛增。据区域水文地质资料及北峪河河水水质报告，地表河水水化学类型为 HCO_3SO_4-Mg 型，地表河水对混凝土具弱腐蚀性，地下水对混凝土及混凝土中的钢筋无腐蚀作用。

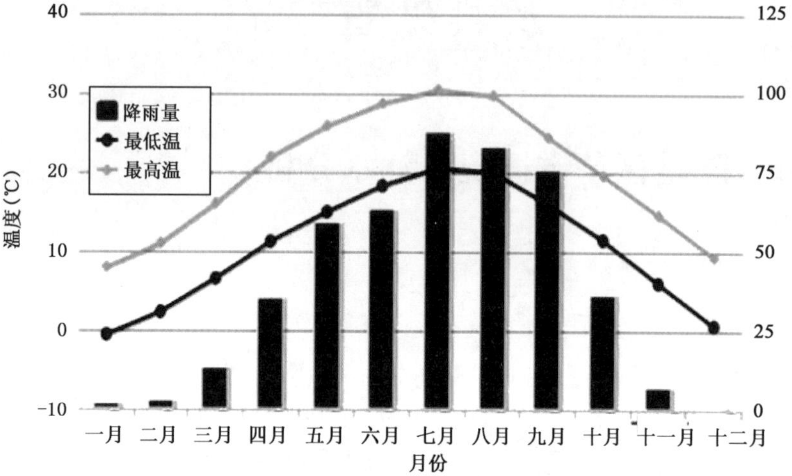

图 8-1 武都月平均气温和降雨量

隧址区地下水主要为孔隙水潜水、基岩裂隙水及断层裂隙水，水位、水量受大气降水影响而变化。潜水赋存于第四系黏性土中，其供给来源于大气降水的垂直渗入；基岩裂隙水赋存于志留系岩层中，水量受基岩裂隙发育及潜水影响，一般水量不大。断层带内岩体破碎，胶结极差，富水性较好，对洞室的稳定性不利。隧道出口左线部分处与 F5 断层次生断层斜交，断层内岩体破碎，水量丰富，在山体下部冲沟处出露成泉，地下水高程为 1037.343m，较隧道出口高程低 3.0m。

(2)隧址区工程地质条件概述

隧址区属西秦岭山地中低山地貌的峡谷地带，山梁走向为南北向。隧址区位于剥蚀地貌区，山梁走向为东西向，山体地形总体较陡，呈中间高两侧低地形，进口自然坡度约 40°；出口自然坡度约 50°，基岩出露，上部覆盖冲击、风积黄土、粉质黏土、碎石，其厚度 >26m，下部出露片岩。进口段位于省道 S205 右侧上部，与北峪河 12 号大桥相连，穿越上没水山后以互通形式上跨 G212 国道、白龙江后与在建武罐高速相连。左线地面海拔高程界于 1131.44 ~ 1405m 之间，隧道最大埋深约 1000m。右线地面海拔高程界于 1114.57 ~ 1373.52m 之间，隧道最大埋深约 1000m。图 8-2 为武都西隧道卫星图。

隧址区构造发育主要有上没水—下没水断层(F4)、大院—殿沟里断层

(F5),为志留系内部逆冲断层。志留系上部硅质条带白云质灰岩冲积在志留系碳质千枚岩之上,属武都山字形构造体系白龙江深大断裂次生断裂。倾向北,倾角50°~70°,下盘为白龙江群下部千枚岩、碳质千枚岩,岩体破碎,强度低,上盘为白龙江群第二段白云质灰岩,中薄层灰岩、千枚岩互层。断层处发育有2处次生断层,其中一条与隧道左线离洞门位置30m处呈大角度相交。

图8-2 武都西隧道卫星图

根据《中国地震动参数区划图》(GB 18306—2008),隧址区地震动峰值加速度为2.20g,地震动反应谱特征周期0.40s,对应的地震基本烈度为Ⅷ度。

(3)隧道工程简介

在建武都西隧道是新建西部开发省际公路通道成武高速公路的关键性控制工程。武都西隧道位于武都区黑坝里北侧上没水山山体内,隧道设计为分离式岩质隧道。武都西隧道右线起点里程桩号为YK83+831,终点桩号YK87+612,隧道洞长3781m。CW18标武都西隧道右线平面线形为半径$R=2800$m的圆曲线。右线设计纵坡坡度-2.22%。左线起点里程桩号为ZK83+810,武都西隧道终点里程桩号为ZK87+573,隧道洞长3763m。CW18标武都西隧道左线平面线形为半径$R=2800$m的圆曲线。左线设计纵坡坡度-2.27%。隧址区位于剥蚀中山地貌区,山体地形总体较陡,呈中间高两侧低,进口自然坡度约40°;出口自然坡度约50°,进口段位于省道S205右侧上部,北欲河12号大桥相连,穿越上没水山后以互通形式上跨G212国道、白龙江后与在建武罐高速相连。

8.1.2 武都西隧道涌水特征

(1)武都西隧道围岩富水区划分情况

按照地理位置、自然地理条件、区域地质构造和水文条件,将武都西隧道经过的围岩依据含水量的大小划分为四个富水等级。由于涌水基本发生在隧道的左线进口,所以表8-1主要用隧道左线作为说明。

武都西隧址区围岩富水等级划分情况 表8-1

强富水区	该区里程为ZK84+853~ZK85+569,长度为716m,占武都西隧道单洞全长的19%,本段范围内围岩以板岩为主,节理裂隙极为发育,岩体结构简单、完整,为较软岩~较硬岩。该段围岩埋深最大,为1000m左右,地应力高,地下水头压力很大,渗透性强,地下水循环积极,主要属于断裂储水构造和单斜储水构造,地下水主要以大股状涌水的方式流出
中等富水区	该区里程为ZK84+435~ZK84+835、ZK85+569~ZK85+751,长度为600m,占武都西隧道单洞全长的16%。从剖面图上看,该段围岩为中风化~强风化板岩,灰色,裂隙发育,岩体较完整,地下水储存于各种节理裂隙中,储水条件较好,该段地应力较高,地下水头压力大,渗透力较强,地下水循环较为积极,地下水主要以小股状涌水的方式流出
弱富水区	该区里程为ZK83+831~ZK84+435、ZK85+751~ZK85+983,长度为836m,占武都西隧道单洞全长的22%,该段处于进、出口段及浅埋段,岩性为第四系覆盖层及强风化板岩,节理发育,岩体破碎,呈松散结构,岩质较软,储水条件比较一般,水化学类型以HCO_3 SO_4-Mg为主,地下水主要排泄方式为淋水
贫富水区	该区里程为ZK85+983~ZK87+612,该区长度为1629m,占武都西隧道单洞全长的43%。该段围岩以千枚化炭质板岩为主,局部夹灰岩,节理较发育,岩体松散破碎,稳定性差,储水条件差,属于松散空隙裂隙水,地下水主要排泄方式为滴水

(2)超前地质预报围岩统计情况

表8-2为2012年10月21日至2013年6月8日武都西隧道左线和右线掌子面超前地质预报统计表。

武都西隧道围岩预报统计表 表8-2

隧道名称	预报日期	期次	预报里程	设计级别	预报级别	岩性描述
武都西隧道左线出口	2012-10-21	26	ZK84+620~ZK84+655	Ⅳ级	Ⅳ级	中风化泥灰岩、较破碎、有滴水
武都西隧道左线出口	2012-10-21	26	ZK84+620~ZK84+655	Ⅳ级	Ⅳ级	中风化泥灰岩、较破碎、有滴水

续上表

隧道名称	预报日期	期次	预报里程	设计级别	预报级别	岩性描述
武都西隧道右线进口	2012-10-26	27	YK84+825～YK84+860	Ⅳ级	Ⅳ级	灰岩、强风化围岩稳定性一般
武都西隧道左线出口	2012-10-29	27	ZK84+650～ZK84+685	Ⅳ级	Ⅴ级	中风化泥灰岩、较破碎、有滴水
武都西隧道右线进口	2012-11-03	28	YK84+855～YK84+890	Ⅳ级	Ⅳ级	灰岩、强风化、围岩稳定性较差
武都西隧道左线出口	2012-11-06	28	ZK84+680～ZK84+715	Ⅳ级	Ⅴ级	中风化泥灰岩、较破碎、滴水严重
武都西隧道右线进口	2012-11-10	29	YK84+885～YK84+920	Ⅳ级	Ⅳ级	灰岩、中风化、有滴水
武都西隧道左线出口	2012-11-14	29	ZK84+710～ZK84+745	Ⅳ级	Ⅴ级	中风化泥灰岩、较破碎、滴水严重
武都西隧道右线进口	2012-11-19	30	YK84+915～YK84+950	Ⅳ级	Ⅳ级	灰岩、中风化、有滴水
武都西隧道左线出口	2012-11-29	30	ZK84+740～ZK84+775	Ⅳ级	Ⅳ级弱	中风化泥灰岩、围岩破碎、掌子面有流水
武都西隧道右线进口	2012-12-3	31	YK84+945～YK84+980	Ⅳ级	Ⅳ级弱	灰岩、中风化
武都西隧道左线出口	2012-12-7	31	ZK84+770～ZK84+805	Ⅳ级	Ⅳ级弱	泥灰岩、围岩破碎、掌子面水流大
武都西隧道右线进口	2012-12-11	32	YK84+975～YK85+010	Ⅳ级	Ⅳ级弱	灰岩、中风化
武都西隧道左线出口	2012-12-14	32	ZK84+800～ZK84+835	Ⅳ级	Ⅳ级弱	泥灰岩、围岩破碎、掌子面水流大
武都西隧道右线进口	2012-12-19	33	YK85+005～YK85+040	Ⅳ级	Ⅳ级弱	中风化炭质灰岩
武都西隧道左线出口	2012-12-22	33	ZK84+830～ZK84+865	Ⅳ级	Ⅳ级	中风化灰岩、较硬岩岩体较完整
武都西隧道右线进口	2012-12-26	34	YK85+035～YK85+070	Ⅳ级	Ⅳ级	中风化炭质灰岩、较软岩
武都西隧道左线出口	2012-12-29	34	ZK84+860～ZK84+895	Ⅳ级	Ⅳ级弱	中风化灰岩、深灰色、岩体较完整

续上表

隧道名称	预报日期	期次	预报里程	设计级别	预报级别	岩性描述
武都西隧道右线进口	2013-1-3	35	YK85 +065 ~ YK85 +100	Ⅳ级	Ⅳ级	中风化炭质灰岩、较软岩
武都西隧道左线出口	2013-1-6	35	ZK84 +890 ~ ZK84 +925	Ⅳ级	Ⅴ级	中风化灰岩、较硬岩、掌子面涌水
武都西隧道右线进口	2013-1-10	36	YK85 +095 ~ YK85 +130	Ⅳ级	Ⅳ级弱	中风化炭质灰岩
武都西隧道左线出口	2013-1-15	36	ZK84 +920 ~ ZK84 +955	Ⅳ级	Ⅴ级	中风化灰岩、深灰色、掌子面涌水
武都西隧道右线进口	2013-1-18	37	YK85 +125 ~ YK85 +160	Ⅳ级	Ⅳ级弱	中风化炭质板岩
武都西隧道左线出口	2013-1-21	37	ZK84 +950 ~ ZK84 +985	Ⅳ级	Ⅳ级弱	中风化灰岩泥岩互层为主、较破碎
武都西隧道右线进口	2013-1-25	38	YK85 +155 ~ YK85 +190	Ⅳ级	Ⅳ级弱	中风化炭质灰岩
武都西隧道左线出口	2013-1-29	38	ZK84 +980 ~ ZK85 +015	Ⅳ级	Ⅳ级弱	板岩、岩体较破碎、涌水量大
武都西隧道右线进口	2013-3-5	39	YK85 +185 ~ YK85 +220	Ⅳ级	Ⅳ级弱	炭质板岩
武都西隧道左线出口	2013-2-22	39	ZK85 +010 ~ ZK85 +045	Ⅳ级	Ⅴ级	碳质板岩、较破碎、涌水量大
武都西隧道右线进口	2013-3-13	40	YK85 +215 ~ YK85 +250	Ⅳ级	Ⅳ级	碳质板岩、强风化
武都西隧道左线出口	2013-3-5	40	ZK85 +040 ~ ZK85 +075	Ⅳ级	Ⅴ级	碳质板岩、较破碎、涌水量大
武都西隧道右线进口	2013-3-19	41	YK85 +245 ~ YK85 +280	Ⅳ级	Ⅳ级弱	板岩、掌子面的水头较高
武都西隧道左线出口	2013-3-13	41	ZK85 +070 ~ ZK85 +105	Ⅳ级	Ⅴ级	板岩、岩体较破碎
武都西隧道右线进口	2013-3-23	42	YK85 +275 ~ YK85 +310	Ⅳ级	Ⅳ级弱	板岩、岩石坚硬、稳定
武都西隧道左线出口	2013-3-20	42	ZK85 +100 ~ ZK85 +135	Ⅳ级	Ⅴ级	炭质板岩、较破碎

续上表

隧道名称	预报日期	期次	预报里程	设计级别	预报级别	岩性描述
武都西隧道右线进口	2013-3-29	43	YK85 +298 ~ YK85 +333	Ⅳ级	Ⅳ级弱	板岩、掌子面的水头较高
武都西隧道左线出口	2013-3-27	43	ZK85 +130 ~ ZK85 +165	Ⅳ级	Ⅴ级	板岩、灰岩为主、有滴水
武都西隧道右线进口	2013-5-24	44	YK85 +330 ~ YK85 +365	Ⅳ级	Ⅳ级	灰岩、富含裂隙水
武都西隧道左线出口	2013-4-4	44	ZK85 +160 ~ ZK85 +195	Ⅳ级	Ⅴ级	板岩、灰岩为主、掌子面涌水大
武都西隧道右线进口	2013-5-31	45	YK85 +360 ~ YK85 +395	Ⅳ级	Ⅳ级	灰岩、裂隙水发育、围岩稳定
武都西隧道左线出口	2013-4-11	45	ZK85 +190 ~ ZK85 +225	Ⅳ级	Ⅳ级	板岩、灰岩为主、裂隙水发育
武都西隧道右线进口	2013-6-8	46	YK85 +390 ~ YK85 +425	Ⅳ级	Ⅳ级	灰岩、裂隙水发育、围岩稳定

图8-3为掌子面里程ZK85 +190的照片图，掌子面围岩以灰岩为主，灰白色、灰褐色，中风化，中厚层状，块状，岩石较坚硬，存在两组节理，微张，岩层次级褶皱、节理较发育。受F5断层影响强烈。掌子面滴水淋水严重，拱顶掉渣掉块，整体稳定性一般。

图8-3　掌子面淋水场面

图8-4和图8-5为ZK85 +190 ~ ZK85 +225段地质雷达探测波形图，探测范围为35m。综合点测及线测结果可得：ZK85 +190 ~ ZK85 +225段围岩以板岩、灰岩为主，局部节理裂隙发育并含裂隙水，围岩稳定性一般；相比较而言，距掌子面10 ~ 22m（即ZK85 +200 ~ ZK85 +212）范围内雷达电磁波反射较强，波幅不规则，波幅增大，相位减小，预计该段围岩中会储存大量地下水，围岩以碳质板岩、灰岩为主，中厚层状结构，局部节理裂隙发育并含裂隙水，结合设计图纸发现该段围岩所处埋深最大，水头压力很大，在开挖的过程中极有可能出现大量涌水，应采取措施防治和注意引排水。

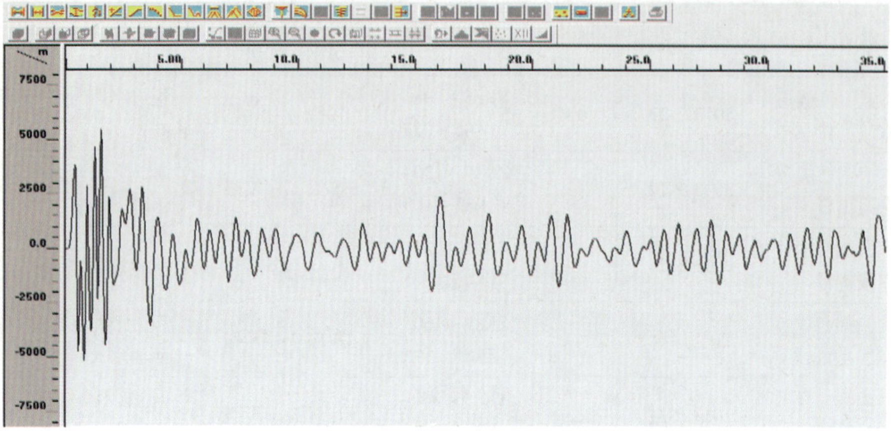

图 8-4　ZK85 + 190 ~ ZK85 + 225 地质雷达预报点测图

图 8-5　ZK85 + 190 ~ ZK85 + 225 地质雷达预报线测图

(3)隧道最大突水发生情况

2013 年 3 月 10 日当隧道挖至掌子面里程为 ZK85 + 073，武都西隧道左线掌子面附近正在进行喷射混凝土作业时，掌子面靠近拱顶处，一承压股状水突然涌出(图 8-6)。出水点主要位于裂隙、层面中间，水势非常大，并且水质清澈，现场被迫紧急停止作业。突水持续了一周，而且水势越来越凶猛，随后在掌子面附近 30m 范围内形成了一小湖(图 8-7)，导致隧道左线停工，影响施工进度，给整个工程的竣工造成极大的障碍。根据现场所形成的湖面的长度，估算湖水体积为 $500m^3$ 以上。

图 8-6 掌子面突水场面

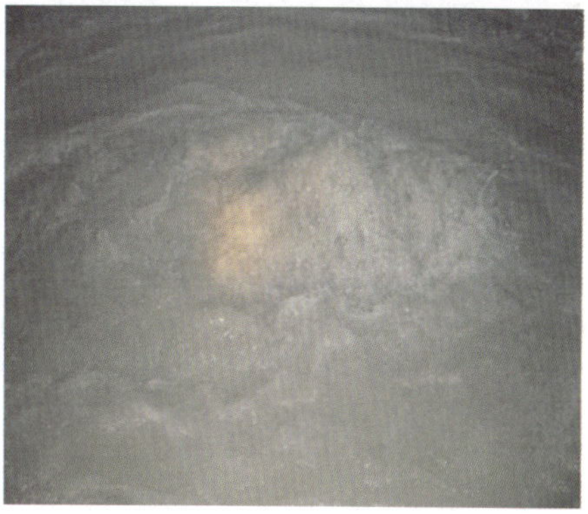

图 8-7 掌子面涌水形成的湖

武都西隧道渗漏水主要集中在 ZK84 + 340 ~ ZK84 + 380、ZK84 + 410 ~ ZK84 + 445、ZK84 + 480 ~ ZK84 + 555、ZK84 + 600 ~ ZK84 + 935、ZK85 + 045 ~ ZK84 + 435、ZK85 + 520 ~ ZK85 + 695、ZK85 + 390 ~ ZK85 + 620、ZK85 + 745 ~ ZK85 + 850、ZK85 + 900 ~ ZK86 + 035 等处。渗漏水段总长 1485m，占隧道全长 38%，共 105 多个出水点；渗漏水的表现形式包括：股状涌水、淋水、滴水和渗水，其基本特点是位置大多固定，水量随季节和降雨量变化。

(4)现场涌水量的测定

①离隧道掌子面 300m 处有一长 8m、宽 0.5m 的较为规则的矩形排水槽(图 8-8)，底部平整；

②用钢尺随机测取 3 处排水槽水深，求出平均值 h，作为边沟的深度；

③选取一大小适中的木条，把木条放入水槽上游段，用秒表计时，当木条漂

浮至8m处排水槽末端时，停止计时，记录木条在水中漂浮的时间，如此反复测试5次，求平均值，该平均值即为木条通过6m长边沟的时间，记为t。则水流速度为：$v=6/t$。

日涌水量计算式如下：

$$V = 3600 \times 24 \cdot b \cdot h \cdot v \tag{8-1}$$

式中：V——日涌水量（m^3）；

b——矩形断面宽（m）；

h——过水断面平均高度（m）；

v——水流平均速度（m/s）。

图8-8　测定涌水量的水槽

2013年3月日涌水量计算表见表8-3。

涌水量计算表　　表8-3

涌水日期	流速（m/s）	水深（m）	日涌水量（m^3）
2013.3.1	0.18	0.415	3227
2013.3.2	0.19	0.424	3480
2013.3.3	0.19	0.435	3570
2013.3.4	0.21	0.448	4064
2013.3.5	0.25	0.432	4666
2013.3.6	0.25	0.466	5033
2013.3.7	0.27	0.429	5004
2013.3.8	0.26	0.421	4729
2013.3.9	0.29	0.441	5525

续上表

涌水日期	流速(m/s)	水深(m)	日涌水量(m^3)
2013.3.10	0.51	0.485	10686
2013.3.11	0.47	0.471	9563
2013.3.12	0.48	0.482	9995
2013.3.13	0.49	0.489	10351
2013.3.14	0.42	0.415	7530
2013.3.15	0.52	0.425	9547
2013.3.16	0.41	0.479	8484
2013.3.17	0.44	0.491	9333
2013.3.18	0.42	0.487	8836
2013.3.19	0.47	0.432	8771
2013.3.20	0.38	0.435	7141
2013.3.21	0.46	0.442	8783
2013.3.22	0.35	0.485	7333
2013.3.23	0.48	0.487	10098
2013.3.24	0.45	0.485	9428
2013.3.25	0.41	0.472	8360
2013.3.26	0.36	0.485	7543
2013.3.27	0.43	0.434	8062
2013.3.28	0.39	0.435	7329
2013.3.29	0.33	0.425	6059
2013.3.30	0.31	0.405	5424
2013.3.31	0.34	0.416	6110

(5)涌水段衬砌密实情况

图8-9为涌水段ZK85+200~ZK85+220衬砌质检空洞情况。

衬砌背后脱空原因主要包括:初期支护表面平整度不好而产生的防水板背后空鼓、隧道爆破工艺控制不好而产生的超挖、破碎带初期支护填充不密实、拱顶部混凝土灌注不充分未及时进行拱顶背后压浆等。

由于围岩处于涌水破碎段,在未进行注浆处理前围岩可能会承受很大的静水压力或动水压力,初期支护时喷浆由于受到可能的水压力很容易导致衬砌不密实或产生空洞,所以在初期支护之前进行超前帷幕注浆或径向注浆是非常有必要的,一方面可使衬砌完整密实,另一方面也可做到衬砌不渗不漏。

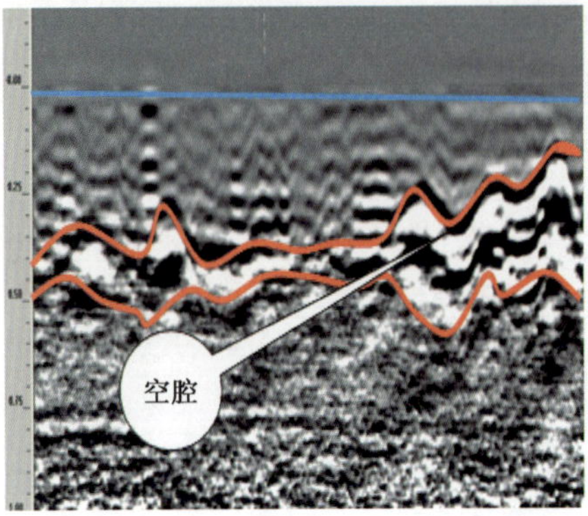

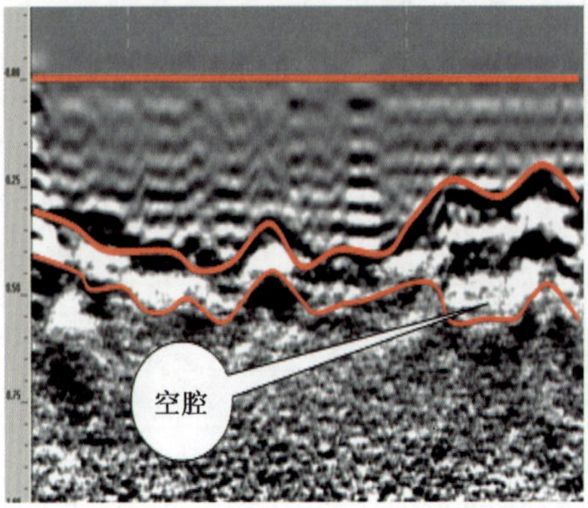

图 8-9 涌水段 ZK85 +200 ~ ZK85 +220 衬砌质检空洞情况

8.2 隧道涌水原因分析

由于在隧道掘进过程中,会不同程度地破坏含水体结构,水动力条件及洞室围岩的力学平衡状态便会随之发生变化,从而引发隧道涌突水现象。根据查阅的大量资料和隧道渗漏水调查情况表明,水文地质条件不良,有水源,是造成隧道发生渗漏水的一个最主要原因。根据水力学和水文地质学原理,地下水的流动,有其固定的流线,从高压水位流向低压水位,由于隧道的开挖,引起围岩应力释放和重分布,从而会改变围岩的力学特性和地下水的径流路线,使周围水向隧道内汇集和集聚。影响隧道涌突水的因素是多方面的,为了杜绝和减少隧道渗漏水现象的发生,有必要对影响隧道渗漏水的因素进行全面的分析和概括,建立完整的隧道渗漏水成因的指标体系。以下是对隧道涌水原因的分析总结。

(1)含水介质特征

含水介质特征包括含水层的富水性及其组合特征。含水层富水性丰富为涌水提供大量的水源,在符合一定条件时,便会发生涌水。在富水性较弱地区进行地下隧道工程施工时,所遇涌水量较小,产生破坏性涌水的几率也较富水性丰富地区小。地质构造主要存在褶皱及断层的影响,向斜核部及背斜翼部往往岩石破碎,纵张及横张裂隙发育,具有导水及蓄水的作用,容易发生涌突水作用,在碳酸盐岩地区,发生几率加大,因在破碎带更容易受到水的溶蚀作用,形成大规模的岩溶形态。断层破碎带往往因导水性良好、富水性丰富而成为最容易发生涌水的地段。对于断层的导水性分析比较复杂,在某些断层破碎带因后期胶结作用直接导致断层成为隔水地段。

(2)地下水和地表水因素

地下水系和地表水系之间存在着一定的水力联系,地表水系通过侧向径流和垂直下渗源源不断地补充到地下水系统中。隧址区地表水系发育,水文网发达,在隧道长期涌水和排水的条件下,隧道区地表水系统和地下水系统水力之间的联系增强。隧道长期的排水也会导致地下水和地表水系、地表水体的联系通道逐渐扩大,随着地下水不断经由隧道自身和排水设施排出,地表水体通过联系通道将源源不断地补充到地下,在隧道影响范围内,隧道的汇水和集水作用使得地下水将首先进入隧道中,并以其为中心构成新的汇势。这种汇势会使得地下水运动方向发生改变,形成局部水力梯度增高带,从而导致地表水、地下水被疏干,隧道施工过程中涌突水的风险概率也增大。

(3)隧道区的植被覆盖情况

根据76条涌水隧道的调查结果显示,隧道涌水突水的严重程度和隧址区植被覆盖情况有一定的相关性。一般情况下,隧道区的植被越茂密,降水和地表水入渗量就越少,即植被在一定程度上起到了截留地表水的作用,从而隧道地下水的补给就少,所以隧道发生渗漏水的可能性就小;反之,隧址区植被覆盖越稀少,隧道地下水补给就越多,隧道发生涌水的可能性就越大。武都西隧址区山体植被覆盖过分稀少,80%山体表面全是裸露的强风化糜棱碎石,到雨季时没有植被的截留作用而大量降水入渗地下,导致武都西隧道涌水严重。因此隧道发生渗漏水的严重程度和隧道区植被覆盖情况有联系。

(4)隧道的埋深

隧道埋深越大,则隧道汇水面积就越大,地下水补给就越充足,隧道的总涌水量和比涌水量均有随着上覆岩体厚度增加而增大的特征,所以隧道涌水区的埋深,一定程度上可以反映该地区汇聚降雨的能力及其对隧道涌突水的影响。

(5)围岩裂隙连通情况

由于隧道的岩体中,其含水围岩具有较强的非均质各向异性,从而导致所赋存的地下水运动具有强烈的方向性和不均匀性。对于裂隙含水介质的围岩而言,地下水的运动方向由定向展布的裂隙组控制,使垂直于裂隙面法线方向的渗透性最小,而平行于裂隙面法线方向的渗透性最大,这就导致了裂隙含水围岩渗透的非均质性。岩体渗透张量不仅可以分析隧道富水区含水围岩中水的运移和渗透,而且也可判断含水围岩中地下水的径流方向性的强弱,为隧道施工中突水方向的判别预测以及水害治理等创造有利条件。在隧道开挖前围岩周边赋存的地下水处于一个相对平衡、稳定的状态,断层涌水段的地下水在围岩内部运移区域主要集中在岩层破碎段和裂隙密集区。隧道在掘进过程中,通过断层带时,就会打乱甚至切断地下水的正常运移路径,如果该断层破碎带的松散岩体中含有大量地下水且水头很密集时,则隧道施工期的周边围岩处于一定水头差的地下水就会沿着断层中的裂隙瞬间涌入掌子面,水头差值很大时,就会形成大量涌水。如果周边地表水或地下暗河等水源补给充足,就会造成连续涌水。

(6)地下水水力学特征

隧道在施工中可以位于常年地下水位以上和常年地下水位以下两类情况。大型隧道的涌水灾害常发生于常年地下水位以下,在地下水位以下施工,围岩的水动力特征便成为影响涌水的重要因素。根据水力学研究,地下水对岩体产生静水压力及动水压力两种力学作用。静水压力,是指处于静止或者平衡状态下的地下水,由静水压力作用而产生的涌水表现在:由于作用于岩体裂隙上静水压力的增大使得其劈裂作用增强,裂隙张开度增大而导致涌水的发生。动水压力是指运动的地下水对岩体产生的作用。动水压力的作用使得结构面发生剪切变形甚至发生位移,动水压力对涌水的影响表现为在一定条件下影响围岩的渗透变形而导致渗透破坏,最终引起涌水灾害。

8.3 隧道涌水控制措施分析

8.3.1 武都西隧道防排水设计研究

(1)隧道防排水设计原则

根据隧道地下水的处理方式,可分为排水型隧道和防水型隧道两类:防水型隧道主要通过采取各种措施,将水封堵在隧道衬砌之外;排水型隧道是在有条件排放地下水或高水位处修建隧道时,以限量排放的原则为主要措施。排水型隧道必须保证建设隧道时排水效果明显、运营隧道时排水系统通畅,防水型隧道必须充分考虑二次衬砌周围的水压作用。武都西隧道涌水问题在专家经过大量实际地质考察和理论论证后得出,在含有高承压地下水的武都西隧道,涌水治理的总的设计原则可总结为以下几点:

①武都西隧道结构的防排水治理应遵循:以堵为主,限量排放,刚柔结合,多道防线,因地制宜,综合治理的原则。

②由于武都西隧道地下水位大于70m,为缓解衬砌周围的水压,因此必须采用排水的方式降低水压,排水量的大小根据周边环境和山区居民的要求以及材料性能确定。

③排水的区域需要采取排水管、渗排水层等措施，排除注浆后的在衬砌周围残留的地下渗水，加强检修措施以保证排水一直通畅。

④对于可能发生较大突水(泥)的地段，采用超前帷幕灌浆止水，在隧洞开挖断面以外5m范围形成全封闭的堵水固结圈，预防突涌水事故的发生。

⑤防水设计形成以地质超前预报+超前帷幕注浆和径向注浆+局部注浆+初期支护+防水层+二次衬砌防水混凝土的防水系统，多道防线加多种方法处理渗漏水，武都西隧道的断层破碎带变形缝和施工缝防水是最薄弱部位，在处理时应注意加强和防范。

⑥针对武都西隧道衬砌周围围岩破碎和涌水量超大的情况，不但钢筋混凝土结构的防渗抗裂的能力应引起足够的重视和加强，还要制定一套钢筋混凝土结构自防水体系，以结构自防水为根本，采取切实有效的抗裂、防裂措施，一定要保证灌注混凝土良好的强度、密实性和整体性，减少裂缝的产生，应改善混凝土结构的养护和工作环境，进一步提高钢筋混凝土整体的耐久性。

⑦由于武都西隧道涌水处于破碎带，涌水会夹杂很多碎石，所以必须面对可能产生的隧道排水系统的堵塞问题，排水系统的堵塞会导致衬砌背后的水压力上升，对结构造成安全隐患。为保证排水系统的顺畅和可操作性，纵向排水管的设计需要有高压冲洗的能力，不易变形和堵塞。

⑧柔性防水材料的选用应遵循较高的物性指标和优越的耐久性、适应混凝土结构的伸缩变形、具有一定的抗微生物和耐腐蚀性能并且能方便施工的原则。应尽量避免使用防水质量受施工操作影响大、施工性差的防水材料。

⑨武都西隧道防排水方案为限量排放方式，施工中应根据衬砌结构形式、渗漏水量大小、围岩地质条件等，合理选择防排水方案。不同分区段应采用与之对应的分仓防水设计方案，防止使用统一方案造成局部衬砌结构外水压太大，导致破坏，造成地下水在隧道内贯通的不利场面。

(2)隧道防排水的技术标准

防排水技术标准的确定是设计合理防排水系统的基础，国家标准《地下工程防水技术规范》(GB 50108—2008)规定的地下工程防水等级标准见表8-4。

根据武都西隧道地下承压水的大小，结构所处的地质环境、工程环境和使用要求，应参照下列要求合理选择设计结构防水标准：

①在隧道采用复合式衬砌的地段，二次衬砌应采用混凝土结构自防水体系，提高结构的防渗抗裂能力，其抗渗等级≥$P12$。初支设计采用抗侵蚀高性能防渗喷射混凝土，并采用湿喷混凝土工艺来确保其强度、抗渗能力和耐久性，其抗渗等级≥$P8$。

地下工程防水等级标准 表 8-4

防水等级	标　准
一级	不允许渗水,结构表面无湿渍
二级	不允许漏水,结构表面可有少量湿渍: 工业与民用建筑:总湿渍面积不应大于总防水面积的 1/1000;任意 $100m^2$ 防水面积上的湿渍不超过 1 处,单个湿渍的最大面积不大于 $0.1m^2$; 其他地下工程:总湿渍面积不应大于防水面积的 1/6000;任意 $100m^2$ 防水面积上的湿渍不超过 4 处,单个湿渍的面积不大于 $0.2m^2$
三级	有少量漏水点,不得有线流和漏泥沙: 任意 $100m^2$ 防水面积上的湿渍点数不超过 7 处,单个漏水点的最大漏水量不大于 2.5L/d,单个湿渍的最大面积不大于 $0.3m^2$
四级	有漏水点,不得有线流和漏泥砂: 整个工程平均漏水量不大于 $2L/(m^2 \cdot d)$;任意 $100m^2$ 防水面积上的平均漏水量不大于 $4L/(m^2 \cdot d)$

②断层破碎带的处理方面,采用超前帷幕预注浆方式,将隧道开挖断面周围的渗水或涌水封堵于结构外,保证注浆堵水后排水量在可控范围之内。

③在喷射混凝土初支衬砌和模筑混凝土二衬之间铺设隧道防水板,应选用拉伸强度和断裂拉伸率高、抗老化能力强的防水材料。防水板还要有良好的耐菌性及抗腐蚀性,防水板的幅宽不小于 2m、厚度不得小于 2mm,尽量减少焊缝。

④武都西隧道涌水段处在高埋深地段,周围水压大,所以防水混凝土结构厚度规定不小于 350mm。严格控制混凝土入模温度和入模坍落度,混凝土产生的裂缝宽度不大于 0.15mm,严禁出现贯穿性裂缝。

(3)注浆堵水的工作原理及选择要求

①注浆堵水的工作原理

注浆也称灌浆,就是沿隧道掌子面周围用钻机钻孔,借助注浆设备或浆液自重将具有胶凝性的浆液或化学溶液注入到岩层裂隙中,浆液凝固固化后,堵塞岩石裂隙,达到截断地下水流、加固围岩、减少渗漏水流入作业面,从而为安全施工和以后的运营创造良好的条件。

注浆要根据超前地质预报和开挖后的实际情况所揭示的地质情况,制定出最合适于施工地质条件的注浆方案,并在施工中随着地质条件的变化不断修正方案。在实践中逐步调整,既要达到消除注浆盲区,又要达到加快施工进度的目的。在施工过程中加强超前地质预报工作,利用 TSP203 超前地质预报、红外探水系统、超前水平探孔等手段进一步判明地质情况,超前注浆堵水,就能做到防止涌水发生，并减少涌水对施工带来的危害，确保富水地段的地下工程施工的安全。

注浆堵水的作用是：封闭掌子面或已开挖洞身，在封闭面钻孔注浆，依靠所打入的注浆管及所注入的水泥浆液或其他特殊的堵水材料，回填围岩的裂隙，加固和封堵未施工地段以及已施工地段的围岩和裂隙水，在注浆压力和自身重力作用下既能将原裂缝中的存水挤走，又能因渗水作用使浆液浓缩。随着时间的延长，浆液中的固相物质在沉积和水化结晶双重作用下，将裂隙黏结密实，保证施工以及以后运营的安全。

②注浆方案的选择要求

如果在施工过程中能合理地选择注浆方案将对施工速度和施工进度非常有利。注浆方案主要取决于涌水量大小、水压、地质条件、和施工要求等。

a. 地质条件的掌握。通过超前地质预报或超前探孔确定前方的地质条件。

b. 确定掌子面涌水量。通过漂流、断面等方法测算掌子面的总涌水量。

c. 掌子面水压的测定。在封闭掌子面或止浆墙埋设排水管，在排水管上安装压力表直接进行测试，根据不同的水量、水压、地质情况采取不同的注浆堵水方法。

d. 全断面超前预注浆的实施要占用整个掌子面，这样隧道就没有开挖进度，而实施开挖后径向注浆基本不会对掌子面开挖形成影响，因而当地质条件适合径向注浆时应选择径向注浆措施。

8.3.2 武都西隧道防排水施工设计

(1)突水位置围岩情况

2013 年 3 月 21 日下午 15 时，武都西隧道出口 ZK85 + 105 掌子面(图 8-10)突发涌水。

图 8-10　ZK85 + 105 掌子面

围岩主要为强风化、微风化板岩、灰岩；节理裂隙发育。

(2)涌水情况和排水设施

3月21日下午15时左右，施工队正在进行打钻作业，掌子面左上侧两个钻孔钻进深度约2m深时，该孔突然出现涌水，具有强承压性，地下水将钻杆自孔内冲出，流速较大，水平直射距离达3~5m，初步估计水压可达2MPa，出水量最高约200~300m^3/h。

2013年3月23日上午，成武项目办、设计院、预报检测单位、监理单位相关人员到现场进行地质勘查后，召开了专题会议。会议决定：针对ZK85+105掌子面的涌水（图8-11）情况，在掌子面用钻机打泄水孔进行泄水减压，根据具体实际情况进一步确定处理方案，同时加大抽排水力度。抽水使用4台3kW的抽水泵进行集中排水，取得了一定的效果，使用的排水设施如图8-12所示。

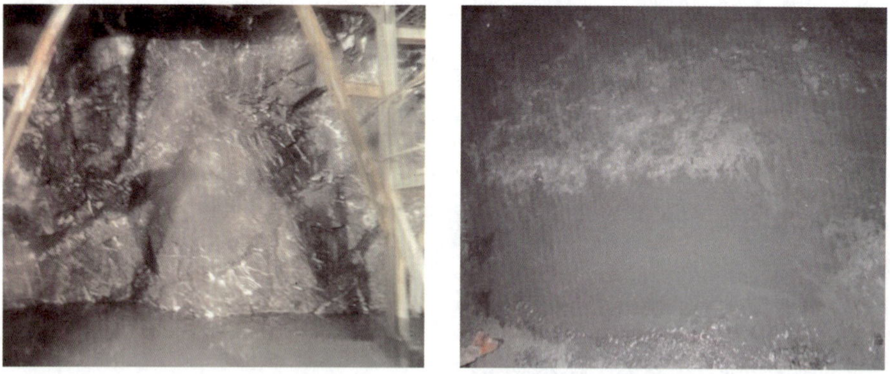

图8-11 掌子面涌水场面

图8-12 排水设施

排水场面如图8-13所示。

图8-13　隧道口排水场面

（3）涌水处理方案达成共识

经过集中泄水减压，隧道涌水从不可控制变为可控制，但掌子面涌水依然非大。2013年4月2日，成武项目办联合设计院、施工单位请了国内数十位知名隧道涌水治理专家赴现场考察发现：ZK85+128掌子面前方是地下水十分丰富的断层破碎带，地下水连通状况非常好，一直采用抽水泵进行集中排水不但耗费时间，影响施工进度，而且很耗电力，资源浪费严重。事后专家经过反复论证后决定：

①采用超前帷幕注浆加固方案，提出结合防水和排水两种隧道涌水治理方式为一体的方法，以堵为主，限量排放，刚柔结合，综合治理。结合隧址区水文地质特点，对渗漏水点进行全面系统调查，在完全了解渗漏点的出水量、水质、渗漏方式以及动态变化特征的基础上，有针对性的制定出合理的治理措施，结合防水和排水来达到综合治理。

②由于武都西隧道埋深大，单纯采用堵水措施会导致水压力过高从而破坏隧道衬砌结构，严重的会造成渗漏水更大，处理起来更麻烦。为此，要综合考虑防、排、堵三种手段及其适用条件的基础上，对武都西隧道各个渗漏水点分别采取相应的治理措施。对因隧道衬砌破坏造成渗漏水的，应事先分析衬砌破坏原因，并在对衬砌进行加固整治的同时考虑适当的治水措施。

③提前做好超前地质预报工作和应急措施，采用物探和钻探技术；本着地表和洞内相结合、构造探测和水探测相结合、长中短期分阶段预报相结合的三结合原则。做到有疑必探、先探后掘。采用超前钻孔、红外探水、TSP203、地质雷达等方法探测。

(4)防排水施工设计方案

①超前帷幕注浆方案

超前帷幕注浆,是通过在隧道掌子面用钻机钻注浆孔,再向孔内压注水泥—水玻璃浆液或水泥浆液,浆液颗粒充填开挖掌子面周围一定范围内的裂隙并迅速凝固,防止由于渗水导致细小颗粒流失,最终形成更多更大的渗水路径,改善地层原有的透水特性,保证一定强度的混合浆体能密实的填充到围岩的裂隙,地层透水系数得到降低,并与岩体共同固结,形成一个整体止水帷幕,阻断水流,来达到止水堵水的目的。当地表水与地下水连通时,排水以及防水能力不能满足安全施工要求时采用超前帷幕注浆,来加固隧道前方核心区轮廓线外约 6 ~ 8m 范围内的围岩。

武都西隧道超前帷幕注浆采用钻机进行成孔并设止浆墙,钻孔直径为 135mm,开孔深度 2.5 ~ 3.5m,完成开孔后安设并固定孔口管(孔口管径采用 108mm)。之后,钻机通过孔口管钻注浆孔,注浆孔径应不小于 80mm,不大于 95mm。注浆方式采用前进式注浆,钻进设计深度后,进行注浆,完成注浆后,再钻到下一分段深度并注浆,以此循环,直到钻到设计孔深并注浆完成。从外圈到内圈钻孔和注浆,隔孔进行加密。根据现场试验、钻机能力和成孔情况,若前进式注浆效果不明显,利用钻杆后退式注浆,后退式注浆比前进式注浆效率提高很多。达到单孔和全段注浆标准后,结束注浆。表 8-5 为武都西隧道超前帷幕注浆参数,其注浆方案如图 8-14 所示;注浆工艺流程如图 8-15 所示。

武都西隧道超前帷幕注浆参数 表 8-5

序号	参数名称	注浆方案		备注
1	注浆加固圈厚度	开挖轮线外 5m	开挖轮线外 3m	根据涌水量及水压和地质条件确定
2	每循环加固段长度	30m		含止浆岩盘及混凝土止浆墙厚度
3	每循环掘进长度	25m		预留 5m 止浆岩盘
4	混凝土止浆墙厚	2 ~ 4m		根据情况决定是否施做
5	浆液扩散半径	$R = 2.0$m		理论计算
6	注浆孔终孔间距	2 ~ 3.0m		考虑钻孔精度,取 3.0m
7	注浆分段长	3 ~ 5m		可根据地质情况适当调整
8	注浆方式	易塌孔时采用前进式注浆,否则采取后退式注浆		根据现场实际情况确定

续上表

<table>
<tr><th>序号</th><th>参 数 名 称</th><th colspan="2">注 浆 方 案</th><th>备　　注</th></tr>
<tr><td>9</td><td>注浆速度</td><td colspan="2">10 ~ 110L/min</td><td rowspan="4">R 表示理论扩散半径,取 2m;L 表示单段或单孔长度;n 表示地层空隙率;α 表示地层有效充填系数,取 0.8;β 表示浆液损耗系数,取 1.2;A 表示开挖轮廓线内面积;SR 开挖轮廓线外 5m 范围面积</td></tr>
<tr><td>10</td><td>注浆终压</td><td colspan="2">(静水压力 +1 ~ 2)MPa</td></tr>
<tr><td>11</td><td>单孔(段)注浆量</td><td colspan="2">$Q = \pi R^2 L \cdot n\alpha\beta$</td></tr>
<tr><td>12</td><td>每循环注浆量</td><td colspan="2">$Q = (A + S_R) L \cdot n\alpha\beta$</td></tr>
<tr><td>13</td><td>单液水泥浆</td><td colspan="2">水灰比:0.8 ~ 1:1
(水灰比)</td><td rowspan="2">普通硅酸盐水泥单液浆为主要注浆材料,双液浆、超细水泥浆等作为备用材料</td></tr>
<tr><td>14</td><td>水泥—水玻璃双液浆</td><td colspan="2">水灰比:0.8 ~ 1:1;
水泥—水玻璃比:1:1</td></tr>
<tr><td>15</td><td>注浆孔(检查)数</td><td>130 个
(7 ~ 13 个)</td><td>110 个
(6 ~ 11 个)</td><td>可根据实际情况调整</td></tr>
</table>

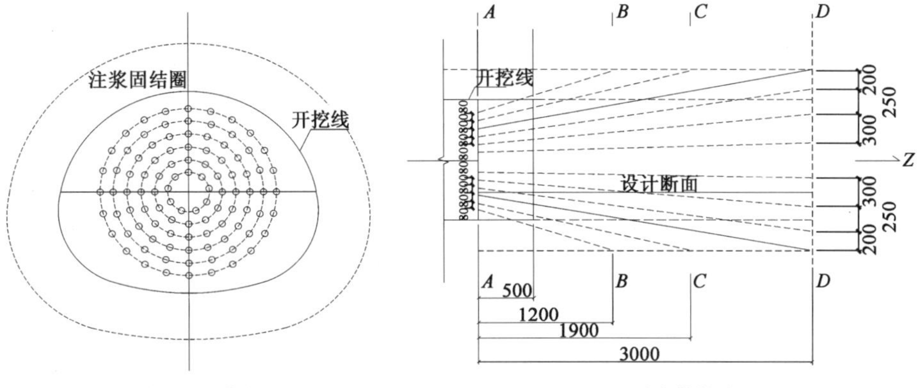

a)掌子面注浆立面　　b)注浆断面

图 8-14　超前帷幕注浆方案(5m)——注浆钻孔布置及纵剖面图(尺寸单位:cm)

水泥—水玻璃浆液的特点为:它是以水泥和水玻璃为主剂,加水搅拌成水泥—水玻璃浆液,必要时再掺加缓凝剂而形成的灌浆材料,其主要优点是:凝结时间可调并且比单液浆短;结石体抗压强度可达 8 ~ 20MPa,抗渗性好,结石体渗透系数小(10 ~ 3m/s);对地下水和环境污染小;制备工艺和施工设备较简单,不足之处是:由于水玻璃的老化结石体后期强度会降低;由于水泥颗粒缘故,不易灌入小于 0.2mm 的裂隙。

注浆管两端各连接一根导管,一根用于注浆,另一根用于排气。每根注浆管长度宜为 4 ~ 6m。在每次注浆前应先注入净水,以判断注浆管的畅通与否并清洗管路(采用油性膨胀浆液时,注水时需要加压约 0.2MPa,保证混凝土的湿润),然后再注浆,排气端灌浆溢出后封闭导管,逐步加压。为保证灌浆液充分溢出,应采用缓慢、平稳增加注浆压力的方法,使浆液缓慢注入,最大注浆压力保持在2.0MPa。为确保注浆效果,可进行二次补浆,可利用原注浆导管进行补浆,补浆时可从排气端补浆。注浆施工过程如图8-16所示。

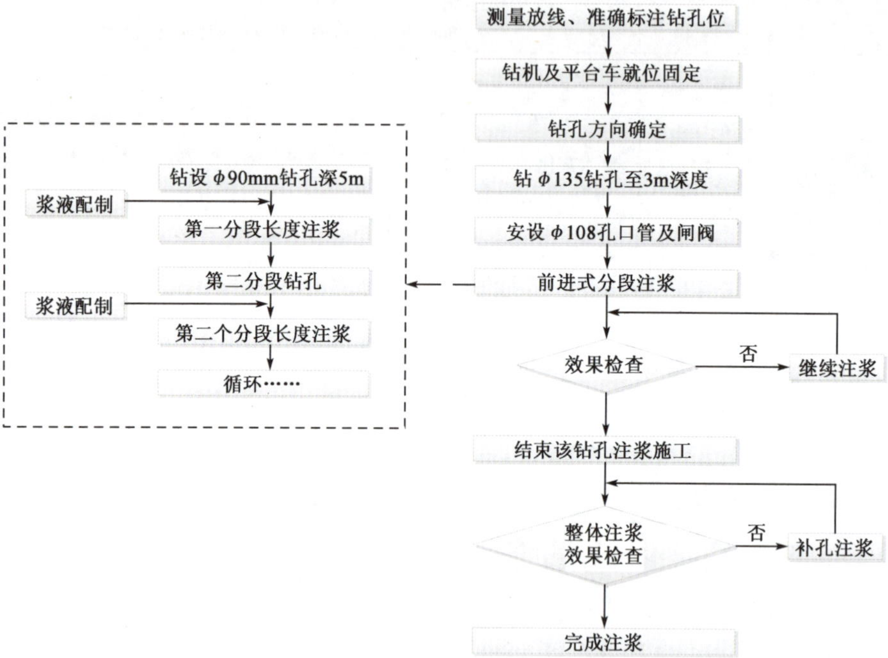

图8-15　武都西隧道超前帷幕注浆施工工艺流程图

图8-16　现场超前帷幕注浆和径向注浆施工图

②超前小导管

武都西隧道埋深很大，地下水丰富，水压较大。所以在承压水地段需要采用超前小导管（图8-17）。超前小导管用 $\phi42$ 无缝钢管制作，长4.5m，纵向间距3.0m，环向间距0.4m；钢管前端加工成锥形，尾部焊接 $\phi8$ 钢筋加劲箍，孔径6~8mm，孔距15~20cm，呈梅花形布置，尾部长度不小于30cm，作为不钻孔的止浆段。沿开挖轮廓线布设于拱部内，外插角均为3~50°，纵向搭接长度不小于1.0m，注浆采用水泥浆液或水泥—水玻璃浆液；水泥浆水灰比：1∶1（重量比）；水泥水玻璃体积比：1∶0.8，水玻璃模数 $m=2.5\sim3.5$，浓度Be=30~40；水泥强度等级：P.O. 32.5；注浆压力：0.3~0.6MPa。

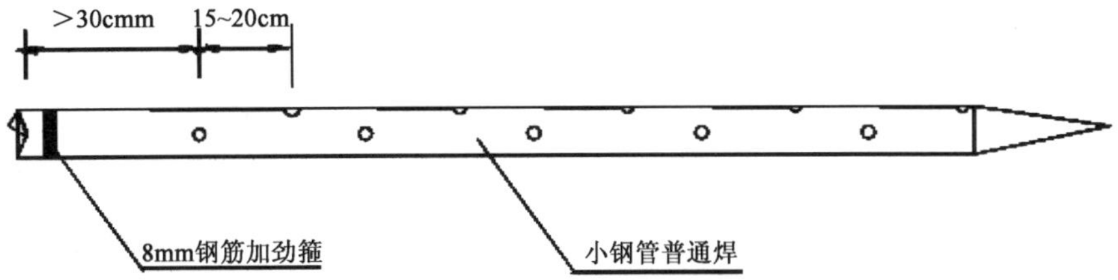

图8-17　注浆小导管结构图

武都西隧道超前小导管施工要求：

a. 小导管的安设采用钻孔打入法，即先按设计要求钻孔，钻孔直径3~5mm，然后将小导管穿过钢架用钻机或锤击顶入，顶入的长度不小于钢管长度的85%，用高压风机将钢管内的砂石吹出；

b. 安设小导管后，用塑胶泥封堵孔口及周围缝隙，必要时在工作面及小导管附近喷射混凝土，以防止工作面坍塌；

c. 注浆前应进行压水试验，检查管路连接是否正常，机械设备是否正常，为发挥设备效率和加快注浆速度，也可采用群管注浆（每次3~5根）；

d. 隧道开挖长度应不大于小导管注浆长度，预留部分作为下一次循环的止浆墙；

e. 注浆压力达到设计终压或注浆量达到设计注浆量可结束注浆；

f. 注浆过程中要随时观察注浆压力及注浆泵排浆量的变化，分析注浆情况，防止跑浆、漏浆、堵管。做好注浆记录，以便分析注浆效果。

③径向注浆堵水方案

根据武都西隧道左线（逆坡施工）实际施工条件，确定径向注浆方案的实施是超前探孔。通过超前探孔，判定掌子面内的水流方向，测算涌水量，确定裂隙发育段和裂隙发育度，从而判断出前方围岩在开挖后是否能够自稳，是否存在着大量涌水、突泥沙的可能,是否能保证涌出水量不会对施工造成太大的影响,并确定在施工完成后是否能有效地控制涌水量。

径向注浆设计加固范围在开挖轮廓线外5m左右,可采用手持式风钻或轻型潜孔钻机钻孔。隧道底部注浆,应在仰拱开挖前进行效果较好,钻孔深度大于5m,宜采用地质钻机或轻型潜孔钻机钻孔,当隧道开挖至较丰富地下水层时,当底部注浆时需安设孔口管。注浆分二到三次进行,注浆材料以普通硅酸盐水泥为主,必要时可使用水泥—水玻璃双液浆和特种水泥浆材。岩体软弱时,拱墙部位的径向注浆孔安设42mm钢管作为注浆管。注浆参数见表8-6,径向注浆方案见图8-18。径向注浆工艺流程见图8-19。

径向注浆参数表　　表8-6

序号	参数名称	参数值	备注
1	注浆加固圈厚度	开挖轮廓线外5m	根据情况,可在5~8m范围内调整
2	浆液扩散半径	R=0.8m	
3	注浆孔间距	0.8~1.2m	
4	注浆方式	全孔一次性注浆	
5	注浆速度	40~50L/min	注浆压力根据地层情况确定,注浆过程中注意观察支护变形情况
6	注浆终压	0.8~1.5MPa	
7	单液水泥浆	W:C=0.6~1:1(水灰比)	普通硅酸盐水泥(42.5MPa)单液浆为主要注浆材料,双液浆、超细水泥浆等作为备用材料
8	水泥—水玻璃双液浆	W:C=0.8~1:1;C:S=1:1	

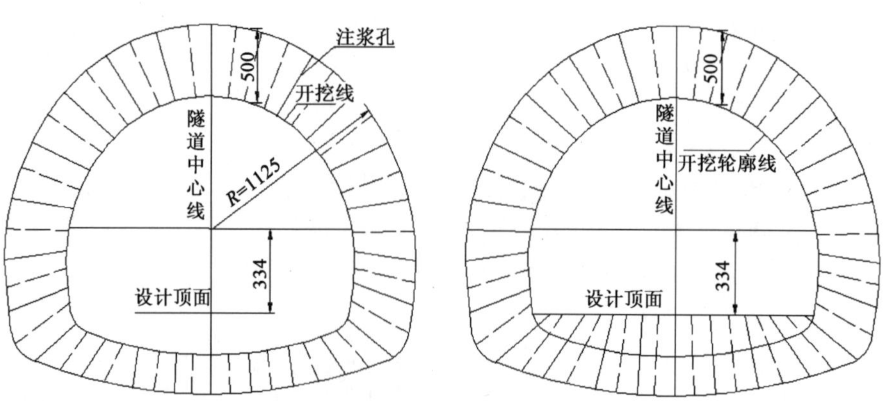

图8-18　径向注浆方案——注浆钻孔布置及平面图(尺寸单位:cm)

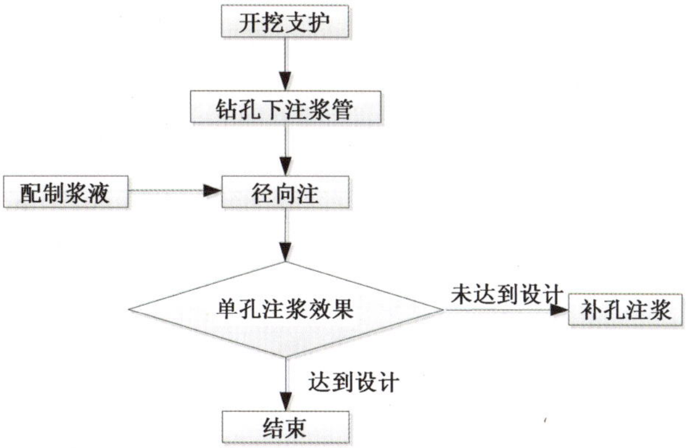

图8-19　径向注浆施工工艺流程图

④局部注浆方案

隧道围岩周边或掌子面个别部位出现明显涌水时采取局部注浆方案，在出水点上游钻孔注浆截断水源，并在出水点周围布孔加固围岩，加固深度一般为开挖轮廓线外3～5m，局部注浆采取全孔一次性注浆方式进行，注浆顺序由少水处向水多处逐步注浆施工。当洞壁岩面或支护面局部淋水，涌水量超过设计要求时，采用局部注浆方案堵水减排。局部注浆以水泥单液浆为主，水量大时采用普通水泥—水玻璃双液浆，注浆压力为1～2MPa。注浆方案见图8-20和图8-21。

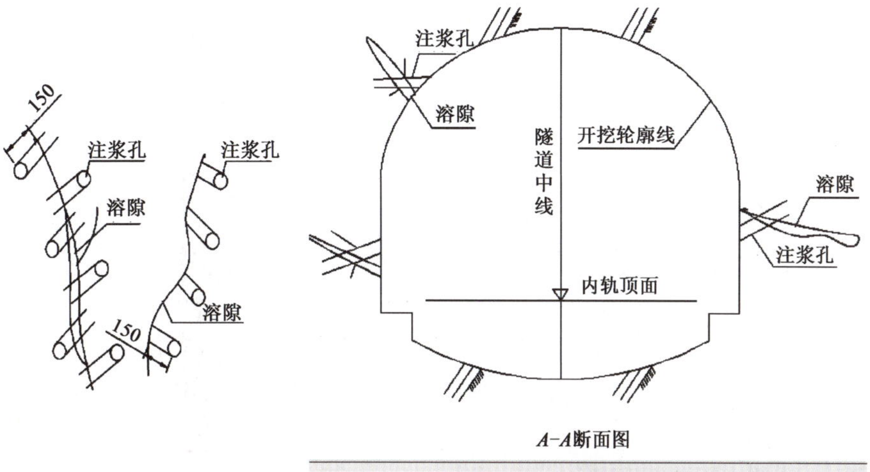

图8-20　局部注浆方案——溶隙裂隙出水注浆示意图（尺寸单位：cm）

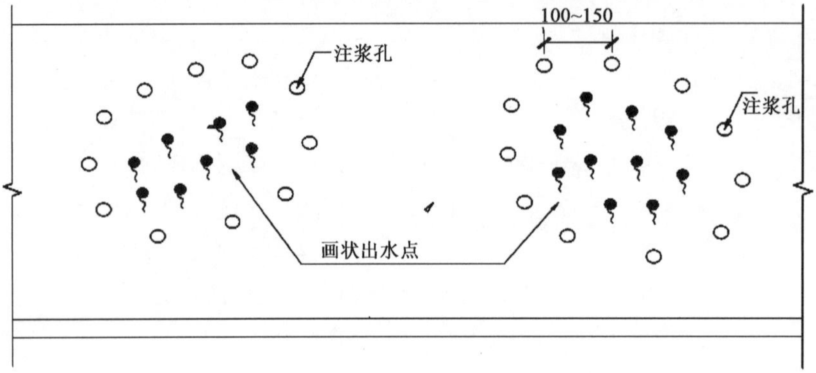

图 8-21　局部注浆方案——面状出水注浆示意图(尺寸单位:cm)

8.3.3　施工要点

(1)注浆施工要点

在超前帷幕灌浆施工中,重点控制好以下的作业要点:

注浆施工前先对帷幕注浆的设备、工艺、注浆止水效果、结束标准等进行试验和检验,取得经验后指导左洞掌子面的帷幕注浆工作。

止浆墙施工:注浆的第一循环,掌子面需要设混凝土止浆墙,采用 C20 模喷混凝土即可,厚度 1m 左右,掌子面周围打设超前锚杆与岩体连接。为防止突发性涌水影响混凝土的模喷质量,需要在突水点处预留引水管将水排出。

孔口管安装及防漏浆措施:施钻后,埋设的孔口管与孔壁之间不可避免会存在间隙,防止间隙点漏浆串浆,关系着灌浆效果的好坏。施工时,采用 YQ-100 型冲击钻机钻进 4m 深度,再将已经缠上麻丝的长 3mϕ108mm 的钢管插入,外露 2 ~ 3cm,孔口管与孔壁之间的麻丝一定要填塞密实,之后向孔口管内注入水泥—水玻璃浆液封堵围岩与管外壁之间的间隙。孔口管段钻孔和孔口管安装时,采用木制角度控制尺按设计钻孔外插度严格控制好角度。

钻孔:钻孔先近后远,先外圈后内圈,同一圈的点间隔施工,开孔段采用 YQ-100 型冲击钻孔,孔口管安装结束后,改用 ZYG-150 型液压钻机从孔口管内不断接杆钻孔至设计深度,施钻时要慢速度、多给水、轻加压。施钻过程中,认真做好孔位、进尺、起讫时间、岩体裂隙情况、孔内出水位置、涌水量、涌水压水等原始记录,当单孔出水量小于 25L/min 时,可继续打钻;单孔出水量大于 25L/min 时,应立即停钻并进行灌浆。

注浆栓塞安装:安装前仔细检查止浆塞的好坏,一旦发现止浆塞不能有效密封止浆，应立即换掉，以防止漏浆或凝固后注浆管无法拔出，影响施工正常进行。

水泥浆备制：根据选定的浆液配比完成水泥浆液搅拌后，采用 1mm×1mm 网筛过滤，再利用叶片立式搅拌机二次拌和，确保浆液均匀。

压水试验：先对灌浆管路系统压水，检查管路的密封性和通畅性，以防管路滴漏和堵塞；之后通过管路压注清水冲洗岩体裂隙，扩大浆液通路，增加浆液充填裂隙的密实性。

灌浆顺序和速度：先灌外层，后灌内层，先近后远，同一圈间隔施工，岩层破碎容易造成坍孔时采用前进式注浆，否则均采用后退式注浆。同层孔眼先上后下逐排隔孔施灌。

灌浆速度：当单孔涌水量大于 50L/min 时，注入速度 90～130L/min；当单孔涌水量小于 50L/min，注入速度 35～90L/min。

灌浆结束标准：按终压、进浆量和封堵后的出水量进行控制，达到以下标准时即可结束：注浆压力逐步升高达到设计终压并继续注浆 10min 以上；单孔注浆量与设计注浆量大致相同，注浆结束时的进浆量小于 20L/min。

灌浆异常情况处理：钻孔过程遇有突泥和单孔涌水量大于 35L/min 时，停止钻进退出钻杆立即进行灌浆。

掌子面如遇小裂隙漏浆，先用水泥浆浸泡过的麻丝填塞裂隙，并调整浆液配比，缩短凝胶时间，若仍跑浆，可在漏浆处采用普通风枪钻浅眼注浆固结。

若在掌子面前方 5m 以外范围内有大裂隙串浆或漏浆，可采用止浆塞穿过裂隙进行后退式灌浆。

灌浆过程中，如果灌浆压力突然增高，表明裂隙变小，浆液通路变窄，这时可改注清水或纯水泥浆，待泵压恢复正常后，重新灌注双液浆。

灌浆过程中，如果进浆量很大，而泵压长时间不升高时，表明遇到较大裂隙，这时可调整浆液浓度和配比，缩小凝胶时间，进行小泵量、低压力灌浆，以使浆液在岩层裂隙中尽快凝胶，也可采用间歇式灌浆方式处理。

(2)隧道防排水施工要点

①贯彻不坍就是进度的指导思想，安全第一，预防为主的指导方针。做好开挖面施工安全保证措施，杜绝塌方。

②对地表陷穴、地表水、出水点等详细调查和测量，采取截排水的方法对地表进行处理，防止地表水下渗，做好排水工作。

③施工要严格控制进尺，做到先治水、短进尺、强支护、勤量测、早封闭。

④做好超前地质预报工作，准确测出流水量和水压，确定施工方案。

⑤开挖成型后要及时喷射混凝土封闭开挖面，防止围岩风化。初期支护和

临时支护要及时施作,控制围岩的初期变形量,提高隧道围岩的自稳能力。

⑥严格按照机械设备的操作规程合理使用施工机械,对各种机械设备要定期进行检查,保证机械设备在正常状况下工作。

8.4 隧道涌水量的预测

8.4.1 涌水量的预测

(1)地下水动力学法预测涌水量

地下水动力学法是用数学解析法对给定初值条件和边界条件下的地下水运动建立解析关系式,进而预测隧道涌水量。解析法预测隧道涌水,包括非稳定流理论和稳定流理论,非稳定流法以泰斯公式为代表,稳定流法则主要以裘布衣公式为代表。在它们的基础上,人们根据实践经验提出了很多预测涌水量的经验公式,比较常见的有:吉尔斯基公式、日本的佐藤邦明公式、落合敏郎公式和苏联的柯斯嘉科夫公式等。

地下水动力学法是较为常用的方法,但在工程建设中往往受经费、地形、人力、物力等诸因素影响,使预测精度受到极大的限制。如:大巴山隧道采用该法预报的涌水量为 $4.41\times10^4m^3/d$,而隧道实际涌水量竟高达 $20.55\times10^4m^3/d$,达到预测值的5倍左右;又如岩脚寨隧道使用此法预测涌水量为 $0.66\times10^4m^3/d$,而实际实测涌水量达到了 $10.08\times10^4m^3/d$,与预测值相差十几倍;其他岩溶隧道诸如:梅花山、大寨、燕子岩、娄山关和南岭等均采用此法预报,预报与实际结果均相差相当大。由此可见,地下水动力学法在岩溶区的应用有很大的局限性,使用时必须根据具体情况进行必要的修正,一般情况下最好与其他涌水量预测方法结合使用。

①隧道正常涌水量预测

根据《铁路工程水文地质勘察规程》推荐的方法,可用裘布依理论公式和佐藤邦明经验公式进行计算预测。隧道通过潜水含水体时,可用下列公式预测隧道正常涌水量。

a.裘布依理论公式

$$Q_s = L\cdot K\frac{H^2-h^2}{R_y-r_0} \tag{8-2}$$

式中:Q_s——隧道正常涌水量(m^3/s);

K——含水体渗透系数(m/s);

H——洞底以上潜水含水体厚度(m);

h——隧道内排水沟假设水深(m);

R_y——隧道涌水地段的补给半径(m);

r_0——洞身横断面等价圆的半径(m);

L——隧道通过含水体的长度(m)。

b. 佐藤邦明经验公式

$$q_s = q_0 - 7.4752K \cdot r_0 \tag{8-3}$$

式中:q_s、q_0——隧道通过含水体地段的单位长度的正常和最大涌水量[$m^3/(d \cdot m)$],q_0 由公式计算;

其余符号与以上各式相同。

②隧道最大涌水量预测

根据《铁路工程水文地质勘察规程》推荐的方法,可用佐藤邦明理论公式和古德曼经验公式进行计算预测。

a. 古德曼经验式

$$Q_{sm} = L\frac{2\pi \cdot K \cdot H}{\ln(2H/r_0)} \tag{8-4}$$

式中:Q_{sm}——通过含水体地段的隧道最大涌水量(m^3/d);

其余参数意义与上述各公式参数标注相同。

b. 佐藤邦明非稳定流经验公式

$$q_0 = \frac{1.72\pi \cdot K \cdot H}{\ln q_1} \tag{8-5}$$

其中

$$q_1 = \tan\frac{\pi(2H - r_0)}{4h_0} \times \tan\frac{4h_0}{\pi r_0}$$

式中:q_0——通过含水体地段隧道单位长度最大涌水量[$m^3/(d \cdot m)$];

K——含水体渗透系数(m/s);

r_0——洞身横断面等价圆的半径(m);

H——洞底以上潜水含水体厚度(m);

h_0——隧道内排水沟假设水深(m)。

③最大涌水量计算结果

最大涌水量的计算用古德曼公式。对于古德曼公式中的参数,渗透系数 K 是通过钻孔测试资料、区域资料和类似地质条件资料综合确定。其中断裂影响带渗透系数平均值范围 $K=0.015 \sim 0.025$m/d,裂隙岩体 $K=0.004 \sim 0.015$m/d;

H 为开挖隧道通过含水体的厚度，当渗流稳定后，洞身横断面等价圆中心至静止水位线的距离，即使该参数实际值可以通过钻孔水位测试确定，但想要准确得到隧道开挖渗流达到稳定后的数据较为困难，因此需要根据隧址区水文地质现场调查资料确定。根据隧道地下水的渗流原理，等价圆直径 d 应由隧洞周界进行相应的等价，经计算得到水文地质等价直径为22.9m。

④正常涌水量计算结果

计算正常涌水量用裘布依公式。针对裘布依公式中的参数，排水沟深度考虑0.7m；隧道涌水段的引用补给半径 R_y 根据《铁路工程水文地质勘察规程》中经验公式 $R_y=215.5+510.5K$（K 为含水体渗透系数）计算得到。其余所需参数与上述理论公式一致。

将上述参数代入后计算所得结果列于表8-7中，表中裘布依理论公式计算预测的正常涌水量和古德曼理论公式计算预测的最大涌水量，计算出分别为8713m^3/d 和13053 m^3/d。而 q_0、q_s 分别代表佐藤邦明公式中的单位最大涌水量和单位正常涌水量的，佐藤邦明计算出的最大涌水量为15110m^3/d，正常涌水量为9112 m^3/d。

地下水动力学法预测涌水量计算结果　　表8-7

隧道里程	L（m）	K（m/d）	H（m）	h（m）	R_y（m）	r_0（m）	裘布依公式 q_0（m^2/d）	古德曼公式 q_0（m^2/d）	佐藤邦明公式	
									q_0（m^2/d）	q_s（m^2/d）
ZK83+831～ZK84+135	304	0.007	65	0.7	65	6.85	0.63	0.97	1.36	0.85
ZK84+135～ZK84+350	215	0.012	240	0.7	154	6.85	2.58	4.26	3.76	1.74
ZK84+350～ZK84+680	330	0.014	285	0.7	215	6.85	3.16	5.67	7.52	3.87
ZK84+680～ZK84+985	305	0.018	305	0.7	201	6.85	5.75	7.68	8.46	5.73
ZK84+985～ZK85+410	425	0.025	340	0.7	226	6.85	7.64	11.62	14.37	8.58
ZK85+410～ZK85+690	280	0.02	355	0.7	195	6.85	6.87	9.61	9.71	6.46
合计（m^3/d）							8713	13053	15110	9112

(2)大气降水入渗法预测涌水量

大气降水入渗系数法计算涌水量的原理，是在隧道通过的地区选取气象特征和水文地质特性相似的区域，其大气降水量采用隧址区多年平均降水量来估算隧道的涌水量。入渗系数 α 参照隧址区《铁路工程水文地质勘察规程》和《区域水文地质普查报告》中经验数据，按照不同地层的不同岩性段，构造断裂带等分段平面面积加权平均值计算，其中，完整岩层段为0.1，裂隙岩层段为0.15，断裂带为0.2，综合取值0.165。汇水面积 A 根据上述水文地质单元块段所覆盖的面积确定。

该理论方法根据隧址区的水文地质条件和《铁路工程水文地质勘察规程》，可计算预测隧道正常涌水量，其计算公式为

$$Q_s = 2.74 \cdot \alpha \cdot W \cdot A \tag{8-6}$$

式中：Q_s——计算涌水量(m^3/d)；

α——大气降水入渗系数，根据《铁路工程水文地质勘察规程》取值(L/d)；

W——年降雨量，分别按照陇南气象台2013年5月所提供的武都历年最大降雨量和多年平均降雨量值计算隧道正常涌水量(m)；

A——汇水面积，指河流支流所流经的区域(m^2)。

计算结果见表8-8。

大气降水入渗法预测涌水量计算结果 表8-8

隧道里程	长度(m)	汇水面积 A(km^2)	入渗系数 α	年降雨量(mm)			隧道涌水量(m^3/d)		
				最小	最大	平均	最小	最大	平均
ZK83+831~ZK84+135	304	3.85	0.155	400	800	600	654	1308	981.1
ZK84+135~ZK84+350	215	4.75	0.155	550	850	700	1110	1715	1412
ZK84+350~ZK84+680	330	5.60	0.155	650	950	800	1546	2259	1903
ZK84+680~ZK84+985	305	6.25	0.155	700	1050	875	1858	2787	2323
ZK84+985~ZK85+410	425	7.80	0.165	800	1100	950	2821	3879	3350
ZK85+410~ZK85+690	280	4.80	0.165	850	1200	1025	1845	2604	2224
合计(m^3/d)							9833	14552	12193

根据表8-8计算结果可知，整个隧道的最大涌水量为14552m^3/d，最小涌水量为9833m^3/d，正常涌水量为12193m^3/d。隧道左线中间部位，由于这里是隧道埋深和海拔最大部位，年平均降雨量和夏季最大降雨量都很大，最大涌水量、最小涌水量和正常涌水量都较隧道其他部位大。

(3)地下水径流模数法预测涌水量

该方法采用假设地下水径流模数等于地表径流模数的相似原理,根据地下水补给的河流流量或大气降水入渗补给下降泉流量,求出隧道通过区域的地表径流模数。根据隧道流域的地下径流模数,再确定隧道的集水面积。此方法就是假定隧道的地表径流模数和地下径流模数相等,考虑到影响地表径流模数的各因素来求出地表径流模数,从而确定地下径流模数,进而预测隧道的涌水量。这样可从宏观上较为准确地预测隧道正常涌水量。

由地下水补给的河流流量或由大气降水入渗补给的下降泉流量,反映了该流域的地形地貌、气候、地质、植被和水文地质条件,流量随季节的变化而变化。根据经验,需要排除降水干扰,采用枯水季节流量会更为接近实际情况。因此,地下水径流法中的模数 M 只能是概要反映地下水的赋存多少和状态情况。该理论方法可预测计算隧道正常涌水量,其计算公式如下:

$$Q_s = M \cdot A\left(M = \frac{Q'}{F}\right) \tag{8-7}$$

式中:M——地下径流模数($m^3/d \cdot km^2$);

Q'——地下水补给的下降泉流量或河流流量(m^3/d),计算时宜采用枯水期的流量;

F——与下降泉流量、地表水相当的地表流域面积(km^2)。

计算结果如表 8-9 所示。

地下水径流模数法预测涌水量计算结果 表 8-9

涌水量预测分段		ZK83+831 ~ ZK84+135	ZK84+135 ~ ZK84+350	ZK84+350 ~ ZK84+680	ZK84+680 ~ ZK84+985	ZK84+985 ~ ZK85+410	ZK85+410 ~ ZK85+690	合计(m^3/d)
补给面积(km^2)		3.85	4.75	5.60	6.25	7.80	4.80	
地下径流模数(m/d)	平水期	134	156	232	278	285	167	
	丰水期	447	510	634	682	705	515	
分段涌水量(m^3/d)	正常	516	741	1299	1738	2223	802	7318
	最大	1721	2423	3550	4263	5499	2472	19927

地下径流模数法适用于地下水补给或地表补给明确和岩溶地区的隧道,对于无限补给的海底隧道、深埋隧道,或者补给来源不太明确的隧道适用性不强。

由表 8-9 计算结果可知:整个隧道最大涌水量为 $Q=19927m^3/d$,平均后:为 $Q=7318m^3/d$。本计算方法为经验系数法,且根据陇南气象局降水资料显示,隧址区北段多年平均降水量为南端多年平均降水量的 1.5 倍，北段地下水补给优于南端。

(4)灰色系统理论法预测涌水量

灰色系统理论方法的基本原理，首先就是要根据灰色关联度方法理论来确定对隧道涌水的主要影响因素，以明确地表水文地质调查的主要内容和需要开展的重点工作；然后根据调查结果，对照由数量化判别方法计算出来的评判标准进行评分，即可判断隧道涌水的严重程度等级；最后，对于等级较为严重的水害隧道，需要根据由灰色虚拟变量多元回归理论方法计算出来的评判标准，来预测将来施工期或运营期的可能涌水量大小。这套方法的特点是：既快捷方便又能定量预测，不需要繁杂的试验、勘探，只需隧址区的地质资料和一些地表调查就可以较容易的定量预测。

首先利用灰色关联理论方法评价分析隧址区各种气象条件、水文地质条件等与隧道涌水灾害严重性的关联程度，见表 8-10。根据全国 139 座隧道调查资料计算结果可知，隧道地质构造的类型及发育程度、是否采取防水措施这两项因素与涌水灾害的关联度很大，其次为隧道长度、纵向汇水长度及隧道地表环境特征。

灰色理论关联因素与关联度 表 8-10

因素	隧道类型(傍山、越岭)	气候特征	隧道长度	纵向汇水长度	防护措施
关联度	0.641	0.703	0.735	0.708	0.776
因素	最大埋深	地表环境	岩性	围岩类型	地质构造
关联度	0.697	0.732	0.639	0.665	0.797

根据全国 139 座隧道调查资料，建立了涌水灾害严重程度等级的判别方程式，将结果用评分表的形式表达，如表 8-11 所示。

隧道涌水灾害评估等级 A、B、C、D 四个等级：

A：隧道涌水严重，中断运营或施工，表水枯竭，地表塌陷；

B：隧道内涌水较严重，长年有水，破坏道床，衬砌结构；

C：隧道内有涌漏水，已影响工务施工和维修；

D：基本无水，对施工运营无影响或甚微。

建立涌水量的统计关系，采用多元回归方法虽然原则上可行，但是传统的多元回归要求自变量是不变的或定量的，而多数隧址区的水文地质条件却是定性的。因此，本次计算需要采用虚拟变量多元回归方法；另一方面，目前全国范围内有涌水量详细记载和计算的隧道非常少，即样本数很少，采用多元回归的方法虽可算出，但考虑到结果离散性很大，难以找到准确的统计规律而不被采用；而灰色系统理论则可以克服样本少带来的麻烦，将灰色理论与虚拟变量多元回归方法有机结合起来，产生了一种新的预测方法，即灰色虚拟变量多元回归方法。

涌水等级的判别标准 表 8-11

判别条件	评分标准				
地表环境	沟谷汇水、岩溶发育形态、集水建筑物			旱地、荒地	
	0.7			0	
岩石性质	硬岩			软岩	
	0.22			0	
地质构造	裂隙不发育裂隙紧闭	裂隙发育裂隙张开	断层破碎带	岩溶裂隙发育	岩溶破碎带
	0	1.35	1.71	0	0
防水措施	灌浆防水		已衬砌		无
	-0.3		-0.45		0
气候条件	少雨期		多雨期		丰雨期
	0		1.15		1.35
埋深(最大)	$3.8H \times 10^{-4}$(H 为隧道最大埋深)				
隧道长度	$0.05L$(L 为隧道长度 km)				
判据	A 级	B 级	C 级	D 级	
	>3.90	3.25 ~ 3.90	2.45 ~ 3.25	<2.45	

根据全国 41 座有涌水量记录的隧道调查资料，采用灰色虚拟变量多元回归方法，得涌水量预测评分见表 8-12。

涌水量预测评分表（单位：m^3） 表 8-12

基本量	地表环境特征		隧道类型		岩石形性质			
	汇水 1km	旱地	越岭	沿河	灰岩	硬岩	软硬互层	软岩
3000	190	0	0	830	4085	2750	0	-1730
裂隙不发育	裂隙发育	断层带	岩溶裂隙发育	岩溶断层	岩溶暗河		多水区	丰水区
-1185	510	3135	3054	4475	28328		0	3700
防水措施			隧道最大埋深					
无防护	灌浆后开挖已衬砌		100m 以下	100 ~ 400m		400 ~ 700m		大于 700m
0	-3800		6	24		40		453

隧道长度(km)										
1	2	3	4	5	6	7	8	9	10	11
0	780	1105	1600	2010	2800	4275	5800	7355	8720	11215

首先评判武都西隧道涌水量等级，根据表8-12，地表沟谷发育，岩溶发育；岩石性质为硬岩，岩溶裂隙发育，气候条件为多雨区，埋深845m，隧道长度3.763m。由表8-11可知，武都西隧道总得分2.57，属于B级，即隧道严重涌水，中断施工或运营，地表塌陷，表水枯竭。

再利用灰色虚拟变量多元回归法预测其涌水量，基本涌水量3000m^3，地表沟谷汇水190m^3，越岭隧道0m^3，岩石性质为灰岩4085m^3，处于断层破碎带3135m^3，溶洞暗河发育，武都西地区为丰水区3840m^3，隧道最大埋深845m，得分453，隧道长3763m，得分3300，总计17813m^3，即隧道预测涌水量为17813m^3/d。

8.4.2 隧道涌水量预测结果与实际涌水量比较

根据长安大学隧道预报小组从2012年9月至2013年8月在现场的涌水监测结果，得出隧道洞内每月平均涌水量，见表8-13。

月实际涌水监测统计表　　表8-13

月份(年·月)	2012.9	2012.10	2012.11	2012.12	2013.1	2013.2
平均涌水量(m^3/d)	6350	6714	6220	7873	8450	9300
月份(年·月)	2013.3	2013.4	2013.5	2013.6	2013.7	2013.8
平均涌水量(m^3/d)	10035	8427	8100	9475	9688	9340

计算得隧道年平均涌水量Q为8331m^3/d，最大涌水量发生在2013年3月23日，这一天测得的涌水量为15835m^3/d。根据4种方法计算结果比较，不同预测方法，其涌水量预测结果有一定的差别，分析结果见表8-14。

各涌水预测方法的准确率　　表8-14

预测方法	计算方法	计算涌水量	现场涌水监测	准确率(%)
地下水动力学法(m^3/d)	正常	8713	8331	95.6
	最大	13053	15835	82.4
	佐藤邦明正常	9112	8331	91.4
	佐藤邦明最大	15110	15835	95.4
大气降水入渗法(m^3/d)	正常	12193	8331	68.3
	最大	14552	15835	91.9
地下径流模数法(m^3/d)	正常	7318	8331	87.8
	最大	19927	15835	79.5
灰色系统理论预测法(m^3/d)		17813	8331	46.8

综合几种涌水预测方法的预测结果与实际涌水量对比发现，地下水动力学法计算结果与实际涌水量更吻合，大气降水入渗法和地下径流模数法预测的效果相对较好，而灰色系统理论预测法预测的结果误差较大。可见，在这种隧道地质环境的条件下，地下水动力学法对于类似地质情况涌水量有相对较高的预测精度，故此法可在以后类似地质与水文条件的隧道施工中进行涌水预测，为安全施工做出预警指导。

大气降水入渗法、地下水径流模数法及地下水动力学法，这三种方法均属于半经验性方法，前两种方法优点是计算方法简单，能从宏观上把握某一水文地质单元的涌水量，而地下水动力学法对本隧道涌水量计算较为靠近、适用。

对于各种方法预测结果的差异，除各方法在预测涌水量方面的局限外，还与研究区各水文地质单元的计算参数选取有关，同时运用数值模拟方法能较准确预测研究区区域的涌水量，在与常规方法计算结果相对比的情况下地下水动力法在隧道涌水量计算中应用较为普遍，常用稳定流或非稳定流理论的裘布依公式、古得曼公式等计算水文地质参数，再以水平集水隧道的水量计算公式结合隧道的边界条件、含水层特征等选用适合于隧道涌水量计算的公式。地下水动力学法的最大优点是能描述隧道涌水量与水位、围岩渗透性等诸多控制因素的定量关系，揭示它们之间的变化规律。因此，该法可以比较具体、详细地计算隧道中不同空间和时间内的涌水量，以指导施工生产。然而，由于地下水动力法的公式多是在理想条件下得到的，因此，为了与实际尽可能接近，地下水动力法根据不同的边界条件和初始条件，建立了一系列隧道涌水量计算公式，把实际隧道水文地质条件概化为与某一公式相近的条件，然后进行涌水量计算和预测。通过以上各种方法对隧道涌水量的计算，获得了各段单宽流量的数值，如表 8-15 及图 8-22所示。

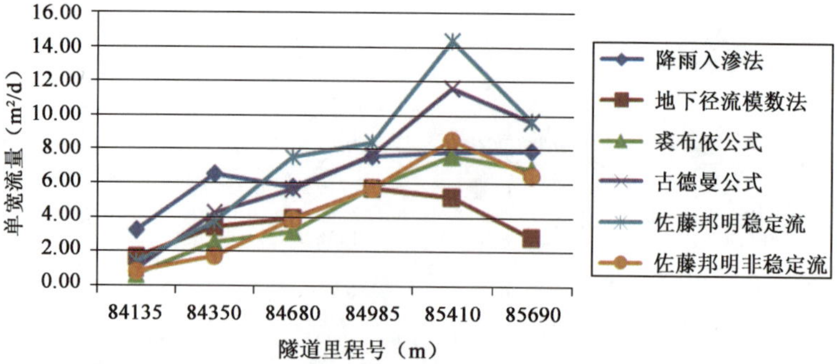

图 8-22　各段里程隧道涌水的单宽流量折线图

各段里程隧道涌水的单宽流量　　表8-15

隧道里程号	降雨入渗法 q (m^2/d)	地下径流模数法 q (m^2/d)	裘布依公式 q (m^2/d)	古德曼公式 q (m^2/d)	佐藤邦明稳定流 q (m^2/d)	佐藤邦明非稳定流 q (m^2/d)
ZK83 + 831 ~ ZK84 + 135	3.23	1.70	0.63	0.97	1.36	0.85
ZK84 + 135 ~ ZK84 + 350	6.57	3.45	2.58	4.26	3.76	1.74
ZK84 + 350 ~ ZK84 + 680	5.77	3.94	3.16	5.67	7.52	3.87
ZK84 + 680 ~ ZK84 + 985	7.62	5.70	5.75	7.68	8.46	5.73
ZK84 + 985 ~ ZK85 + 410	7.88	5.23	7.64	11.62	14.37	8.58
ZK85 + 410 ~ ZK85 + 690	7.94	2.86	6.87	9.61	9.71	6.46

但从图8-22可以看出，各种方法所反映出来的单宽流量的变化趋势类似：在灰岩占优地段、地表水丰富地段和隧道埋深大的地段单宽流量明显变大；其中最大涌水量发生在左线ZK85 + 350附近，由于该段围岩正处于上没水断层F4上，地质勘探结果显示该断层处岩体破碎、风化严重。另外，在一些节理、裂隙发育的地段，涌水量也较大。在板岩占优地段、单斜地层和其他隧址区地段单宽流量较小。

8.5 地下水渗流数值分析

8.5.1 地下水渗流的基本理论

地下水在孔隙介质中运动，由于介质中孔隙、裂隙大小不一，形状也较为复杂，地下水质点在其中的运动规律性较差，所以地下水的研究不能像研究地表水一样仅仅研究质点的运动，而用统计学的方法能忽略一些不连续质点的运动，研究具有平均性质的运动规律，是进行地下水渗流分析的有效计算方法。所谓统计学的方法，就是用一种理想水流替代在多孔介质中运动着的真实水流，通过对理想水流的研究，了解和分析真实水流体的运动规律。

地下水的渗流是具有实际水流的运动特点（流量、压力、水头、渗透阻力），在岩体裂隙、孔隙移动的地下水，连续充满整个含水层的一种理想水流，服从达西渗透定律。在稳定渗流的状态下，岩体的渗流量等于渗流系数的截面面积与动水力梯度的乘积。稳定流分析是指岩土体的内、外部边界条件不随时间变化，并且研究区域内的渗流流入与流出量一直保持动态平衡的分析。

尽管达西渗透定律最初是在饱和的条件下推导得出的，但同样它也可适用于非饱和渗流状态的问题。在非饱和状态下，岩土颗粒之间的孔隙被水分和空气气泡所填充，当它的饱和度降低到一定程度时，水分会以凹进的形态附着于土颗粒之间。饱和度的降低会导致孔隙水压力逐渐变成表面张力，此时的表面张力即为负孔隙水压力，我们将负孔隙水压称为吸入压力，一般情况下，吸入压力和饱和度成反比。由于岩体区域边界流量的不同或者存在的水头差值，即产生地下水沿孔隙、裂隙渗流，随着地下水的运移，水与岩体之间的摩擦就产生了渗透力，应力和位移也同时发生变化。在多数情况下，渗透力主要集中在约束压力、抗拉及抗剪强度相对较小并且总水头变化较大的流出边界的周围。在 GTS 中渗透力的值是用渗流计算分析得出的孔隙水压力来表示，即：

$$P_{孔} = \gamma_w (Z_{总} - Z_h) \tag{8-8}$$

式中：$P_{孔}$——孔隙水压；

$Z_{总}$——渗流分析得到的全水头；

Z_h——位置水头；

γ_w——水的重度。

8.5.2 GTS 模型的建立和参数的选取

（1）GTS 软件的介绍

对非线性的岩体进行分析，即要分析岩体材料的非线性特征。在已知岩体处在一定的原始应力场条件下，从理论上来讲，在掌握原始地应力场条件的情况下可以得出挖掘荷载以及莫尔—库仑理论相关的材料学参数，进而在原始应力场作用条件下按施工工况对施工的某些重要过程进行数值模拟分析。隧道实际施工中并非是按照既定顺序循环进行的，而是根据施工中遇到的实际问题在不断地调整和适应实际工况。

迈达斯—GTS 软件对隧道渗流分析会将其简化，只取隧道施工较为重要的阶段进行分析。例如 GTS 软件会把岩体单元、边界条件以及水头的变化作为分析的第一步。因此，即使条件发生的时刻并不相同，我们也要把条件的变化时刻定义在一个阶段里面。同理,施工阶段的确定是根据结构变化而来的。GTS 软件分析时可在任意阶段激活不受前阶段的应力或者荷载影响的应力的单元。通过适当调整荷载的释放系数来调整和改变 GTS 软件单元间的应力传递,进而使得应力释放的模拟过程更贴近实际情况。假设某一单元的荷载释放了 100% ,将其删除(钝化)后,该单元所承受的应力将会全部分配给剩余单元,同时使得剩余单元的应力不断变化。GTS 软件渗流分析渗流场边界是指发生在特定的空间流场内,并唯一确定该渗流场的条件。常见的描述稳定流边界条件有:

①已知水头边界条件(第一类边界条件),随时间的变化渗流势函数方程式或水头分布情况已知或不发生变化。公式如下:

$$H(x,y,z)\mid_{\tau_1} = \varphi(x,y,z,t),(x,y,z) \in M_1, t \geqslant 0 \tag{8-9}$$

式中:$\varphi(x,y,z,t)$——已知水头分布函数;

M_1——研究区域内水头已知边界集合。

②流量边界条件(第二类边界条件),该类边界条件是已知边界上的位置势函数,或水头函数的法向导数的一种边界条件。公式如下:

$$k\frac{\partial H}{\partial n} = q(x,y,z),(x,y,z) \in M_2 \tag{8-10}$$

式中:n——边界的法向方向;

q——渗流区域边界上单位面积的流入/出量;

M_2——研究区域内法向流速已知的边界集合。

③GTS 软件对隧道涌水量的计算

GTS 软件分析隧道涌水量是建立在达西定律基础上的,公式如下:

$$Q = \iint v_i A_i \mathrm{d}s \tag{8-11}$$

式中:Q——计算涌水量;

v——渗流分析单元的表面流速;

A——渗流分析单元的面积。

由上式可知,只要知道了某断面的流速 v,便可以求得此断面流量 Q。由于每个单元的流速 v_i 都是随时间而变化的,这就造成涌水量计算很困难,而本文采取等效连续理论进行了简化,即将渗流稳定后的流速作为单元的流速,渗流的流速不变。根据隧道开挖分析边界上的各单元平均后的流速 v 计算涌水量,其公式如下:

$$Q = \iint v A_i \mathrm{d}s \tag{8-12}$$

式中 v 为常数,则有:

$$Q = v\iint A_i \mathrm{d}s = \bar{v}A \tag{8-13}$$

式中:v——隧道边界内各单元流速的平均值;

A——隧道边界面积。

(2)武都西隧道 GTS 渗流模型的建立

结合隧道施工的水环境检测及施工环境保护技术的相关要求,并根据武都西隧道地勘报告,截取其中渗透系数、涌水量最大的断层破碎带的区段 ZK85 +000 ~ ZK85 +200 进行说明。该段隧道埋深 250 ~ 300m,地下水位在地表以下 50 ~ 70m,即隧道与地下水位之间的距离为 180m 左右。建模考虑隧道开挖影响半径和渗流场的作用,取宽度方向上计算范围为 200m,隧道向下延伸 60m,则整个模型计算范围为 200 × (180 ~ 200) m,注浆圈按设计方案的 5m 考虑。数值模拟计算均采用莫尔—库仑理论的力学模型。各单元类型的参数根据现场勘测的物理参数和有关规范所得。

该模型采用全断面开挖方式,为了使模型和实际施工情况尽量一致,将靠近隧道开挖影响部分网格划分较密。在该模型中将上部强风化岩按 8m 进行网格划分,软岩和硬岩层边界按 8 ~ 2m 的梯形对称分布播种,注浆圈和隧道圈都按 2m 进行网格播种,整个模型按三角形进行自动网格生成,建立的隧道模型如图 8-23所示。

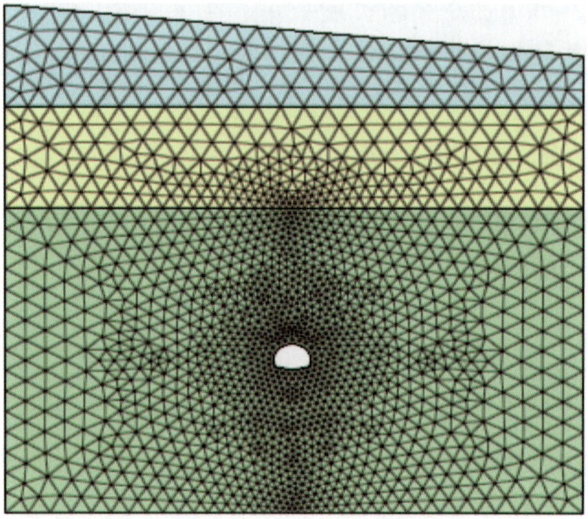

图 8-23　迈达斯-GTS 模型网格划分图

模型的水头为压力水头，边界水头加于模型的竖直方向的两侧，由于模型最高点的位置为200m，所以总水头设置为200m较为合理。隧道施工之前节点水头以上围岩含水为非饱和状态，节点水头以下含水为饱和状态，底部及左右两侧边界均为固定边界并且不透水。

(3)参数的选取

各单元参数的选取见表8-16。

单元参数表　　表8-16

单元类型	弹性模量(GPa)	泊松比	重度(kN/m^3)	饱和重度(kN/m^3)	内摩擦角	黏聚力(kN/m^2)	渗透系数(m/d)
风化岩	1.25	0.36	20	21	33	100	1.66
软岩	2.37	0.33	22	22.6	35.5	200	0.93
硬岩	3.51	0.30	23.8	24.7	38	350	0.58
注浆	6.4	0.25	25.5	26	45	850	0.005
衬砌	29.5	0.18	26.3	26.9	50	1500	0.00008

8.5.3　迈达斯—GTS对隧道涌水量的数值计算

隧道渗流量根据图8-24箭头所指的节点用GTS软件计算，模型隧洞周边共19个节点，隧洞的总渗流量为19个节点的渗流量之和。通过迈达斯—GTS软件计算的结果如表8-17及表8-18所示。

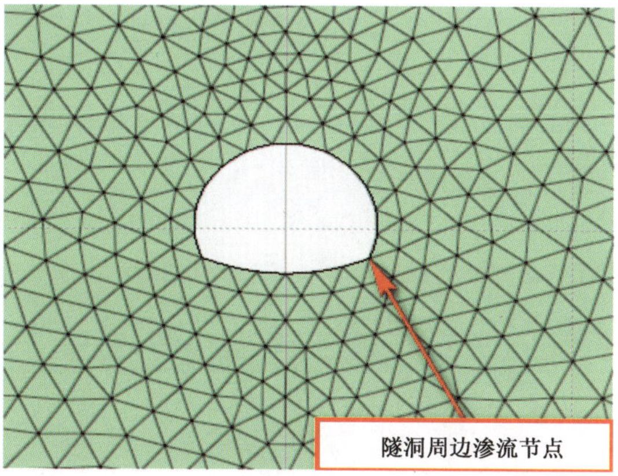

图8-24　涌水计算模型隧道周边网格节点图

表格数据可以为施工时注浆参数的设计提供参考。实际施工中采用注浆圈厚度为5m、渗透系数为0.00232m/d时，不但能有效地控制总渗流量的大小，而且对于注浆材料和施工技术的要求也不高，较为经济合理。

不同注浆圈厚度涌水量计算表　　表 8-17

注浆圈厚度	单位长度节点总渗流量(m^2/d)	区段长度(m)	总渗流量(m^3/d)
3m	1.39457	200	278.914
5m	0.26839	200	53.678
7m	0.06775	200	13.553

不同注浆圈渗透系数涌水量计算表　　表 8-18

注浆圈渗透系数(m/d)	单位长度节点总渗流量(m^2/d)	区段长度(m)	总渗流量(m^3/d)
0.0116	1.45339	200	290.678
0.00232	0.19386	200	38.772
0.00116	0.099247	200	19.849

第9章　武都西隧道软岩段处治措施及效果评价

由于岩体的复杂性和各种地质条件的影响，到目前为止，国内外关于高地应力对不同地质条件下隧道工程影响的特性，尚难取得统一认识。在我国，目前在家竹箐隧道、乌鞘岭隧道、堡镇隧道等典型高地应力隧道工程中已取得一定经验，但对于更为复杂地质条件下长大隧道工程的安全和快速施工，在地应力影响特性、支护变形控制结构和施工方法上仍有待进一步研究。

武都西隧道是一条典型的软弱围岩隧道，穿越崇山峻岭，该线隧道地质及地形条件较为复杂，存在地应力高、断裂构造及不良地质发育等特点。隧址区地层由第四系中上更新统黄土、粉质黏土（Q_{2-3}）和中—上志留统—白龙江群（S_2+3bL）组成，白龙江群上部（S_2+3bL_2）岩性为灰岩夹千枚岩、板岩、泥灰岩，白龙江群下部（S_2+3bL_1）岩性为千枚岩夹灰岩、片岩组成，千枚岩由泥岩、泥灰岩变质而成，整体呈现千枚岩、板岩、灰岩、呈互层及夹层状，遇水易软化，受地应力和地质构造等影响，施工中可能引起挤压性大变形。武都西隧道左右线的初支变形均发生在F5断层所处的强风化泥灰岩地质构造内，成武18标武都西隧道左洞ZK86+825～778.5右侧（面向掌子面），其中较为严重的变形为5榀钢支撑被剪断，喷射混凝土剥落，钢拱架严重扭曲、内鼓侵限，支护结构受到严重破坏。右洞YK86+736处由于受左洞掌子面爆破振动扰动，右侧拱腰钢支撑变形内鼓。围岩变形严重危及隧道安全并制约施工进度，给隧道设计和施工带来一系列困难。

9.1　隧道软岩段处治措施研究

9.1.1　隧道支护的原理及形式

武都西隧道支护的着眼点应放在充分利用和发挥自承能力上，必须改变传统的单纯提高支护刚度的思想，支护结构及强度应与加固围岩、提高围岩自承能力相结合，与围岩变形及强度相匹配；采取卸压、加固与支护相结合的方法，统筹考虑、合理安排。对高地应力区,要卸载充分;对大变形区,要让得适度;对松散破碎区,要注意整体加固;对隧道围岩,整体要支护。进行围岩变形量测,准确地掌握围岩的活动状态,根据量测结果进行反馈,以确定二次支护结构的参数确定补强时间、再次支护时间和封底时间。

在武都西隧道支护中,应遵循以下基本支护原则:

①维护和保持围岩的采用强度的原则。软岩在经水或风化影响后强度明显降低,开挖后应及时用喷射混凝土封闭岩面,防止围岩风化潮解,另外,光面爆破等技术措施对保持围岩的强度有利。

②提高围岩残余强度的原则。通过提高支护阻力改善围岩应力状态,锚杆支护加固围岩,注浆加固来提高围岩残余强度,这些方法可有效地改善围岩应力状态及分布,形成具有较高承载能力和可塑性的加固层。

③充分发挥围岩承载能力的原则。

9.1.2 武都西隧道软岩段处治措施

(1)处治措施

针对武都西隧道初期支护后出现的由于软岩大变形而产生的支护开裂等破坏,提出以下处治措施:

①超前支护采用 $\phi42\times4$mm 超前小导管,间距 45cm,斜插角 10°~15°,长度 $L=4.5$m;初期支护系统锚杆采用 R27 自进式注浆锚杆,$L=3.5$m;纵向间距(75cm)环向间距(100cm)。

②采用双层钢支撑,第一层钢支撑采用 H175 型钢,纵向间距 75cm,全断面进行支护,喷射混凝土厚度为 24cm,预留变形量按 30cm 考虑,在上台阶底部加设临时仰拱,采用Ⅰ20a 型钢与上岛钢架连为一体,抑制围岩的沉降及收敛变形,使初期支护快速的封闭;第二层钢支撑采用Ⅰ18 型钢,纵向间距 75cm,喷射混凝土厚度为 24cm;拱脚采用 $\phi42\times4$mm 锁脚钢管,$L=4.5$m,每侧 8 根,每环 16 根。锁脚锚杆与钢拱架竖向夹角控制在 60°左右。

③及时跟进下台阶施工,尽早封闭成环。

④二次衬砌采用 Vb 衬砌形式。

⑤对拱脚虚渣及时清理,用混凝土试块作为垫块,确保了拱架支撑牢固。

⑥洞身开挖时全部采用机械开挖,不得使用爆破开挖法。

处治措施如图 9-1 所示。

(2)施工工艺

①锚杆安装

注意事项：锚杆头就位孔口后，将堵塞孔口的水泥纸掀开，随即迅速将杆体插入并安装到位。若孔口无水泥砂浆溢出，则说明注入砂浆不足，应将杆体拔出重新灌注后再安装锚杆；锚杆杆体插入孔内的长度不小于设计规定。锚杆安装后，不得随意敲击，3d 内不得悬挂重物。

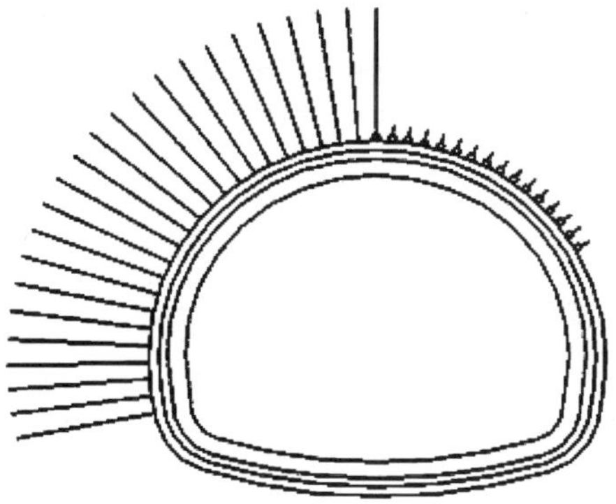

图 9-1 处治措施示意图

②喷射混凝土

注意事项：喷射混凝土采用埋钉法控制喷射厚度，钻孔法检查喷射混凝土的厚度。喷射前受喷面要设立控制喷射厚度的标志，喷射时应分段、分片由下而上进行，分段长度不宜大于 6m。先凹后凸进行作业，并不得漏喷。喷嘴与受喷面间距宜为 0.6～1.2m。喷射时做 20～25cm 圆圈运行，一圈压一圈，应尽量避免回弹，不流不淌。分层喷射的后一层喷射应在前一层混凝土终凝后进行，若终凝 1h 后再进行喷射，应先用风或水清洗喷射层表面。

③安装钢拱架

钢拱架安装步骤见图 9-2。

拱架安装注意事项：钢拱架拱顶部位不允许有接头，法兰盘的焊缝厚度应大于 2cm，且焊缝饱满，不得有砂眼，钢拱架连接螺栓须按设计要求达到等强度连接，并需要拧紧，严禁为了满足净空要求而松动螺栓。钢拱架应与围岩紧密相贴，如不能紧贴时，应按规范要求，沿钢拱架外缘每隔 2m 用 C25 混凝土预制块或钢楔填塞顶实，以确保其整体受力。

每榀钢拱架拱脚处每侧采用 8 根 ϕ42 锁脚导管（锁脚导管长 4.5m，法向方向设置）加固，钢拱架应与锁脚导管焊接牢固；在型钢拱架与初期支护之间采用喷射混凝土填塞。同时对紧靠塌体的初期支护施作径向注浆小导管。径向注浆小导管长度 4.5m，环向向距 45cm。

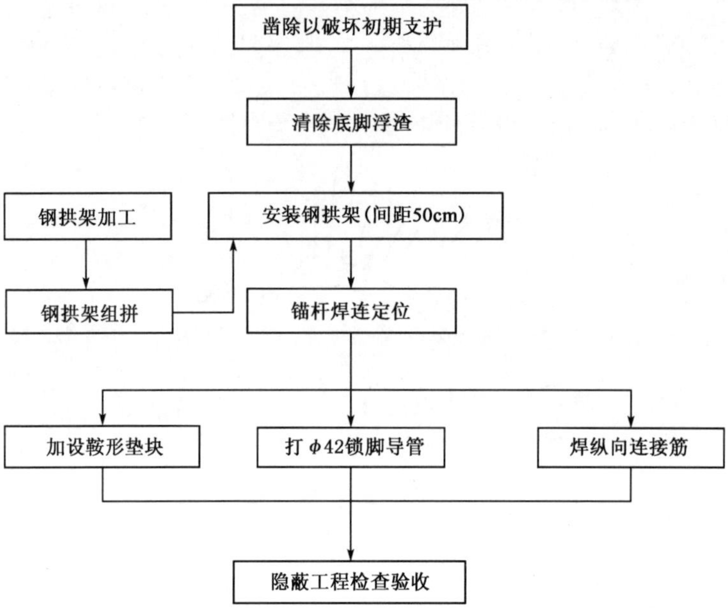

图 9-2　钢拱架安装工艺流程图

在对钢拱架更换完成以后,应及时对钢拱架进行质量检验,钢拱架施工质量标准如表 9-1 所示。

钢拱架支护施工质量标　　表 9-1

序号	检 查 项 目		规定值或允许偏差	检查方法和频率
1	安装间距(mm)		50	尺量:每榀检查
2	净保护层厚度		满足设计要求	凿孔检查:每榀自拱顶每 3m 检查一点
3	倾斜度(°)		±2	仪器量测:每榀检查
4	安装偏差(mm)	横向	±50	尺量:每榀检查
		竖向	不低于设计高程	
5	拼装偏差(mm)		±3	尺量:每榀检查

④初期支护成环:上岛坑每次更换、支护一榀时,下岛坑同时跟进,并设置拱顶临时支撑及临时仰拱。

二衬及时跟进:完成的初期支护后,迅速施作隧道二衬钢筋混凝土,并及时成环。

(3)施工技术及安全保证措施

在大变形治理方案制定的同时,还应制定相应的技术及安全的保证措施,确保处治措施的成功实现。

①技术保障措施

a. 处治之前,对所有工作人员做好岗前培训和技术交底工作;

b. 做好变形前后及变形破坏区附近范围内的监测工作,为塌区处治前初期支护加固处治开始时间提供参考;

c. 在进行开挖支护期间,做好监控量测工作并及时反馈,正确指导了施工;

d. 控制好断面中线、水平,预留足够的变形量,确保二次衬砌厚度;

②安全保证措施

a. 处治前根据监测结果,变形基本稳定后,对处治前后初期支护进行径向小导管注浆或长锚杆加固处治;

b. 对与左线变形相对应地段右线上台阶进行了及时的临时加固处治;

c. 处治期间,由领导带班、技术人员和安全员轮流值班,碰到突发事件,立即采取应急处治措施;

d. 施工中,以安全为重,为防止疲惫作业,采用三班工作制,同时禁止无关人员进入洞内。安全员随时观察围岩变化,遇有突变,所有人员立即撤离;

e. 现场材料、机具堆放整齐,保证现场操作方便、快速,并保证台阶上下方便,如有突变,作业人员能够迅速撤离。

9.2 处治后变形监测分析

9.2.1 隧道监控量测简介

监控、量测、评价围岩的稳定与否主要是看围岩的变形速率是否逐渐递减趋向于零,变形量是否收敛,如果失稳则表现为变形速率呈递增的趋势,累计位移超过极限位移而发生失稳。因此,国内外很多规范和研究成果大多是以变形值和变形速率为围岩稳定性判据的,并认为当围岩变形速率或变形量超过一定值后岩体就发生破坏。具体表现是围岩容许位移判据、围岩变形速率比值判据、围岩极限应变判据、位移加速度判据和收敛比判据等。

(1)容许位移判据

容许位移就是保证隧道围岩不产生有害松动的情况下,自开挖到隧道围岩稳定为止,隧道围岩所允许的最大收敛位移,包括水平收敛和拱顶下沉。但容许位移判断隧道围岩的稳定性的关键点和难点在于容许值的确定。由于不同的地质环境,有些隧道在围岩变形只有几十毫米的情况下就会发生失稳,而有的隧道围岩变形数百毫米也不会失稳。所以现在围岩容许位移值国内外尚无统一标准,不同行业采用的标准值也不同。该隧道采用的技术标准如表9-2所示。

隧道周边允许相对收敛值(%)　　表9-2

围岩级别	埋深（m）		
	<50	50~300	>300
Ⅴ	0.20~0.80	0.40~2.00	1.00~3.00
Ⅳ	0.10~0.30	0.20~0.80	0.40~1.20
Ⅲ	0.05~0.15	0.08~0.40	0.30~0.60

注:相对收敛位移指实测收敛量与两测点之间距离之比,或拱顶位移实测值与隧道宽度之比。

(2)容许位移速率判据

容许位移速率是在围岩不产生有害松动的情况下,所允许的围岩最大位移速率。它同样与隧道地质环境、开挖尺寸及施工方法等因素有关。目前容许位移速率也无统一标准,一般根据经验而定。该隧道采用的技术标准如表9-3所示;该隧道监测断面如图9-3所示,拱顶下沉量测方法如图9-4所示。

位移速率管理　　表9-3

位移速率(mm/d)	围岩稳定状态
<0.2	围岩稳定
1~0.2	围岩处于缓慢变形状态
>1	围岩处于快速变形阶段,密切关注围岩动态,加强量测

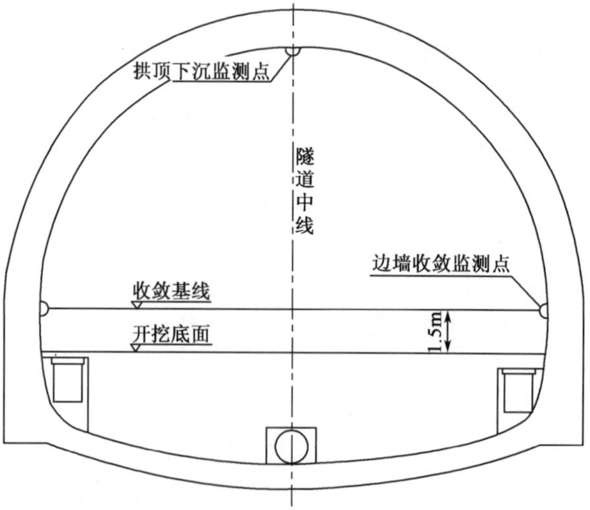

图9-3　隧道监测断面图

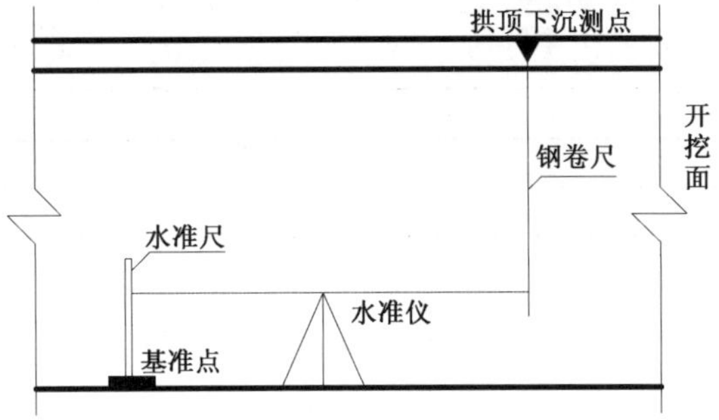

图9-4 拱顶下沉量测示意图

该隧道监控量测频率按表9-4取值。拱顶下沉量应与净空水平收敛量测在同一量测断面内进行。当地质条件复杂,下沉量大或偏压明显时,除量测拱顶下沉外,尚应量测拱腰下沉及基底隆起量,量测频率也应适当加大。拱顶下沉量测与净空水平量测采用相同的量测频率。

监测频率表 表9-4

内容	监测频率			
按开挖后时间	1~15d	16~30d	31~90d	大于90d
按与开挖面距离	<2*B*	(2~5)*B*	(5~10)*B*	≥10*B*
按变形速率(mm/d)	≥1.0	0.5~1.0	0.1~0.5	<0.1
监测频率	1~3次/d	1次/2d	1~2次/周	1~3次/月

注:*B*表示隧道开挖宽度。

9.2.2 软岩段监控量测

武都西隧道各断面拱顶下沉和周边收敛情况如图9-5~图9-16所示。

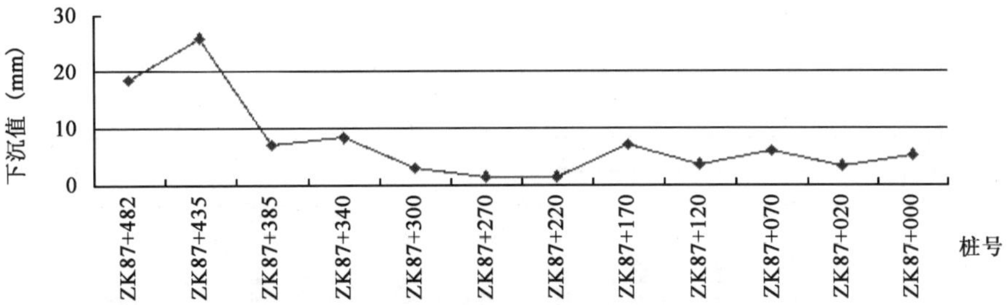

图9-5 左线软岩大变形段拱顶下沉图1

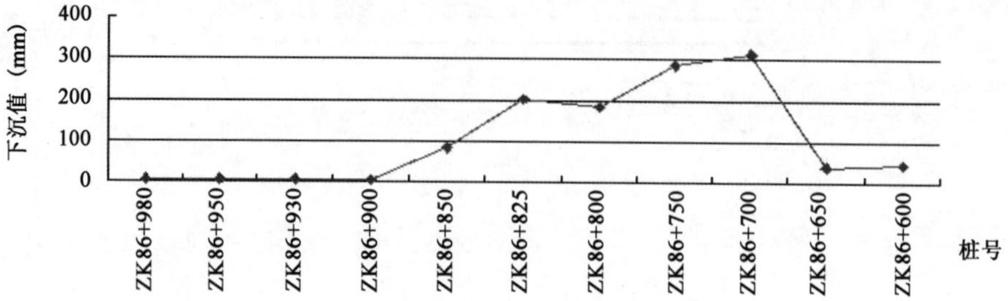

图 9-6　左线软岩大变形段拱顶下沉图 2

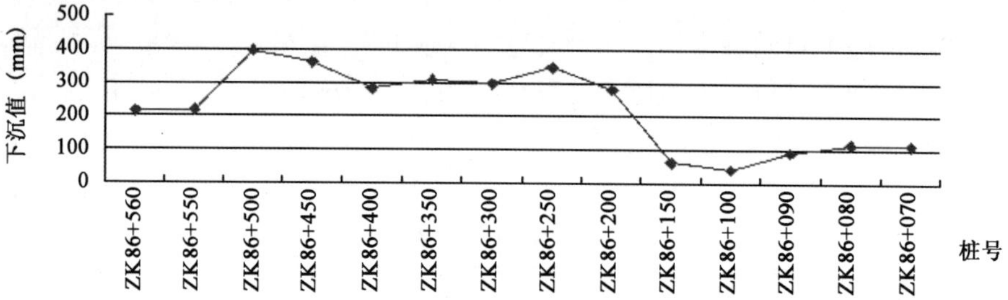

图 9-7　左线软岩大变形段拱顶下沉图 3

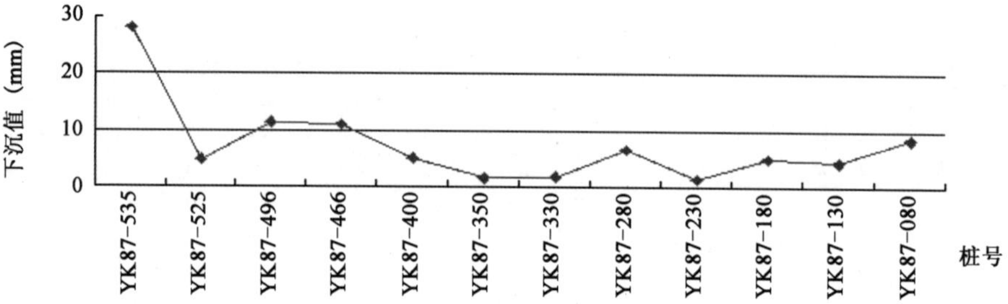

图 9-8　右线软岩大变形段拱顶下沉图 1

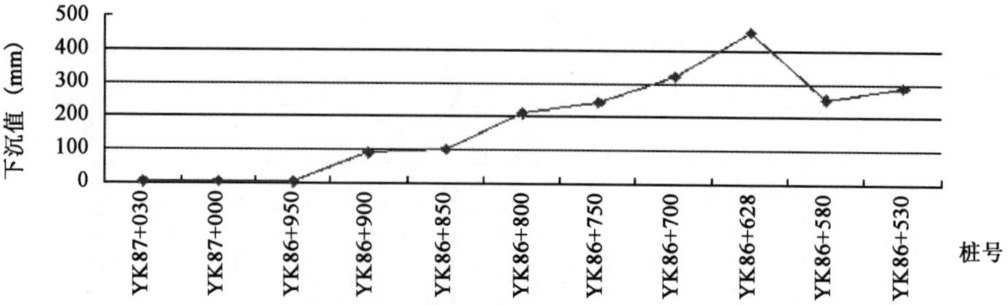

图 9-9　右线软岩大变形段拱顶下沉图 2

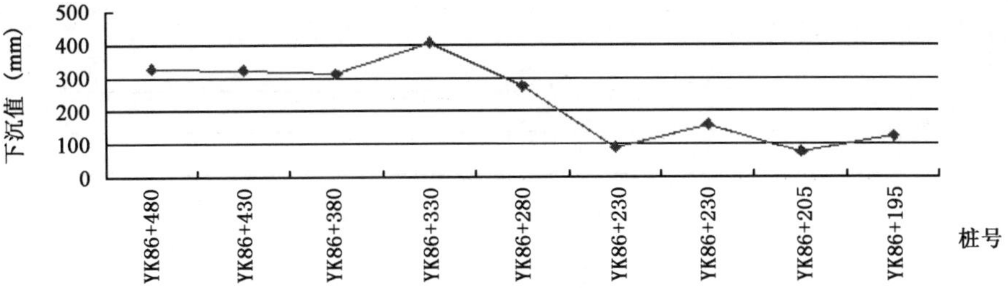

图 9-10　右线软岩大变形段拱顶下沉图 3

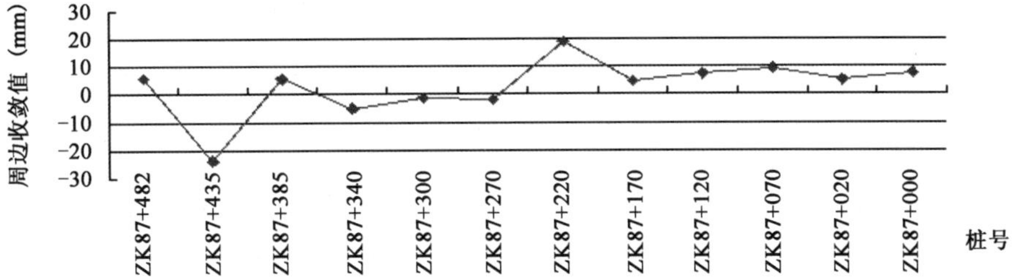

图 9-11　左线软岩大变形段周边收敛图 1

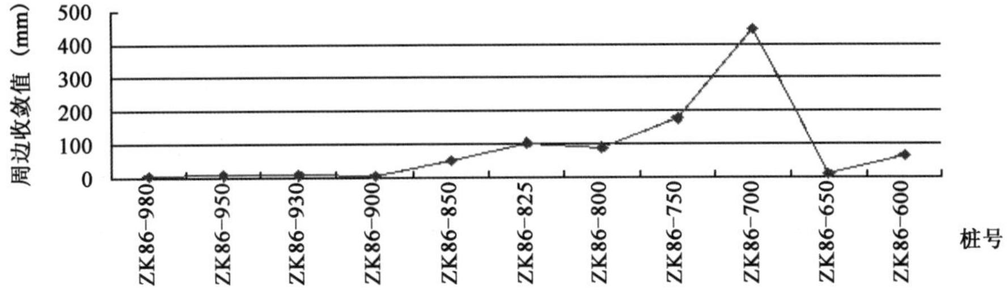

图 9-12　左线软岩大变形段周边收敛图 2

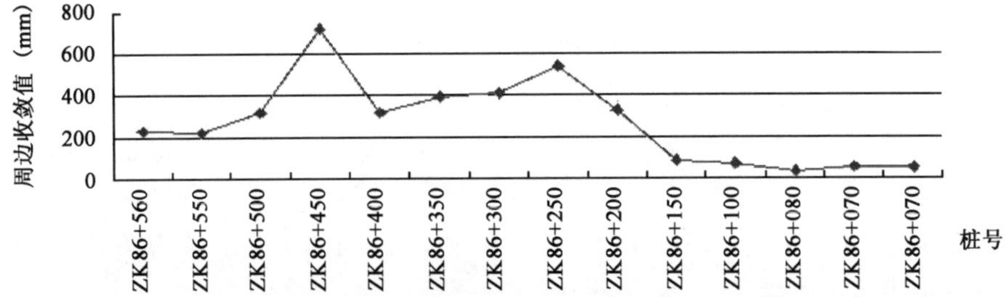

图 9-13　左线软岩大变形段周边收敛图 3

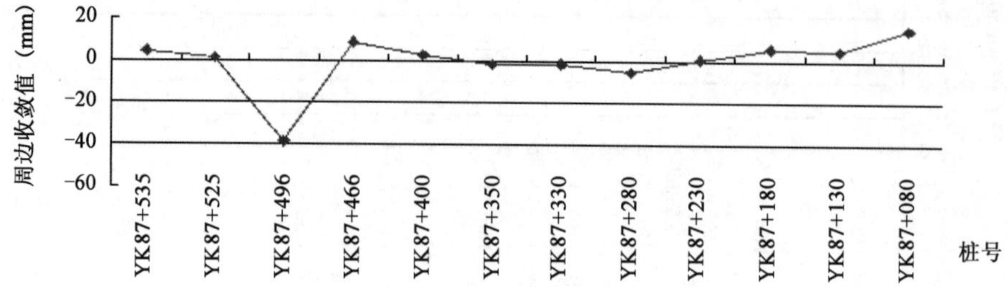

图 9-14　右线软岩大变形段周边收敛图 1

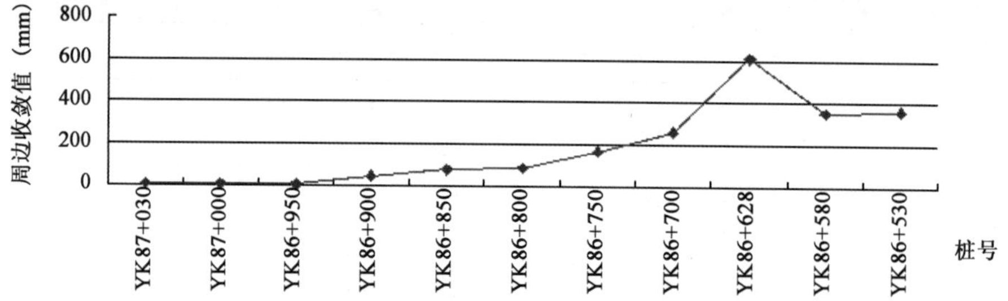

图 9-15　右线软岩大变形段周边收敛图

图 9-16　右线软岩大变形段周边收敛图 3

武都西隧道监测断面成果汇总见表 9-5。

从上述各断面拱顶沉降和边墙收敛的监控数据来看，软岩段断面变形总体上比软岩段两端附近断面变形大。各断面变形较稳定，沉降收敛值和速率都在标准范围内，虽有部分刚开始处于缓慢变形阶段，但根据以后的观察发现这些断面的变形也都趋于稳定。

武都西隧道软岩段拱顶下沉与边墙收敛监测成果表(单位:mm)　　表9-5

桩　号	拱顶下沉值	边墙收敛值	桩　号	拱顶下沉值	边墙收敛值
ZK87 +482	18.45	5.74	ZK86 +250	346.17	537
ZK87 +435	25.96	-23.88	ZK86 +200	279.49	323.77
ZK87 +385	7.02	5.49	ZK86 +150	63.64	82.12
ZK87 +340	8.23	-5.03	ZK86 +100	41.04	68.07
ZK87 +300	2.89	-1.47	ZK86 +090	92.58	31.55
ZK87 +270	1.37	-1.97	ZK86 +080	115.75	50.18
ZK87 +220	1.35	19	ZK86 +070	113.99	48.86
ZK87 +170	7.03	4.56	YK87 +535	28.02	4.42
ZK87 +120	3.54	7.26	YK87 +525	4.9	1.29
ZK87 +070	5.89	9.28	YK87 +496	11.4	-38.7
ZK87 +020	3.25	4.92	YK87 +466	11.08	8.58
ZK87 +000	5.17	7.51	YK87 +400	5.16	2.68
ZK86 +980	6	4.2	YK87 +350	1.68	-1.62
ZK86 +950	6.25	6.42	YK87 +330	1.84	-1.37
ZK86 +930	5.97	6.3	YK87 +280	6.72	-5.35
ZK86 +900	4.53	3.96	YK87 +230	1.48	0.73
ZK86 +850	84.38	50.34	YK87 +180	5.04	5.84
ZK86 +825	201.72	102.53	YK87 +130	4.43	4.84
ZK86 +800	184.36	88.11	YK87 +080	8.51	14.93
ZK86 +750	284.74	176.72	YK87 +030	4.33	6.28
ZK86 +700	312.71	444.87	YK87 +000	5.39	4.96
ZK86 +650	38.75	9.22	YK86 +950	3.71	2.86
ZK86 +600	45.39	62.94	YK86 +900	90.5	45.47
ZK86 +560	214.72	225.53	YK86 +850	101.17	76.92
ZK86 +550	216.33	219.09	YK86 +800	210.08	85.91
ZK86 +500	395.8	314.76	YK86 +750	243.68	166.04
ZK86 +450	359.75	720.34	YK86 +700	321.43	261.39
ZK86 +400	282.06	314.64	YK86 +628	453.5	608.58
ZK86 +350	308.11	390.7	YK86 +580	253.58	352.27
ZK86 +300	296.99	408.21	YK86 +530	289.06	361.64

续上表

桩　　号	拱顶下沉值	边墙收敛值	桩　　号	拱顶下沉值	边墙收敛值
YK86 +480	327.22	436.61	YK86 +230	88.94	49.31
YK86 +430	322.14	419.09	YK86 +230	157.72	274.67
YK86 +380	311.31	385.39	YK86 +205	75.1	183.99
YK86 +330	404.88	410.94	YK86 +195	122.4	195.97
YK86 +280	274.12	249.55			

说明："+"表示测点下沉(或收敛)；"-"表示测点上升(或扩张)。

9.3　结构安全评价

隧道衬砌进行加固后，利用建立的隧道结构计算模型，对隧道断面进行加固后的结构安全性计算分析，具体计算结果见以下应力应变图所示。

(1)桩号 ZK86 +825 ~ ZK86 +778.5

数值模拟分析得出：衬砌最大轴力为 1131.48kN，锚杆最大轴力为 93.507kN。轴力如图 9-17 所示。

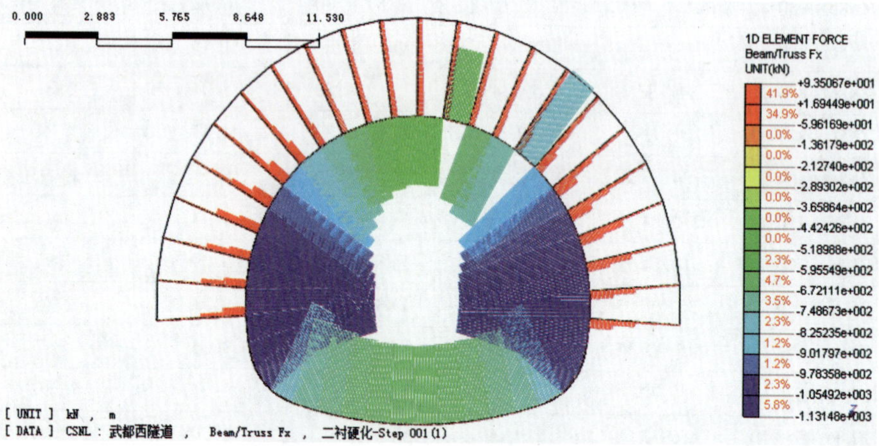

图 9-17　隧道轴力图

衬砌最大正弯矩为 38.155kN·m，最大负弯矩为 43.33kN·m。薄弱位置为仰拱部分，衬砌弯矩如图 9-18 所示。

锚杆最大轴向应力为 1.163×10^{5}kN/m^{2}。锚杆轴向应力如图 9-19 所示。

锚杆最大轴向应变为 5.837×10^{-4}m。锚杆轴向应变如图 9-20 所示。

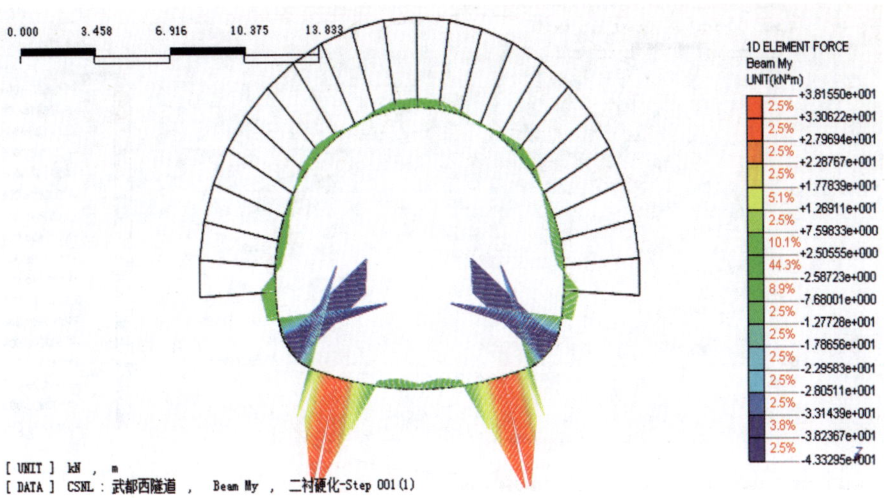

图 9-18 隧道衬砌弯矩图

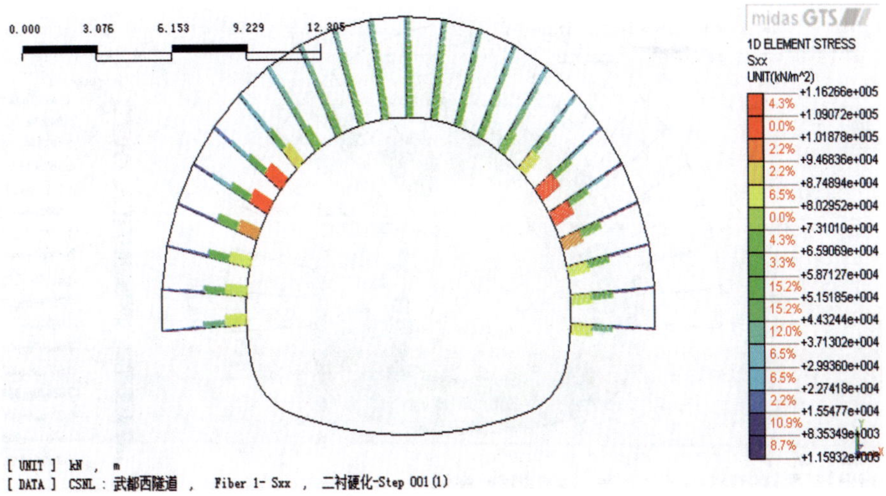

图 9-19 隧道锚杆轴向应力图

砌最大轴向应力为 4.892×10^{3} kN/m^{2}。薄弱位置为仰拱部分，衬砌轴向应力如图 9-21 所示。

衬砌最大轴向应变为 3.065×10^{-4} m。衬砌轴向应变如图 9-22 所示。

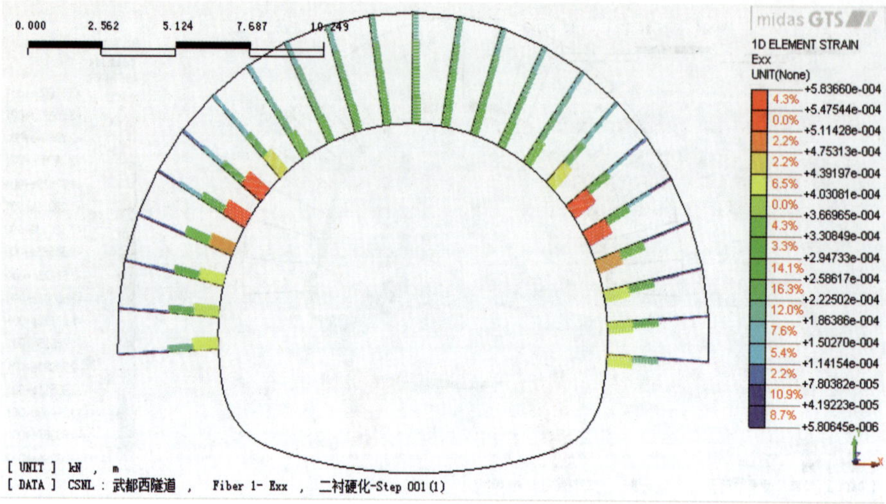

图 9-20　隧道锚杆轴向应变图

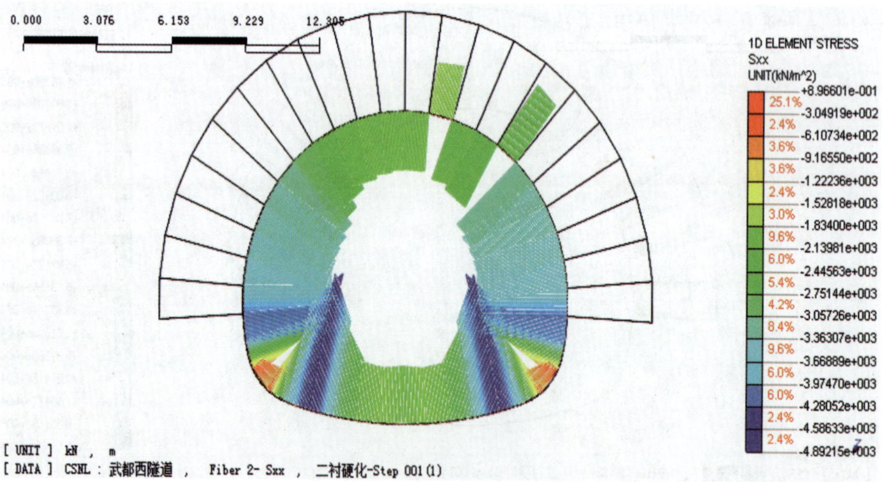

图 9-21　隧道衬砌轴向应力变图

(2)桩号 YK86 + 736

衬砌最大轴力为 1337. 14kN,锚杆最大轴力为 55. 505kN。轴力如图 9-23 所示。

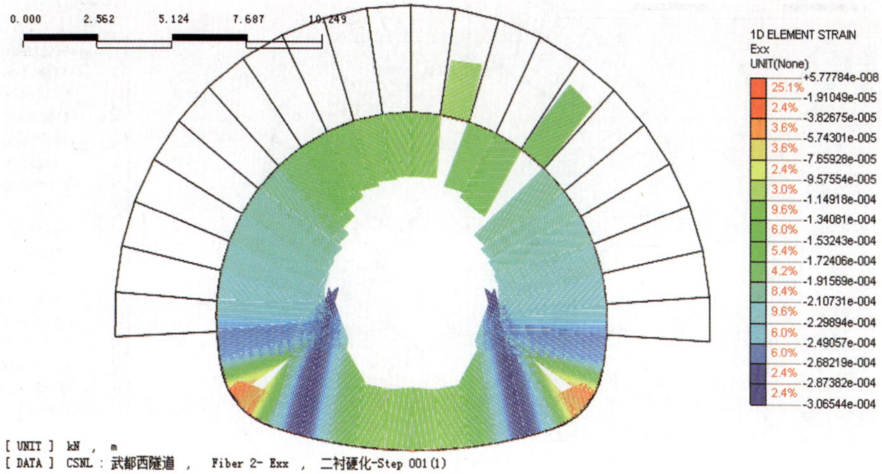

图9-22 隧道衬砌轴向应变图

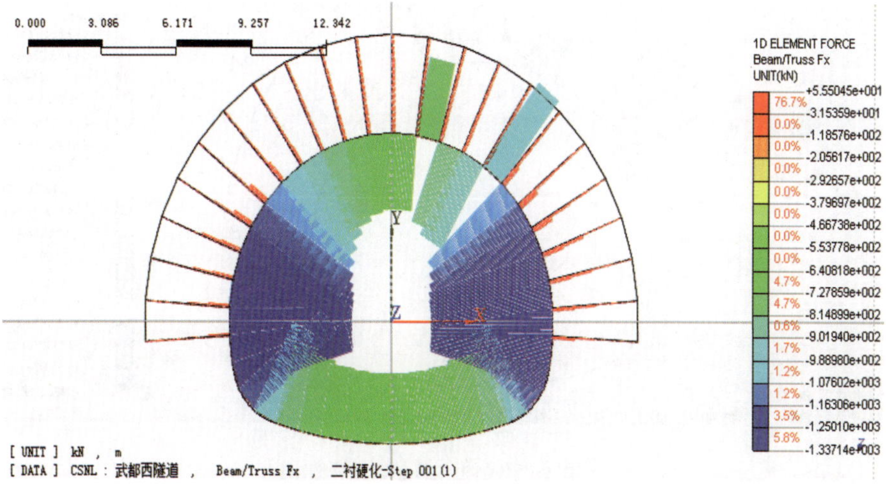

图9-23 隧道轴力图

衬砌最大正弯矩为90.962kN·m,最大负弯矩为123.073kN·m。薄弱位置为仰拱部分,衬砌弯矩如图9-24所示。

锚杆最大轴向应力为$9.694\times10^{4}kN/m^{2}$。锚杆轴向应力如图9-25所示。

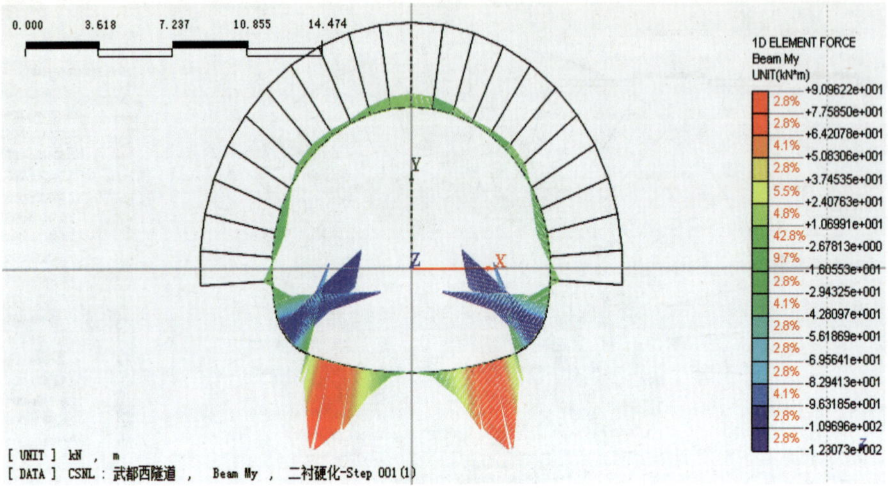

图 9-24 隧道衬砌弯矩图

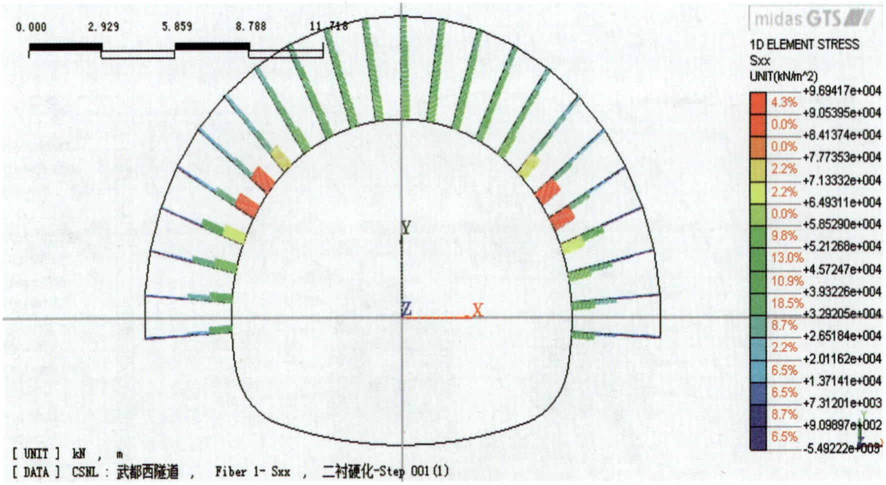

图 9-25 隧道锚杆轴向应力图

锚杆最大轴向应变为 4.847×10^{-4}m。锚杆轴向应变如图 9-26 所示。

衬砌最大轴向应力为 3.774×10^{3}kN/m^{2}。薄弱位置为仰拱部分,衬砌轴向应力如图 9-27 所示。

衬砌最大轴向应变为 2.358×10^{-4}m。衬砌轴向应变如图 9-28 所示。

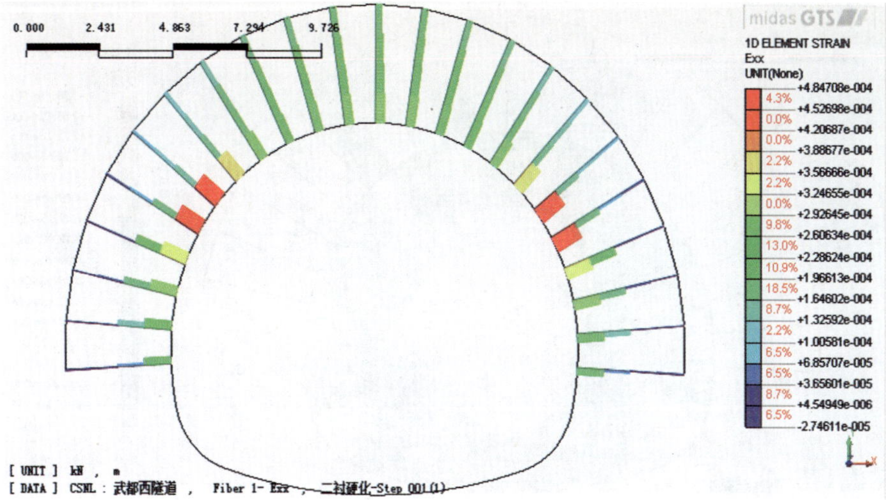

图 9-26 隧道锚杆轴向应变图

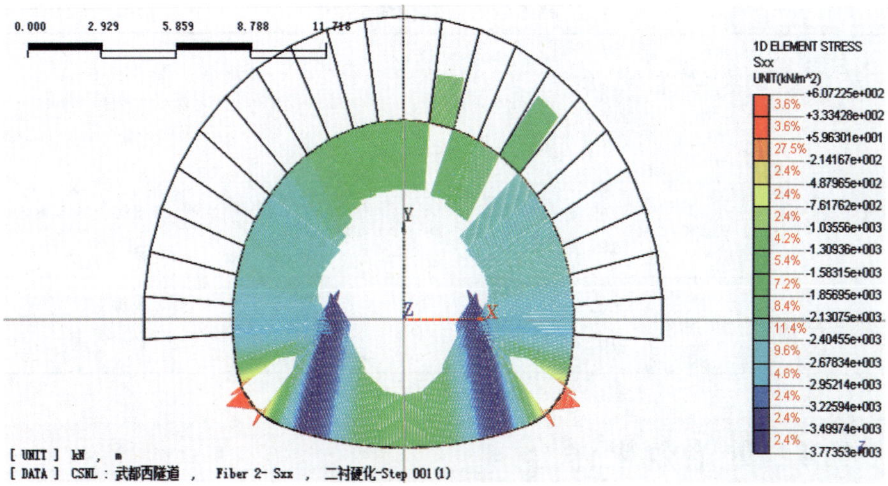

图 9-27 隧道衬砌轴向应力图

处治后隧道截面计算结果见表 9-6。

由以上图表可知,对武都西隧道软岩段采取前述相应的处治措施后,原病害比较严重的衬砌部位的安全系数得到大幅度提高,衬砌结构的截面最小安全系数均高于规范规定的最小安全系数,整个隧道衬砌结构处于比较安全的状态。

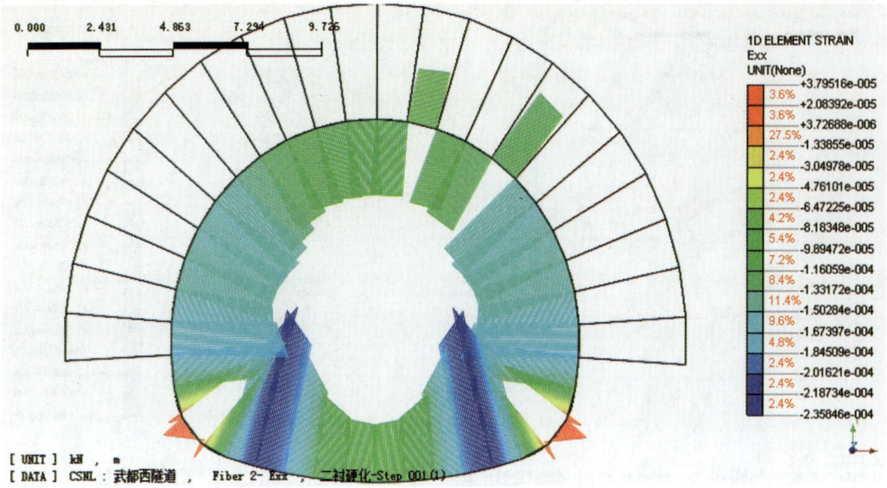

图 9-28　隧道衬砌轴向应变图

隧道软岩段结构受力表　　　　表 9-6

桩　　号	锚杆最大轴力（kN）	锚杆最大轴应力（kN/m^2）	衬砌最大弯矩（kN·m）		衬砌最大轴力（kN）	衬砌最大应力（MPa）	锚杆最大轴应变（m）	衬砌最大轴向应变（m）
ZK86 +825 ~ ZK86 +778.5	93.507	1.163×10^{5}	+38.155	−43.33	1131.48	4.892	5.837×10^{-4}	6.605×10^{-4}
YK86 +736	55.505	9.694×10^{4}	+90.962	−123.07	1337.14	3.774	4.847×10^{-4}	2.358×10^{-4}

9.4　处治效果评价

由以上分析结果可知拱顶中的最终下沉量与现场的量测值接近，小于规范允许值。由于采用有限元计算，左边与右边计算结果相差较小，计算出的拱脚拱腰处的位移值和拱顶左右两侧的下沉量与现场监控量测的结果也是基本一致的。由现场监控量测和有限元计算结果可知，武都西隧道软岩段采取前述处治措施后隧道围岩结构稳定，围岩变形符合规范要求，表明该处治措施达到了预期效果。

9.5 小结

本章以武都西隧道工程实例为背景,从支护方面对软岩隧道的围岩变形控制技术进行了研究,结合前面的监控量测分析和数值模拟,从控制软岩变形的出发点和支护加固的一般方法出发,分析得到了能有效控制武都西围岩变形的具体措施,为以后的类似工程提供借鉴。

参考文献

[1] 中华人民共和国行业标准. JTG F60—2009　公路隧道施工技术规范[S]. 北京:人民交通出版社,2009.

[2] 周爱国. 隧道工程现场施工技术[M]. 北京:人民交通出版社,2004.

[3] 缪协兴. 湿度应力场理论的耦合方程[J]. 力学与实践,1995(6).

[4] 缪协兴. 用湿度应力场理论分析膨胀岩巷道围岩变形[J]. 中国矿业大学学报,1995(01).

[5] 中国中铁二院集团有限责任公司. 龙泉山一号隧道工程地质详细勘察报告[Z],2009.

[6] 张立德,周小兵,赵长海,等. 软岩隧洞设计与施工技术[M]. 北京:中国水利水电出版社,2006.

[7] 黄成光. 公路隧道施工[M]. 北京:人民交通出版社,2001.

[8] 沈明荣,陈键峰. 岩体力学[M]. 上海:同济大学出版社,2006.

[9] 宋建波,张倬元,等. 岩体经验强度准则及其在地质工程中的应用[M]. 北京:地质出版社,2002.

[10] 蔡美峰. 岩石力学与工程[M]. 北京:科学出版社,2002.

[11] 成都市公路工程试验检测中心有限公司. 龙泉山一号隧道土工试验检测报告[Z],2009.

[12] 孙钧. 地下工程设计理论与实践[M]. 上海:上海科学技术出版社,1996 .

[13] 王斌. 公路隧道施工监测检测技术及实践[M]. 北京:北京交通大学出版社,2010.

[14] 吕建红,袁宝远,等. 地质工程监测预警理论与方法[M]. 北京:科学出版社,2010.

[15] 岩石力学与岩石工程学科发展报告(2009—2010)[M]. 北京:中国科学技术出版社,2010.

[16] 黄修云. 隧道工程岩石力学参数综合处理研究及多媒体实现[D]. 北京:北方交通大学,1998.

[17] 李国富,李珠,等. 膨胀岩力学性质试验与巷道支护参数的预测研究[J]. 工程力学,2010,27(1):96-101.

[18] 关宝树. 隧道工程施工要点集[M]. 北京:人民交通出版社,2003.

[19] 冯涛,谢学斌,潘长良. 岩爆岩石断裂机理的电镜分析[J]. 中南工业大学学报,1999,30(2):14-17.
[20] 刘小明,李焯芬. 岩石断口微观机理分析与实验研究[J]. 岩石力学与工程学报,1997,16(6):509-513.
[21] 郑达,巨能攀. 千枚岩岩石微观破裂机理与断裂特征研究[J]. 工程地报,2011,19(3):1004-9665.
[22] 何满朝. 中国煤矿软岩巷道支护理论与实践[M]. 北京:中国矿业大学出版社,1996.
[23] 关宝树. 隧道维修管理要点集[M]. 北京:人民交通出版社,2004.
[24] 郭健卿. 软岩控制理论与应用[M]. 北京:冶金工业出版社,2011.
[25] 铁道部第二勘测设计院. 铁路工程设计技术手册《隧道》[M]. 北京:中国铁道出版社,1995.
[26] 李晓红. 隧道新奥法及其量测技术[D]. 北京:科学出版社,2002.
[27] 吕康成. 隧道工程试验检测技术[D]. 北京:人民交通出版社,2000.
[28] 夏才初,李永盛. 地下工程测试理论与测试技术[D]. 上海:同济大学出版社,1999.
[29] 吕康成. 激光隧道围岩位移实时监测系统及其应用. [C]//国际隧道研讨会论文集,2002.
[30] 长安大学. 西汉高速公路隧道施工关键技术研究[R]. 2008.
[31] 王毅才. 隧道工程[M]. 北京:人民交通出版社,2005.
[32] 中华人民共和国交通运输部. 2009 年公路水路交通运输行业发展统计公报[R],2009.
[33] 徐则民,黄润秋. 深埋特长隧道及其施工地质灾害[M]. 成都:西南交通大学出版社,2000.
[34] 杨永斌. 井沟岭隧道监控量测分析及其在工程施工中的应用[D]. 重庆:重庆交通大学,2008.
[35] 宋秀清. 隧道监控量测技术在鹰嘴山隧道的应用[D]. 西安:长安大学,2010.
[36] 安徽省交通投资集团有限责任公司. DB34/T 1088—2009 公路隧道施工阶段围岩分级规程[S]. 北京:人民交通出版社,2009.
[37] 刘招伟,张民庆,王树仁. 岩溶隧道灾变预测与处治技术[M]. 北京:科学出版社, 2007.
[38] 关宝树,赵勇. 软弱围岩隧道施工技术[M]. 北京:人民交通出版社,2004.

[39] 王建秀,杨立中,何静.大型地下工程岩溶涌(突)水模式的水文地质分析及其工程应用[J].水文地质工程地质,2001(4):49-52.
[40] 杨会云.隧道围岩变形影响因素分析[J].铁道学报,2006,03.
[41] 戚蓝.初始地应力场系统分析理论与方法研究[D].天津:天津大学,2002.
[42] 童景盛.侧压力系数研究与实践[C].第21届全国结构工程学术会议论文集第Ⅰ册,2012.
[43] 谷德振.岩体工程地质力学基础[M].北京:科学出版社,1979.
[44] 郭志.实用岩体力学[M].北京:地震出版社,1996.
[45] 湖南水利水电勘测设计院.边坡工程地质[M].北京:水利电力出版社,1983.
[46] 华安增.矿山岩石力学基础[M].北京:煤炭工业出版社,1980.
[47] 李铁汉,潘别桐.岩体力学[M].北京:地质出版社,1980.
[48] 王成,瞿光义.软岩隧道施工监测反馈计算方法[J].工程力学(增刊),1998.
[49] 喻波,王呼佳.压力拱理论及隧道埋深划分方法研究[M].北京:中国铁道出版社,2008.
[50] 高磊.矿山岩体力学[M].北京:机械工业出版社,1998.
[51] 韩瑞庚.地下工程新奥法[M].北京:科学出版社,1987.
[52] 范秋雁.试论软岩支护的理论基础[J].地下空间,1999.
[53] 卿三惠,黄润秋.乌鞘岭特长隧道软弱围岩大变形特性研究[J].现代隧道技术,2005.
[54] 张世雄,任高峰,张松.某人防工程隧道收敛变形的影响因素分析[J].岩土工程界,2004.
[55] 王广宏.毛羽山隧道出口大变形影响因素探讨[J].现代隧道技术,2010.
[56] 旷文涛.超前预加固大断面隧道围岩稳定性影响因素研究[D].成都:西南交通大学,2010.
[57] 左清军,吴立,张良刚,等.隧道围岩变形特征及其影响因素的数值模拟[J].铁道建筑,2012.
[58] 张海彬.软岩隧道围岩的应力应变分析[J].铁道建筑,2011.
[59] 李章树,张金凤.骡坪隧道施工围岩变形监测与分析[J].铁道建筑,2010.
[60] 张社道.关于挤压性围岩大变形的探讨和研究[J].现代隧道技术,2003.
[61] 何满潮,王树仁.大变形数值方法在软岩工程中的应用[J].岩石力

学,2004.
[62] 孙萍,李忠良,彭建兵,等.公路隧道围岩塌方离散元模拟[J].公路交通科技,2005.
[63] 姜云,李永林,李天斌,等.隧道工程围岩大变形类型与机制研究[J].地质灾害与环境保护,2004.
[64] 李廷春.毛羽山隧道高地应力软岩大变形施工控制技术[J].现代隧道技术,2011.
[65] 郑颖人,孔亮.岩土塑性力学[M].北京:中国建筑工业出版社,2010.
[66] 李国富,戴铁丁,吕芳礼,等.膨胀岩变形机理与注浆强化技术[J].采矿与安全工程学报,2007.
[67] 张年学,盛祝平,祁生文,等.水平产状小厚度软岩层压缩挤出原理与条件探讨[J].工程地质学报,2014.
[68] 刘高,张帆宇,李新召.木寨岭隧道大变形特征及机理分析[J].岩石力学与工程学报,2005,24(S2):5521-5526.
[69] 需军,张金柱,林传年.乌鞘岭特长隧道复杂地质条件下断层带应力及变形现场监测分析[J].岩土力学,2008,29(5):1367-1371.
[70] 周乾刚,方俊波.乌鞘岭隧道岭脊段控制千枚岩大变形快速施工[J].隧道建设,2007,27(4):43-47.
[71] 胡文清,郑颖人,钟昌云.木寨岭隧道软弱围岩段施工方法及数值分析[J].地下空间,2004,24(2):194-197.
[72] 王毅东.木寨岭高地应力大变形施工技术[J].现代隧道技术,2004,41(Z3):246-249.
[73] 苏国韶,冯夏庭,江权,等.高地应力下地下工程稳定性分析与优化的局部能量释放率新指标研究[J].岩石力学与工程学报,2006,25(12):2453-2460.
[74] 张顶立,王梦恕,高军.复杂围岩条件下大跨隧道修建技术研究[J].岩石力学与工程学报,2003,22(2):290-296.
[75] 何满潮,景海河,孙晓明.软岩工程力学[M].北京:科学出版社,2002.
[76] 张祉道.关于挤压性围岩隧道大变形的探讨和研究[J].现代隧道技术,2003,40(2):5-12.
[77] 刘招伟,王明胜,方俊波.高地应力大变形隧道支护系统的试验研究[J].土木工程学报,2010,43(5):111-116.
[78] 张文强,王庆林,李建伟.木寨岭隧道大变形控制技术[J].隧道建设,

2010,30(2):157-161.

[79] 李德武. 隧道[M]. 北京:中国铁道出版社,2004.

[80] 潘昌实. 隧道力学数值方法[M]. 北京:中国铁道出版社,1990.

[81] Martin J B. 余同希,等译. 塑性力学基础及其一般结果[M]. 北京:北京理工大学出版社,1990.

[82] 王梦恕. 地下工程浅埋暗挖技术通论[M]. 合肥:安徽教育出版社,2004.

[83] 孙钧,汪炳槛. 地下工程有限元法解析[M]. 上海:同济大学出版社,1988.

[84] 皇甫明,孔恒,王梦恕,等. 核心土留设对隧道工作面稳定性的影响[J]. 岩石力学与工程学报,2005,24(3):521-525.

[85] 朱成钢. 陕北黄土隧道施工技术[J]. 西部探矿工程,2005(增):34-35.

[86] 刘震霞. 正台阶预留核心土在大断面软弱围岩公路隧道施工中的应用[J]. 现代交通技术,2005(3):55-57.

[87] 廖纪明,罗努银,罗桂军,等. 浅埋特大断面小净距隧道施工方案优化研究与应用[J]. 建筑施工,2010,32(4):307-310.

[88] 许崇帮,夏才初,朱合华. 双向八车道连拱隧道施工方案优化分析[J]. 岩石力学与工程学报,2009,28 (1):66-73.

[89] Pietro Lunardi. Design and Construction of Tunnels[M]. Springer, April 2008.

[90] Pietro Lunardi. The cellular arch method:technical solution for the construction of the Milan railway´s venezia station[J]. Tunneling and Underground Space Technology,1990,5(4):351-356.

[91] Pietro Lunardi. Cellular arch technique for large-span station cavern[J]. International Journal of Rock Mechanics and Mining Sciences & Geomechanics Abstracts, 1992, 29 (4): 268.

[92] 冯豫. 我国软岩巷道支护的研究[J]. 矿山压力与顶板管理,1990,7(2):44-46.

[93] 郑雨天. 锚喷支护理论探讨[J]. 矿山技术,1985(1):25-32.

[94] 朱效嘉. 锚杆支护理论进展[J]. 光爆锚喷,1996(3):5-9.

[95] 郑雨天,祝顺义,李庶林,等. 软岩巷道喷锚网—弧板复合支护试验研究[J]. 岩石力学与工程学报,1993,12(01):1-10.

[96] 朱建明,徐秉业,任天贵,等. 巷道围岩主次承载区协调作用[J]. 中国矿业,2000,9(02):41-44.

[97] 朱建明,黄植旺,徐秉业. 锚杆支护巷道围岩主次承载区协调作用的力学分析[J]. 工程力学,2000,(A02): 461-466.

[98] 陈宗基. 地下巷道长期稳定性的力学问题[J]. 岩石力学与工程学报,1982(12).

[99] 袁文伯,陈进. 软化岩层中巷道的塑性区与破碎区分析[J]. 煤炭学报,1986(3).

[100] 孙钧. 岩土材料流变及其工程应用[M]. 北京:中国建筑工业出版社,1999.

[101] R. Yoshinaka, M. Osada, T. V. Tran. Deformation Behavior of Soft Rocks during Consolidated-Undrained Cyclic Triaxial Testingf [J]. Int. J. Rock-Mech. Min. Sci. &Geomech. Abstr. ,1996,33 (6): 557-572.

[102] R. Yoshinaka, M. Osada, T. V. Tran. Non-linear Stress-and Strain-Dependent Behavior of Soft Rock under Cyclic Triaxial Conditions [J]. Int. . J. Rock Mech. Min. Sci. ,1998,35 (7):941-955.

[103] 中铁第四勘察设计院,等. 宜万铁路堡镇隧道软弱围岩大变形控制技术试验研究总报告[R].

[104] 王猛. 煤矿深部开采巷道围岩变形破坏特征试验研究及其控制技术[D]. 阜新:辽宁工程技术大学,2010.

[105] 王其胜,李夕兵,李地元. 深井软岩巷道围岩变形特征及支护参数的确定[J]. 煤炭学报,2011, 33 (04): 364-367.

[106] 夏瑞萌. 承载土体中隧道开挖引起的塑性区与塌落拱范围的理论与数值分析[D]. 北京:北京交通大学,2008.

[107] 贺少辉,项彦勇,李兆平. 地下工程(修订本)[M]. 北京:清华大学出版社,北京交通大学出版社,2008.

[108] 庞建勇. 软弱围岩隧道新型半刚性网壳衬砌结构研究及应用[D]. 南京:东南大学,2005.

[109] 邹翀,王超朋,张文新,等. 兰渝铁路木寨岭隧道炭质板岩段应力控制[J]. 隧道建设,2010,30 (2): 120-124.

[110] 王梦恕. 中国隧道及地下工程修建技术[M]. 北京:人民交通出版社,2010.

[111] 中国铁路隧道史编辑委员会. 中国铁路隧道史[M]. 北京:中国铁道出版社,2004.

[112] 李世辉. 隧道支护设计新论——典型类比分析方法应用和理论[M]. 北京:科学出版社,1999.

[113] 王永全,巩建雨,国存海. 成—兰铁路工程勘察深孔的钻探施工技术[J].

中国煤炭地质,2010, 22 (suppl):123-125.

[114] 赵德安,李国良,陈志敏,等. 乌鞘岭隧道三维地应力场多元有限元回归拓展分析[J]. 2009, 28 (1):2687-2694.

[115] 郭富利. 堡镇软岩隧道大变形机理及控制技术研究[D]. 北京:北京交通大学,2009.

[116] 王建军. 兰渝线高地应力区隧道变形机制及分级探讨[J]. 隧道建设,2011,31(3):289-293.

[117] 国际岩石力学学会. 东京国际软岩学术讨论会[J]. 岩石力学与工程学报,1982,(1):132-135.

[118] 何满潮,景海河,孙晓明. 软岩工程地质力学研究进展[J]. 工程地质学报,2000,8(01):46-62.

[119] 何满潮,邹正盛,彭涛. 论高应力软岩巷道支护对策[J]. 水文地质工程地质,1994,21(4):7-12.

[120] 中华人民共和国行业标准. GTJ D70—2004 公路隧道设计规范[S]. 北京:人民交通出版社,2004.

[121] 申玉生,赵玉光. 偏压连拱隧道围岩变形的现场监测与分析研究[J]. 公路,2005(04):194-198.

[122] 杨献永. 公路隧道土体加固后开挖效应分析[J]. 山西建筑,2010, 36 (6):318-320.

[123] 李泽龙. 南昆铁路家竹箐隧道的长锚杆施工[C],1995.

[124] 铁道部工程设计鉴定中心. 高速铁路隧道[M]. 北京:中国铁道出版社,2006.

[125] 赵勇,唐国荣. 关于客运专线隧道设计与施工的几点意见[J]. 铁道标准设计,2005.

[126] 陈宝林,宋建民. 对宝中线堡子梁隧道变形的整治和认识[J]. 铁道建筑,1999.

[127] 吴成三,王梦恕. 软岩隧道的修建方法[J]. 世界隧道,1997.

[128] 张旭珍. 关角隧道大变形处理技术[J]. 石家庄铁道大学学报(自然科学版),2011.

[129] 王水善. 堡镇隧道软岩高地应力地层大变形控制关键技术[J]. 隧道建设,2009.

[130] 高世军,家竹,等. 隧道整治大变形的主要措施[J]. 世界隧道,1998.

[131] Aydan O, Akagi T, Kawamoto T. The squeezing tunnels: theory and prediction

[J]. Rock Mechanics and Rock Engineering, 1993.

[132] Anagnostou G. A model for swelling rock in tunneling[J]. Rock Mechanics and Rock Engineering,1993.

[133] 郭志. 软岩力学特性研究[J]. 工程地质学报,1996.

[134] 杨春和,陈锋,曾义金. 盐岩蠕变损伤关系研究[J]. 岩石力学与工程学报,2002.

[135] 李永盛. 单轴压缩条件下四种岩石的蠕变和松弛试验研究[J]. 岩石力学与工程学报,1995.

[136] 李喜军,于福贵. 木寨岭隧道塌方段处理技术[J]. 石家庄铁路工程职业技术学院学报,2003.

[137] 刘高. 高应力区结构性流变围岩稳定性研究[D]. 成都:成都理工大学,2001.

[138] Wittke W. Design, construction and supervision of tunnels in swelling rock [C]. ITA-AITES World Tunnel Congress and 31st General Assembly. 2005.

[139] 史彦文,丁小军,韩长岭. 极软岩隧道沉降变形的控制措施[J]. 中外公路,2009.

[140] 姜云. 公路隧道围岩大变形预测预报及对策研究[D]. 成都:成都理工大学,2004.

[141] 黄双林. 襄渝二线炭质片岩隧道变形控制技术初步探讨[J]. 铁道标准设计,2007.

[142] 张红卫,任建喜,李振龙. 隧道管棚注浆超前支护在特殊条件下的应用[J]. 西安科技大学学报,2009.

[143] 彭立敏,刘小兵. 隧道工程[M]. 长沙:中南大学出版社,2010.

[144] 中华人民共和国行业标准. TB 10204—2002 铁路隧道施工规范[S]. 北京:中国铁道出版社,2002.

[145] 王勇. 软弱围岩大跨隧道施工技术的思考[J]. 隧道建设,2004.

[146] 谭文杰. 软弱围岩大跨隧道施工技术的体会[J]. 路基工程,2005.